검은
우산
아래
에서

식민지 조선의 목소리, 1910-1945

검은 우산 아래에서
식민지 조선의 목소리, 1910-1945

지은이 힐디 강
옮긴이 정선태 · 김진옥
펴낸이 윤양미
펴낸곳 도서출판 산처럼

등 록 2002년 1월 10일 제1-2979호
주 소 서울시 종로구 내수동 72번지 경희궁의 아침 3단지 오피스텔 412호
전 화 725-7414
팩 스 725-7404
E-mail sanbooks@paran.com
홈페이지 www.sanbooks.com

제1판 제1쇄 2011년 7월 10일
제1판 제2쇄 2021년 2월 25일

값 13,000원

ISBN 978-89-90062-40-6 03910

＊잘못된 책은 서점에서 바꾸어 드립니다.

검은
우산
식민지 조선의 목소리, 1910-1945

아래
에서

힐디 강 지음 | 정선태·김진옥 옮김

산처럼

글을 쓰는 이유는 죽음으로부터 무엇인가를 지키기 위해서다.

— 앙드레 지드

내게 목소리의 의미를 깨닫게 해주신

존경하는 시아버지 강병주 님께,

그리고 송구스럽게도 이 책에 담을 수는 없었지만

참으로 많은 소중한 삶의 이야기들을 들려주신 한국의 어른들께.

《검은 우산 아래에서》를 한국의 독자들과 함께할 수 있는 기회가 주어져 반갑기 그지없다. 몇 년 전 내가 한국인들을 통해 모은 이야기를 다시 한국 사람들에게 되돌려주는 것은 나의 기쁨이기 때문이다. 우리는 이 책에 일본의 식민지 지배 기간 동안 한국에서 살았던 사람들로부터 직접 들은 개인적인 이야기들을 모았다. 여기에 제시된 기억들은 자신에게 닥친 어려움을 헤쳐온 이들의 살아 있는 증언이며, 그들의 회상을 통해 독자들은 인간 본성의 위대한 다양성을 경험할 것이다.

일본의 조선 지배가 끝난 지 60년이 훌쩍 넘었지만 어떤 기억들은 아직도 생생하다. 한국의 많은 가족들에게 그들은 자유의 전사, 저항의 지도자, 심한 경우에는 순교자로 기억될 것이다. 이 가운데는 전국적으로 알려진 인물들도 많고, 가까운 친인척들 사이에서만 알려진 사람들도 있다. 활동가들의 중요성과 그들이 자랑스럽게 기억되는 것을 잘 알고 있기는 하지만, 여기에서 우리가 보여주고자 한 것은 그런 이야기들이 아니었다. 나는 공식적으로 기록되지 않은 보통 사람들의 삶에 초점을 맞추고 싶었다. 그들의 삶이 전적으로 고통스럽고 두렵기만 했을까? 친절, 유머, 행복 따위는 깃들 자리조차 없었을까? 보통 사람들은 그들에게 닥친 곤경에 어떻게 대처했을까? 나는 남자들과 여자들 각자의 개성과 감정을 찾고 싶었다.

2011년 한국어판 머리말을 준비하는 동안, 우리는 이 책이 처음 간행된 2001년 이후 두 가지 중요한 일이 있었다는 것을 알았다. 첫째, 인터뷰를 수집하는 데 단 몇 년이라도 더 시간을 끌었다면 이 책은 결코 씌어질 수 없었을 것이다. 대부분의 응답자들, 그러니까 식민지 시기 동안 성인이었던 이들이 이승을 떠나 조상들에게 돌아갔고, 그들의 목소리 또한 영원한 침묵 속에 갇혀버렸기 때문이다. 둘째, 이 책이 이미 영어권 독자들의 삶에 감동을 줄 수 있어서 기뻤다. 고등학생들부터 노인센터의 미국인 노인들까지 각계각층의 사람들이 이러한 기억들을 보존하려는 우리의 노력에 고마움을 표하는 이메일을 보내왔다. 이와 관련하여 한국인 어른들과 그 가족들에게 감사드린다.

비록 충분하지도 않고 완전하지도 못하지만, 1910년에서 1945년에 이르기까지 일상 생활의 단편을 모은 《검은 우산 아래에서》를 이제 한국의 독자들에게 드리는 바다.

겸허한 마음을 담아

2011년 캘리포니아 주 리버모어에서

힐디 강 적음

인터뷰 모으기

《검은 우산 아래에서》는 20세기 전반기에 한국에서 벌어진 변화를 연대기적으로 기록하고 있다. 이 시기는 한국이 일본의 식민지가 되기 직전과 식민 시대에 해당한다. 일본의 존재는 거대한 우산처럼 한반도 위를 맴돌며, 모든 사람의 삶과 모든 행위에 불신과 불확실성 그리고 공포의 그림자를 드리웠다. 정도의 차이는 있었지만, 일제의 국권 탈취로 인해 한국인들은 세상을 인식할 수 있는 빛을 차단당하고 식민 지배자들이 드리운 그늘 밑에서 살아야 했다.

일제의 식민 지배에 대해 내가 아는 바는 본래 두 가지 경로에서 비롯됐다. 하나는 역사책의 체계적이고 세세한 기술이고, 다른 하나는 순교자들의 열정적인 이야기다. 이 두 가지를 통해 얻은 지식으로는 나의 시아버지가 당신의 젊은 시절을 회상하면서 들려주는 가벼운 유머를 이해하기 힘들었다. 식구들은 시아버지가 구식 한복을 입은 채 근대식 학교에 입학했던 이야기를 들으며 깔깔댔고, 국수 뽑는 것을 돕기 위해 낡은 제면기 손잡이 위에 올라섰던 일을 회상할 때는 빙긋 웃었다. 시아버지가 이것저것 이야기하는 것을 듣고 있다가 문득, 그 모든 일들이 일본이 한반도를 지배하던 고난의 시기에 벌어졌다는 사실을 깨달았다. 내가 예상하고 있던 그 끔찍한 일들은 어디 갔는가?

시아버지의 회상은 식민지 삶에 대한 나의 좁은 시야를 뒤흔들어놓았고, 일본의 존재가 드리워놓은 그늘 밑에서도 종종 어떤 사람들은, 또 어떤 때에는, 평상시와 크게 다르지 않은 삶을 살고 있었다는 사실을 깨닫게 했다. 두말할 것 없이, 그 시대에도 모든 영역에 걸쳐 이루어지는 삶의 경험들이 있었을 것임을 나는 이제 알게 된 것이다. 그런데, 그들의 목소리는 어디에 있는 것일까?

구할 수 있는 자료들을 다시 검토해보았지만, 거기에는 사건들의 목록만 있을 뿐이었다. 시간이 흐르면, 강렬한 개인적 사건이 비인격적 사실이 되고, 그것을 낳은 삶들로부터 유리되는 것은 불가피한 일이다. 그렇지만 그 사건들은 언젠가 실제 사람들의 삶 속에서 벌어졌던 것이며, 나는 바로 그 같은 사람들을 찾아내기로 결심했다. 나는 일제 식민 시대를 살았던 한국인들로부터 구술사를 수집하여 일제 치하의 삶의 다양성과 복잡성을 발견해내고 싶었다. 그 사람들의 이야기가 이 책이 됐다. 그 이야기들은 한국사에서 이 시기의 실제 삶을 회복해주었고, 일본 식민 지배라는 검은 우산 아래 살았던 많은 사람들의 오랜 침묵을 깨뜨렸다.

나는 남편과 공동으로 계획을 수립했다. 우리가 시작하려는 인터뷰의 대상은 하나의 뚜렷한 민족 집단일 뿐만 아니라 그 그룹 안에서도 좁은 연령대에 속해 있기 때문에, 나이 든 한국인들이 어떤 것을 예의바르다고 여기는지 그리고 어떻게 하면 가장 편안하게 여길지 고려하여, 인터뷰 과정을 사전에 철저히 준비했다. 한국인 커뮤니티라는 문화적 보호막 안에서 살고 있는 이들 노인의 상당수가 (대부분은 아닐지라도) 백인들을 상대하는 경우는 거의 없으며, 영어를 매우 서툴게 하거나 전혀 하지 못한다는 것을 우리는 알고 있었다. 우선 우리는 내가 가진, 전형적인 서양인의 단도직입적 태도를 배제하고, 한국어가 모어母語인 남편이 인터뷰를 수행하도록 계획했다.

남편은 우리가 살고 있는 샌프란시스코 베이 지역의 한국인 노인들을 인터뷰했다. 처음엔 친지들, 다음엔 안면이 있는 사람들 그리고 한국노인회관에 나오는 사람들 순서였다. 남편은 샌프란시스코 베이 지역에 있는 노인회관을 하나도 빠짐없이 차례로 방문해 그곳 회장들을 만났다. 차를 마시며 일상적인 대화를 나눈 다음, 남편은 우리의 계획을 설명하고, 명함을 드리며 캘리포니아 대학교 소속임을 분명히 밝혔다. 회장과 인터뷰 약속을 잡은 다음에는 방을 나와 노인들을 한 사람씩 만나며 한 시간쯤 돌아다녔다. 그리고 나서 매주 그곳을 찾아 인터뷰를 녹음했다.

처음은 가볍게 시작했다. 아마도 사람들은 오래된 아픈 기억을 되살리고 싶어 하지 않을지도 몰랐다. 실제로 처음에는 다들 망설였다. "아, 나는 별다른 일이 없었어요"라고 했다. 그렇지만 이 방문객과 녹음기에 차츰 익숙해지자, 사람들은 "내 얘기는 아직 못 들어봤을 게요"라거나 "재미있는 얘기를 해줄 게 있는데"라며 남편에게

다가왔다. "이 얘기는 오랫동안 해본 적이 없소"라든가 "이런 걸 물어본 사람은 아무도 없었소"라는 이야기를 남편은 되풀이해서 들었다. 그렇지만 기억은 금세 되살아났고, 대개 단순한 질문에도 엄청난 이야기가 쏟아져 나왔다.

한 사람을 제외하고는 모어인 한국어로 이야기하는 것을 선호했기 때문에, 우리는 집에 돌아와서 별도의 작업을 해야 했다. 남편은 다양한 수준의 한국어가 지닌 미묘함을 살리는 데 최선을 다하며 녹음 내용을 영어로 번역했다. 나는 그 이야기들을 컴퓨터에 입력하고, 수천 페이지에 이르는 자료를 어떻게 조직하고 통합할 것인지, 즉 무엇을 포함시키고 무엇을 뺄 것인지 궁리했다.

책에 포함될 이야기는 중요한 한 가지 목표, 즉 다양한 이야기를 기록한다는 조건을 우선 충족해야 했다. 특이한 사건이 없거나 중복되는 내용을 가진 이야기들은 배제했다. 어떤 사람들은 그다지 특별한 일이 없었다고 말했는데, 사실 그랬다. 그렇지만 그들의 정적인 삶에도 종종 작지만 흥미로운 순간들이 있었고, 이것들은 삽화 모음에 포함시켰다.

다음으로 우리는 중복되는 내용을 가려냈다. 많은 사람들이, 특히 학교와 직장에서 비슷한 일을 겪은 경험을 갖고 있었다. 그중에서 우리는 세부 묘사와 인물의 개성이 가장 뚜렷하게 드러나는 이야기들을 골랐다.

이 한 권의 이야기 모음이 한국 전역에 걸친 삶의 모습을 완전히 포착해내기를 바랄 수는 없다. 우리가 선택한 이야기들은 인터뷰 대상자를 모집한 지역 때문에 한계를 갖는다고도 할 수 있을 것이다. 인터뷰 응답자들은 모두 미국 이주를 원하고 또 그것을 실현할 수 있었던 사람들이었다. 예컨대, 인터뷰 대상을 한국에 남아 있는 한국인들, 또는 북한, 연변, 만주 등지에 각각 거주하는 한국인들 중에서 선택했다면, 또는 일본 오사카大阪로 강제징용을 당해 아직 그곳에 거주하고 있는 사람들 중에서 모았다면, 이야기들은 전혀 다른 성격을 갖게 됐을지도 모른다.

이 같은 한계에도 불구하고, 여기 제시된 이야기들은 가난한 삶에서 부유한 삶까지, 안락하고 순응하는 삶에서 공포와 고문으로 점철된 삶까지 다양한 범위를 보여준다. 이 작업을 수행하면서 우리는 일제통치라는 검은 구름 아래에서도 삶은 결코 일차원적이지 않았다는 사실을 줄곧 상기하게 됐다.

이 책에 소개된 인터뷰들은 여섯 개의 주요한 이야기와 많은 소소한 삽화들로 배열됐다. 우리는 여섯 개의 긴 이야기들을 그 경험의 다양성 때문에 선택했을 뿐, 빈곤층, 중산층, 부유층의 비율을 반영하려고 하지는 않았다. 그런데 이제 보니, 그 여섯 명 중 두 사람(홍을수 씨와 정재수 씨)은 극심한 빈곤에서 시작했고(홍을수 씨는 내내 가난했고, 정재수 씨는 자신의 노력으로 가난에서 벗어났다), 다른 두 사람(강병주 씨와 유혜경 씨)은 명문가 출신으로 어려움을 겪기는 했지만 부를 유지했으며, 나머지 두 사람(이하전 씨와 이옥현 씨)은 명문가에서 태어났지만 많은 곤란을 겪는 과정에서 지위가 하락했다.

모든 인터뷰에서 우리는 노인들의 기억을 일깨우기 위해, 그들의 고향, 학업, 직업, 종교, 일제 당국과의 접촉 경험, 창씨개명 등에 관한 개방형 질문을 던졌다. 거기에 덧붙여 자신들의 삶에서 중요한 일로 기억되는 다른 경험들을 보태도록 요청했다. 인터뷰에 응한 51명의 남녀 노인들은 광범위한 직업, 교육, 출생지, 종교 등을 전체적으로 대변한다.

이 책을 읽으면서 주의할 점이 세 가지 있다. 먼저 나는 여기 실린 이야기들이 모든 한국인을 대변하지 않는다는 것을 인정한다. 그리고 모든 기억이 전적으로 정확하지 않을 수도 있음을 인정한다. 마지막으로 의미론의 문제로서, '공산주의'라는 단어를 전부 한국인 노인들이 말한 대로 번역하지 않았다.

첫째, 몇 년 전 서울에서 녹음한 내 시아버지의 경우를 제외하면, 인터뷰 대상자들은 모두 캘리포니아 주 몬테레이와 샌프란시스코 사이의, 차로 오갈 수 있는 범위 안에 사는 사람들이다. 이 점은 이민 가능성이 높은 사람들의 유형과, 이민으로 인해 그들의 이야기가 왜곡될 가능성에 대한 의문을 불러올 수 있다. 그렇지만 우리가 사는 지역이 비좁지만은 않아서 샌프란시스코 베이 지역에 현재 거주하는 한국인은 10만 명이 넘는다. 인터뷰 대상이 된 노인들은 독립적이기도 하고 의존적이기도 하며, 교육을 받은 사람도 있고 문맹인 사람도 있다. 그들의 과거 직업은 농부, 사업가, 교사, 과학자 등이다.

둘째로, 기억이란 다름 아닌 기억일 따름이다. 각각의 기억은 개인적 경험에 의한 정념으로 가득 차 있다. 어떤 것들은 뚜렷하고 정확하지만, 또 어떤 것들은 감정이나 루머로 채색되어 있다. 이 같은 기억에 맥락을 부여하기 위해, 이 책 전체에 걸쳐 역사 정보를 작은 구성요소로 제공했다.

회상된 내용의 진실성, 시간과 거리가 기억에 미치는 영향 그리고 노인들의 회고담이 지니는 선택성 등을 따지는 질문들은 이 책의 한계를 넘어서지만, 논의를 심화하기 위한 좋은 자양분이 될 것이다. 식민 역사를 잘 아는 연구자들은 전 세계의 다른 피식민 국가들과 견주었을 때 한국의 상황이 독특한 것인지 고찰해볼 수도 있을 것이다.

셋째, 이 기억들을 번역하면서 나는 '공산주의'라는 명칭은 공산당원과 그들의 활동을 가리키는 것으로 유보하고, 실질적인 당원이 존재하지 않았을 법한 경우에는 '좌익', '급진적', '당파적'이라는 용어를 사용하고자 했다. 식민 기간 중 다양한 그룹들은―우파, 중도파, 극좌파―조선을 일제로부터 해방시키고자 노력했고, 그런 의미에서 보자면 모두가 민족주의자였다. 1920년대 다양한 공산주의자 그룹이 조선에 유입됐는데, 그들은 모두 일본에 저항한다는 공통의 목표를 가지고 있었다. 조선 공산주의자와 민족주의자 사이의 현존하는 반목은 1945년 한반도가 두 개의 나라로 분단될 때 출현했고, 그 이후로 줄곧 정치 집단은 '나쁜 놈'과 '좋은 편'으로(북쪽의 입장에서 보면 정반대!) 양극화됐다.

이러한 주의 사항과 해결되지 않은 문제에도 불구하고, 이 책은 한국사에 대한 새로운 시각을 제시해준다. 그 시각은, 의식적인 노력과 무의식적인 수용을 통해, 정치적 억압, 경제적 성장 그리고 전근대에서 근대 세계로의 개인적 이행이라는 이질적인 주제들이 서로 엉켜 있는 삶을 살았던 사람들에 의해 제시된다. 그 어른들은 고

맙게도 자신들의 기억을 우리에게 나누어주었고, 일제 강점이라는 검은 우산 아래에서 보낸 삶에 대한 또렷하고도 다양한 그림을 그려 보여주었다. 그분들께 감사드린다.

캘리포니아 주 리버모어에서

힐디 강

| 감사의 말 |

한 권의 책이 나오기까지는 많은 사람들에게 기대게 마련이다. 이 책을 간행하기까지 나는 그 누구보다 자신의 마음과 기억의 창고를 열어 우리에게 이야기를 들려준, 50명이 넘는 한국인 어른들께 가장 많은 빚을 졌다. 그들이 없었다면 이 책은 분명히 빛을 보지 못했을 것이다.

또 수많은 벗들과 동료들 역시 혼란스럽던 내 생각이 모양을 갖추는 데 도움을 주었다. 따라서 나는 그들 모두에게 빚을 지게 된 셈이다. 이 책의 출발은 시아버지의 이야기였다. 그의 이야기는 가리 레드야드Gari Ledyard 교수와 대화를 나누면서 구체화됐다. 레드야드 교수는 이 계획을 제안했으며, 나중에는 초고를 읽고 비평해 주었다. 인터뷰를 모으면서 처음으로 작업을 가시화할 수 있었던 것은 전적으로 결혼한 지 40년이 넘는 나의 남편 강상욱 덕분이다. 그는 헤아리기 어려운 많은 시간을 이 작업을 진행하는 데 할애해

주었다. 그리고 집필을 하는 긴 시간 동안 끊임없이 쏟아진 그의 질문 공세는 내 생각을 명료하게 하는 데 도움을 주었다. 아울러 지속적으로 용기를 북돋아주고 충고를 아끼지 않은 나의 아들 데이비드와 스티브에게도 고마움을 전한다.

밴쿠버에서 열린 제4차 아시아 태평양 한국학 대회에 참석한 분들께 특별히 감사드린다. 참석자들의 활발한 토론은 내 아이디어를 깊고 풍부하게 하는 데 많은 도움이 됐다. 신기욱 교수와 박순원은 영광스럽게도 초고를 읽어주었고, 책을 마무리하는 데 필요한 코멘트를 해주었다. 노먼 소프Norman Thorpe 교수의 배려로 그의 광범한 개인 소장 자료들을 열람할 수 있었다. 그 자료들을 통해 나는 많은 힌트를 얻었을 뿐만 아니라 그로부터 사진들을 제공받기도 했다. 또 다른 적절한 사진들을 배치하는 데에는 이홍영 교수와 캘리포니아 대학교 버클리 캠퍼스의 존 신 조교 그리고 미국의회도서관 사서들의 도움을 받았다. 콜린 레드패스는 우리의 인터뷰에 응한 사람 중 두 명이 제공한 가족사진을 복원하여 복사해주었다.

기술적인 측면에서 내가 겸손한 자세로 작업을 할 수 있었던 것은 나의 딸이자 편집자인 로라 강 워드 덕분이다. "모든 저자들은 자신의 원고가 흠이 없다고 생각한다"는 딸의 말을 무시하고서 나는 내가 보기에 완벽해 보이는 원고를 보냈다. 그 뒤 나에게 돌아온 것은 모든 페이지의 여백이 붉은 잉크로 범벅이 된 수정 원고였다. 세세한 부분까지 놓치지 않는 놀라운 눈썰미를 지닌 로라에게 고마움을 전한다.

끝으로 적잖게 유용한 논평을 해주신 외부의 독자와 이 책이 간행되기까지 관심을 갖고 용기를 준 코넬 대학교 출판부의 편집자로저 헤이든Roger Haydon에게 고마움을 표한다. 그는 우리가 처음시험 삼아 이야기를 나눈 뒤부터 책이 나오기까지 나의 생각을 실천에 옮길 수 있도록 줄곧 격려해주었다.

검은 우산 아래에서

식민지 조선의 목소리, 1910-1945

차례

제1부 선택에 의한 변화

제2부 강압에 의한 변화

| 일러두기 |

1. 이 책은 힐디 강(Hildi Kang)의 *Under the Black Umbrella : Voice from Colonial Korea, 1910-1945*(Cornell University Press, 2001)를 완역한 것이다.
2. 외래어 인·지명은 외래어 맞춤법 표기에 맞추어 표기했다.
3. 본문의 인·지명 등에 필요한 한자나 영문은 원칙적으로 처음 나왔을 때만 표기했다.
4. 지은이 주는 미주 처리했으며, 옮긴이 주는 본문 안에 괄호 처리하여 밝혔다.

1800년대 후반 조선인들은 미증유의 변화를 야기한 근대 세계와의 일련의 충돌을 경험했다. 이 변화들은 일본의 조선 점령 이전에 시작됐고 식민지 기간 동안 가속화됐다.

이러한 변화들이 얼마나 격렬했는지를 어렴풋이나마 이해하기 위해서는 국제무대에 등장하기 이전 조선의 모습을 되돌아볼 필요가 있다. 수백 년 동안 조선인의 기본적인 생활 습관은 안정되어 있었으며, 소수의 엘리트들이 인구의 대다수를 차지하는 자영 농민들 위에 군림하고 있었다.

1231년의 몽골 침략, 1592년의 임진왜란, 1627년의 정묘호란 등 외부의 침공이 이어지자 조선은 국경을 닫아걸고 중국을 제외한 다른 나라의 접근을 차단했다. 1800년대 후반 그러니까 세계 전역에서 무역업자, 군인, 외교관, 선교사 등이 동아시아의 항구로 밀려들기 시작하고 나서야 조선은 갑작스럽게 세계무대에 등장했다.

외부인의 시선에 조선은 가망이 없을 정도로 뒤처져 있으며 자신의 힘으로는 근대 세계에 진입할 수 없을 것 같은 나라로 비쳤다. 하지만 이런 견해를 가진 외부인들은 조선의 전체상을 보지 못했다. 조선인들은 산발적이긴 하지만 이미 자신의 정체성을 지키면서 근대화의 길로 나아가기 위한 내부개혁을 단행하기도 했다.

동학東學으로 알려진 종교개혁은 1860년에 시작됐다. 나의 인터뷰에 응한 한 사람은 그의 아버지가 "동학의 포교사였으며, 동학에서는 조선의 전통을 더럽힌다는 이유로 서양의 문물을 거부했다"고 말했다. 1894년 동학이 전면적인 저항에 나서면서 농민들은 조선인 지배계층의 불의와 확대되는 일본의 영향력에 맞서 싸웠다.[1]

1894년 지배계층에서 시작된 갑오개혁(1894~95)이 뒤를 이었다. 갑오개혁의 목표는 정부를 재건하고 계급차별을 철폐하는 것이었다. 그러나 느리지만 확실하게 조선을 자신의 지배 아래 두려는 일본의 간섭 때문에 조선인들은 개혁을 지속적으로 추진할 기회를 얻지 못했다. 그 결과 1910년부터 1945년까지 한반도를 식민지화한 제국주의 일본이 조선의 억압자이자 변화의 매개자 노릇을 하기에 이르렀다.

식민지 시대

일본의 조선 지배는 일반적으로 세 시기, 즉 군인들이 위협과 폭력으로 조선인을 지배한 무단통치 시기(1910~19), 1919년 3월 조선 독립운동 이후 교육, 언론, 산업에 대한 규제를 완화하여 약간의 자유를 부여한 문화통치 시기(1920~31), 다시 통제를 강화하고 일본이 수행하는 전쟁에 참전을 강요한 동화통치 시기(1931~45)로 나뉜다.

많은 어려움에도 불구하고 일본의 지배는 조선에 물질적 진보를 가져왔다. 도로, 철도, 항만 등 기반시설의 발전, 전국 학교들의 근대화, 행정조직과 사법조직의 향상, 농업에서 반半공업으로 변화한 경제구조가 그 예다.

하지만 이러한 변화의 결과 조선인이 누린 혜택은 극히 미미했다. 왜냐하면 변화의 실질적인 목표가 일본의 발전을 가속화하고 일본인들의 확장 노력을 후원하는 데 있었기 때문이다. 점점 더 많은 쌀이 일본으로 유출되면서 조선인들은 쌀 대신 주로 만주산 콩, 기장, 보리를 먹고 살았다.[2] 박성필의 회고에 따르면, 당시 지방 농민들은 일본 경찰과 맞서 "생산량의 70퍼센트를 빼앗아가면 우리는 도대체 무엇을 먹고 살란 말이냐!"며 따지기도 했다.

쌀만 그런 것이 아니었다. 1939년 조선의 면화 생산량은 약 9만 톤에 이르렀지만 그 가운데 약 7만 톤이 일본으로 유출됐다.[3] 그리고 조선에 거주하는 일본인 수는 전체 인구의 2.5퍼센트에 지나지 않았지만 그들은 정부 고위직의 80퍼센트 이상을 장악하고 있었다.[4]

이분법에서 복잡성으로

일본의 조선 점령은 1945년에 막을 내렸다. 그 뒤 일본의 지배가 유익했는지 여부를 둘러싸고 격렬한 논쟁이 벌어졌으며 그 여파는 지금도 잦아들지 않고 있다. 이상도 씨는 일본이 건설한 댐과 다리 덕분에 마을이 홍수를 피할 수 있었다며 다음과 같이 인정한다. "분명히 말하지만 일본인들의 조직력은 인상적이었다. 나는 잘 모르긴 해도 그것이 결국은 좋았다고 생각한다." 이와 달리 양성덕 씨는 "그들은 조선의 정신을 흔적도 없이 지워버리려는 사악한 계획을 갖고 있었다"며 목소리를 높인다.

학자들은 두 사람의 말을 반복한다. 카터 에커트는 양 측면을 함께 고려하면서 "(식민지 시기의) 계몽과 진보를 논하려면 동시에 민족적 예속, 치욕, 배신, 정치적 권위주의와 폭력, 처절한 인간적 고통을 이야기할 수 있어야 한다"고 말한다.[5] 브루스 커밍스 역시 이러한 이분법을 강조한다. 그는 정치적으로 한국인들이 거의 숨을 쉴 수조차 없었지만, 경제적으로는 분배상 공정하지 않았더라도 의미 있는 성장을 이루었다고 말한다.[6] 다른 학자들도 식민지 지배의 상반되는 측면, 다시 말해 후퇴와 진보, 착취와 발전, 제국의 억압과 민족의 저항, 일본 문화와 한국 문화 등을 비교 · 검토해왔다.

식민지 점령기를 이해하기 위한 이러한 시도들은 서로간의 극단적인 대립을 야기했으나 오늘날 학문적인 연구가 이어지면서 이분법은 점차 모습을 감추고 복잡성이 그 어느 때보다 뚜렷해지고 있다. 스스로의 선택에 의해서든 외부의 강압에 의해서든 한국이 빠른 속도로 근대 세계에 진입함에 따라 삶의 양상도 복잡다단해졌다.

식민지적 삶의 각 측면들은 상호 영향을 끼쳤으며 공포에서부터 평화로운 공존에 이르기까지 모든 요소가 동시에 작동해왔다. 어떤 사람들에게는 삶이 고통이었지만 다른 사람에게는 그렇게 힘겨운 삶이 아니었다. 이러한 차이는 한 사람이 언제 어디에 살았는지, 또는 지역주재 경찰소장의 성정性情이 어떠했는지 등등 불안정한 변화에 달려 있었다.

그 당시의 혼란과 혼돈은 대체로 일본 탓이기는 했지만, 적어도 일정 부분은 변화의 과정에서 나타난 자연스러운 부산물일 가능성도 있다.

크든 작든, 아니면 포용적이든 배타적이든 온갖 변화들은 우리가 인터뷰한 나이 지긋한 모든 이들의 삶에 영향을 주었다. 홍을수 씨는 공부를 하기 위해 어머니의 지갑에서 돈을 훔친 일을 떠올리면 지금도 죄의식을 느낀다. 그리고 기차라는 '거대하고 시커먼 괴물'을 처음 보았을 때의 놀라움을 이야기하면서 지금도 눈이 휘둥그레진다. 다른 한편 유덕희 씨는 1940년대에 소작농과 지주 가릴 것 없이 군대로 끌려가면서 온 마을이 발칵 뒤집혔다고 말한다. "모든 사람의 운명은 다 똑같았으며, 모두가 평등해졌다. 옛 질서는 무너졌다."

물론 모든 사람이 변하는 것은 아니었지만 과도기는 변화에 저항하거나 전통에 매달리는 사람들까지 뒤흔들어놓을 수 있었다. 왜냐하면 변절한 가족이나 이웃들이 그들 개인의 안전을 위협하는 것을 날마다 두 눈으로 보아야 했기 때문이다. 몇몇 인터뷰에서 우리는 전통을 꿋꿋하게 지키는 일이 얼마나 힘들었는지 들을 수 있었다. 예컨대 이러하다. "같은 마을에 사는 이웃이 '일본 사람들한테 배우는 것이 뭐 그리 장한 일이냐'며 우리에게 손가락질을 하곤 했다."

또 이렇게 말하기도 했다. "할아버지가 머리카락을 자른 나를 보더니 다짜고짜 노발대발하면서 '넌 이제 일본 사람이 됐으니 이 집에 발을 들여놓지 마라'며 소리를 질렀다."

이 책의 구성

이 책의 각 장은 대체로 널리 통용되는 식민지 시기의 시대 구분을 따르기로 한다. 단, 식민지 시기가 주로 세 부분으로 나뉘는 데 비해 이 책에서는 선택에 의한 변화와 강압에 의한 변화로 구분했다.

식민지 초기 강제병합은 제1장에 포함되어 있다. 하나의 장으로 이루어진 제1장은 식민지 시대 이전 1800년대 후반까지 거슬러 올라간다. 이 장은 초기의 혼란상을 충분히 다루고 있지는 못하며, 다만 강병주 씨의 말처럼 "문화적 충격이 우리나라를 뒤흔들고", "새로운 세계가 정신을 못 차릴 정도로 거침없이 우리의 의식 속으로 치고 들어온" 시기였다는 것을 암시하고 있을 따름이다. 1910년 일본이 한반도를 점령하고 무단통치를 실시하면서 군사적 변화가 문화적 변화를 압도했다. 한 일본인 기자는 《도쿄니치니치신문東京日日新聞》 1910년 10월 2일자 사설에서 이렇게 말했다. "신문은 일일이 검열을 당했고, 회사에 대한 통제 또한 대단히 심해서 마음에 들지 않는 회사들은 잇달아 문을 닫아야 했다. 기자들과 작가들은 숨막히는 상황에서 어찌할 줄을 몰랐다. 불평이라도 하면 체포될지도 모른다……. 나는 마치 지옥에 있는 듯한 느낌이었다."[7]

이 시기에 성인이었던 사람들은 이미 저세상으로 떠났지만, 인터뷰에 응한 많은 사람들은 "우리 아버지 이야기부터 하지. 그분은 맨 처음으로……" 기독교 신자가 됐고, 단발을 했고, 서양식 학교에 다녔고, 자동차 판매상이 됐다는 식으로 이야기를 시작했다.

제1부 선택에 의한 변화(제2~7장)에서는 1920년부터 1931년에 이르는 문화통치 시기에 활동했던 사람들의 인터뷰를 담고 있다. 일제가 문화통치를 실시한 것은 일본 정부에 강압적 지배를 완화하라고 요구한 1919년 3월 1일 독립운동 직후의 일이다. 제1부의 각 장은 1905년에서 1911년 사이에 태어나 대부분 자신의 선택에 따라 삶을 산 세 사람의 이야기를 싣고 있다. 여러 사람의 이야기를 모자이크식으로 구성한 몇몇 장에서는 교육적 선택들과 사업상의 모험들을 상세하게 설명하고 있다. 많은 선택에는 대가가 따랐다는 점을 되새길 수 있도록 하기 위해, 상당히 온건한 반일운동을 선택했다는 이유로 감옥 생활과 고문 그리고 지속적인 괴롭힘 등 적잖은 고통을 겪어야 했던 한 젊은이의 이야기를 제1부 마지막에 실었다.

제2부 강압에 의한 변화(제8~14장)에서는 1931년부터 1945년에 이르는 동화통치 시기 일본의 강압적 지배에 초점을 맞춘 이야기들로 시작한다. 제2부의 각 장은 1920년대에 태어나 전쟁이 확대일로에 있을 때 성인이 된 세 명의 경험담을 담고 있다. 이 시기는 강력한 탄압으로 점철되긴 했지만, 짤막한 이야기들을 모아 구성한 몇몇 장에서 볼 수 있듯이 개인적 선택의 여지가 전혀 없었던 것은 아니다.

직접 읽어가면서 알 수 있겠지만, 어떤 장은 한 사람의 이야기만으로 채웠고, 또 어떤 장에서는 하나의 주제와 관련된 여러 사람의 경험들을 모아놓았다. 이런 식으로 구성한 것은 많은 사람들이 평범한 삶을 살았기 때문이다. 대부분의 인터뷰는 "나에겐 아무 일도 일어나지 않았어. 일본 사람들이 꼭 나빴던 것은 아니야. 우리는 함께 살았지. 우리들을 괴롭힌 것은 순사들이었어. 그들의 눈 밖에 나지 않으면 그만이었지"라는 말로 시작됐다. 하지만 인터뷰에 응한 사람들은 그들의 이야기 속에 소금이나 고춧가루 같은 양념을 조금씩 감추어두었고, 그것들을 한데 모았을 때 보다 큰 그림을 그릴 수 있었다.

식민지 지배라는 검은 우산 아래에서 유쾌하면서도 힘겨운 변화를 겪어온 그들의 경험담은 감정의 모든 영역을 아우른다. 많은 인터뷰에 반영되어 있듯이, 본래의 모습으로 되돌아가곤 하는 인간 정신은 강병주 씨가 자신의 이야기를 마무리하면서 들려준 다음과 같은 말에 분명하게 표현되어 있다. "시골이긴 했지만 우리가 살았던 곳은 경치가 참 좋았어요. 몇 년 동안 은행에 다니면서 벌어먹고 산 나는 여기저기 돌아다녀야 했는데 그때마다 아름다운 경치를 공짜로 구경한 셈이지요. 그런 의미에서 그건 헛된 경험이 아니라 오히려 기회였다고 할 수 있겠지요."

제1장
첫 만남

오랫동안 은자隱者의 왕국으로 알려져 있던 조선이 세계를 향해 문을 열었을 때, 사람들은 처음 대하는 온갖 것들로 눈이 어지러울 정도였다. 세계 각지에서 온 사업가, 선교사, 군인, 정치가들은 새로운 발명품, 언어, 무기, 규칙 등을 함께 가지고 들어왔다. 모든 것을 때려부술 듯한 기세로 밀려들어온 새로운 사고방식은 1880년에서 1910년 사이에 성인이었던 첫 번째 세대를 강타했다. 그들은 이미 저세상 사람이 됐지만 살아 있다면 이처럼 말할 것이다. 자손들이 그들을 대신해 들려준 이야기는 다음과 같다.

1904년 남대문 밖 풍경. 초기 전차의 모습이 보인다.(미국의회도서관 제공)

강병주(남)

1910년 평안북도 출생, 은행 지점장

할아버지인 강천달이라는 분에 대해 얘기하지요. 그분은 철종대인 1850년 정주 동쪽에 있는 우리 씨족 마을에서 태어나셨어요. 할아버지는 많은 사람들이 그랬던 것처럼 전통적인 마을 어른들 중한 분이었어요. 견고하게 전통을 지킨 분이어서 마을 밖으로 나갈엄두도 내지 않았지요. 그런데 바깥세상이 새로운 사고를 전해주었을 때 그분은 준비가 되어 있었어요.

할아버지가 어른이 됐을 때 문화적 충격이 우리나라를 뒤흔들고 있었어요. 새로운 세계가 정신을 못 차릴 정도로 거침없이 우리의 의식 속으로 치고 들어왔지요. 기억할 것은 그 지방의 북쪽 지역에는 수백 년 전부터 유배를 당하거나 궁궐에서 쫓겨난, 생각이 자유로운 사람들이 살았다는 점입니다.[1]

이 사람들은 자신의 생각에 따라 살면서 많은 일을 했고, 실제로도 대부분이 근대의 혁신 사상들을 환영했어요. 우리 할아버지는 네 번에 걸쳐 큰 변화를 겪었지요.

첫 번째 변화는 기독교 신자가 된 것입니다. 1895년 무렵, 이미 마흔다섯의 나이에 할아버지는 마을을 떠나 근처 정주라는 도시로 갔습니다. 할아버지의 하얀 두루마기와 챙이 넓은 갓이 북적이는 도시의 다른 사람들 사이에 섞이게 된 것이지요.

어느 날인가, 어떤 외국 사람이 길거리에서 새로운 종교에 대해 이야기를 하고 있었다더군요. 그 사람의 이야기에 사로잡힌 할아버지는 얼마 지나지 않아 기독교로 돌아섰고, 처음 기독교를 받아들인 사람 중 하나가 됐어요. 할아버지가 마을로 다시 돌아오고 나서 무슨 일이 있었는지 아십니까? 마을 어른이었던 할아버지는 우리 마을 사람 전부를 기독교 신자로 만들었어요. 물론 마을 사람 중에는 기독교를 좋아하는 이도 있었고 그렇지 않은 이도 있었지요.

두 번째 큰 변화는 1900년에 찾아왔습니다. 할아버지는 새 며느리의 이름을 지은 다음 그 이름을 호적에 올렸어요. 그때까지만 해도 여성들은 자신의 이름이 아니라 '아무개의 딸'이라고만 등록됐지요. 할아버지의 아들, 그러니까 아버지는 13살이 되던 그해 결혼을 했어요. 아버지의 젊은 아내는 자기 이름이 없었어요. 이는 그다지 문제가 될 것도 없었어요. 왜냐하면 전통적으로 조선에서는 그 사람의 이름을 직접 부르지 않기 때문이지요.

그런데 이 어린 사람들이 결혼한 것은 갑오개혁 직후였지요. 개혁 법안에는 여성들도 이름을 호적에 올려야 한다는 법령이 포함되어 있었어요.[2] 대부분의 집안에서는 이를 무시했지만 할아버지는 기꺼이 깨버려야 할 또 다른 전통으로 받아들였어요.

물론 며느리를 호적에 올리기 위해서는 이름이 있어야 했지요. 조선 사람의 이름은 대부분 두 글자예요. 그래서 할아버지는 두 글자를 골랐어요. 아들의 이름인 '서형'에서 한 글자를 따와 며느리에게 '서윤'이라는 이름을 지어주었지요.

8년 뒤 할아버지는 아들을 학교에 보냈어요. 우리 지역에 막 문을 연 서양식 학교인 오산학교에서는 경서經書 대신 역사, 과학, 수학 등을 가르쳤어요.[3] 이 학교를 세운 사람은 일본인이 아니라 조선인 이승훈이었어요.

1907년에 오산학교가 문을 열고 채 1년도 지나지 않아 할아버지는 아들을 그 학교에 보내기로 작정했다니까요. 생각해보세요. 이 학교는 아주 새로웠어요. 아무런 준비를 하지 않아도 여기에 들어갈 수 있었지요. 아이든 청년이든 남자라면 누구나 초급반에 들어갈 자격이 주어졌어요. 그래서 우리 아버지는 21살이 되는 해에 이 학교에 들어갔어요. 그러니까 결혼한 지 8년 뒤, 자식까지 둔 아버지의 몸으로 말이지요.

1912년 62살의 나이에 할아버지는 네 번째이자 마지막으로 전통을 깹니다. 그분은 자신의 외아들을 의사로 키우기 위해 마을에서 멀리 떨어진 곳으로 보내 서양 의학을 배우도록 하지요. 그래서 아버지는 경성의학전문학교를 첫 번째로 졸업한 사람 중 하나가 됩니다(최근에 나는 서울로부터 그의 졸업을 기념하는 문서를 받아볼 수 있었다). 아버지는 공부를 마치고 우리 마을로 돌아와 걸어서 20분쯤 걸리는 납천 근처에 병원을 열었어요.

이야기인즉슨 이렇습니다. 그렇게 공부를 많이 한 아버지는 어린 나이에 결혼한 데다 아무것도 배우지 못한 어머니와 함께 시골에서 사는 것을 썩 달가워하지 않았어요. 해서 아버지는 재산은 "당신이 알아서 하라"는 말을 남기고 만주로 떠났어요. 의술을 행하며 자신의 삶을 살기 위해서였지요. 그 뒤로는 어머니가 모든 집안 살림을 돌보면서 소작인들을 관리했어요.

그런데 만주 국경은 우리 마을에서 아주 가까웠어요. 아버지는 1년에 몇 번씩 가족들을 만나러 왔던 듯합니다. 그도 그럴 것이 1906년에서 1928년 사이에 태어난 자식이 모두 일곱 명이나 있었기 때문이죠. 부모님은 우리 3남 4녀를 모두 고등학교와 전문학교에 보냈지요. 대단히 놀라운 일이에요. 왜냐하면 당시에는 고등학교를 나온 여성이 아주 드물었기 때문입니다.

아버지가 만주에 있을 때 겪은 이야기를 들은 적이 있어요. 어느 사직군대 두목이 있었는데, 산 사람에게서 꺼낸 간을 먹으면 영원히 살 수 있다는 말을 어디서 얻어들었던 모양입니다. 어느 날 아버지는 그 두목의 집으로 불려갔어요.

"서양식 의사라고 들었는데, 수술을 할 줄 아시오?"

"예, 어르신."

"세 명의 군인이 붙잡혀왔는데 그들은 곧 처형당하게 될 것이오. 내가 죽이기 전에 그놈들이 살아 있을 때 한 놈을 골라 간을 꺼내시오."

"안 됩니다. 그런 잔혹한 일은 할 수 없습니다." 아버지가 대답했어요.

"그렇다면 당신도 함께 처형할 것이오."

그래서 아버지는 지주의 말을 들어 줄 수밖에 없었다더군요.

내가 다섯 살쯤 됐을 때 그러니까 1915년일 겁니다. 어느 날 할아버지는 집 뒤란에 있는 돼지우리 지붕에 이엉을 얹고 있었고 나는 그 옆에서 놀고 있었어요. 우리 마을을 에워싸고 있는 언덕 중 하나인 서당언덕 너머로 무장한 일본 순사들이 갑자기 나타났어요. 번쩍거리는 갈색 제복 차림에 조선인 보조원을 대동하고 말이지요.

당시 경찰에 근무하던 조선인들은 순사가 아니라 순사 보조원이라 불렀어요. 이 나라의 안전을 확보하기 위해 도움을 필요로 했던 총독부는 일본어를 할 줄 아는 조선인 남성을 모집했어요. 안전이라 했지만 그것은 말할 것도 없이 그들의 이익을 지키기 위해서였지요. 아무튼 총독부에서는 이렇게 모집한 사람들에게 검은 제복을 입히고는 갈색 제복 차림의 무장한 일본 순사를 따라 걷도록 했어요.

12명쯤 되는 오만방자한 놈들이 내달려오는가 싶더니 할아버지를 둘러싸더군요. 그러고는 할아버지를 끈으로 묶어서 데려가려고 했어요. 옆에서 지켜보던 나를 발견하지는 못했어요. 나는 안으로 달려가 어머니에게 말했어요. 어머니는 달려나와 순사에게 매달렸어요.

"우리 시아버지가 무슨 잘못을 했길래 이렇게 묶어서 끌고 가는 것이오?"

그러나 그들은 울고불고, 소리치고, 애원하는 어머니를 발로 차버리고는 할아버지를 끌고 갔어요. 도대체 무슨 영문인지 알 수가 없었어요. 할아버지는 며칠이 지나서야 돌아왔지요.

성이 김씨인 우리 외할머니 집안이 얼마나 부자였는지, 돈에 얼마나 애면글면했는지 얘기해 드리지요. 그래야 우리들이 무엇 때문에 어려움을 겪었고, 일본인들만이 아니라 조선 사람들이 우리를 얼마나 힘들게 했는지 알 수 있을 겁니다. 일본이 조선을 점령한 뒤, 많은 조선인들은 게릴라 전술을 이용하여 일본인들과 싸웠어요. 그들은 스스로를 독립군이라 불렀어요. 군자금을 조달하기 위해 그들은 여기저기 돌아다니면서 부자들에게 돈을 뜯어냈지요. 그들은 우리 강씨 집안은 전혀 괴롭히지 않았지만 김씨 집안에게는 돈을 요구했어요. 그들은 의병들이 돈을 가지러 올 것이니 미리 준비해놓으라며 으박을 질렀어요. 그런데 돈을 내주고 싶지 않았던 그 집안의 가장은 의병이라는 사람들이 돈을 받으러 왔을 때 한 푼도 주지 않았지요. 그러자 그들은 바로 그 자리에서 가장을 죽여버렸어요.

한편 이상도 씨의 아버지는 서양식이라면 모든 것을 거부하고 동학이라는 신흥 종교운동의 지지자가 됐다. 유교, 불교, 도교를 융합

한 동학은 농민의 평등, 생활 조건의 향상, 부패한 정부의 개혁을
주장했다.

이상도(남)
1910년 경기도 출생, 트럭 운전수

우리 아버지 얘기를 하지요. 아버지는 천도교 즉 동학의 포교사
였어요. 동학은 무척 국수주의적이어서 서양의 것이라면 모두 조선
의 전통을 더럽힌다 하여 거부했지요.

아버지는 아무런 대가 없이 동학 포교에 나섰어요. 내 형님들도
아버지를 도왔지요. 동학교도들은 현금 대신 가족이 몇 명이냐에 따
라 쌀 몇 되씩을 기부금조로 냈어요. 그리고 이것을 판 돈을 모아 천
도교 중앙본부의 비용에 충당할 수 있도록 서울로 보냈어요.

사람들이 집회 계획을 짜기 위해 우리 집에 모였어요. 나는 우리
집에서 있었던 회의 ― 비밀회의 ― 를 기억합니다. 한번은 어른들이
어디에서 '만세'를 부를 것인지 얘기를 나누고 있었어요.

아버지는 일본인들이 다가오기만 해도 싫어했지만, 내가 보기엔
그들 모두가 그렇게 나쁜 것 같지는 않았어요. 장마철만 되면 우리
마을에는 큰물이 나곤 했어요. 그런데 무슨 일이 있었는지 아십니
까. 일본 사람들이 와서는 저수지를 만들고 둑을 쌓고 다리를 놓았
어요. 마을 사람들은 일종의 세금으로 돌을 모아냈어요. 각 가정에
서 1년에 서너 번씩 나가 일정량의 돌을 모았고, 일본 사람들은 이
렇게 모인 돌을 길 닦는 데 사용했지요.

말이 나온 김에 그들의 조직력이 얼마나 인상적이었는지 얘기해

야겠군요. 그들은 먼저 계획을 세웁니다. 그런 다음 설계도에 따라 공사를 진행하지요. 그들이 우리 마을에 세운 다리는 아무리 비가 오고 물이 넘쳐도 끄떡없습니다. 그들은 또한 면도날, 쉽게 불을 붙일 수 있는 성냥, 레코드플레이어 등도 가지고 들어왔어요. 내가 알기로 그 물건들은 유럽에서 온 것인데, 우리가 먼저 가질 수도 있었겠지요. 하지만 일본 사람들이 먼저 그것들을 들여왔어요. 어찌됐든 그렇게라도 들여온 것이 나았다고 생각해요.

식민지 초기에 일본의 정책은 조선에 우호적이지 않았다. 일본은 대규모 군대를 조선에 주둔시켰을 뿐만 아니라 수천 명의 일본인 관리들을 파견했다. 초대 총독인 데라우치 마사타케寺內正毅(1852~1919)는 조선의 정치적·경제적 발전의 숨통을 죄었다. 그는 집회를 금지했고, 신문을 폐간했으며, 조선의 역사와 지리 그리고 근대적 자유 사상을 포함하고 있는 20만 권의 책을 불태우라고 명령했다. 경찰과 함께 촘촘한 첩보망이 가동됐으며, 1918년까지 20만 명이 넘는 사람들이 반항세력으로 분류되어 체포되거나 고문을 당했다.[4]

사람들은 종종 무슨 죄를 지은지도 모른 채 체포됐고 아무런 잘못도 없는 행동마저 예상하지 못한 파문을 불러일으키곤 했다. 어떤 신사의 이야기에 따르면, 그의 아버지는 소를 한 마리 샀다는 이유로 일본 경찰에 불려가야 했다. "'어디에서 돈이 났지?' 그들이 물었습니다. '넌 첩자 노릇을 한 게 틀림없어.' 할 수 없이 아버지는 매일 아침 아홉 시 경찰서에 보고를 해야 했지요."

이승봉(남)
1912년 경기도 출생, 재단사

우리 삼촌은 구한국 기병 장교였어요. 일본인들이 조선을 차지했을 때 삼촌은 장교 신분이었다는 이유로 골치를 앓았지요. 사람들이 그 일에 관해서는 말하지 말라고 했어요. 아마도 내가 그 일에 대해 아는 것을 원하지 않았던 모양이에요.

이옥현(여)
1911년 평안북도 출생, 주부

우리 외할아버지는 배운 사람이었어요. 외할아버지는 중국어를 할 줄 알았기 때문에 왕이 중국에 사신을 파견할 때 통역관으로 따라갔다고 하더군요.

1904년 러일전쟁이 터지자 외할아버지는 전란을 피해 압록강 옆 만주 국경 근처에 있는 고읍이라는 조그만 마을로 옮겼어요. 외할아버지는 많은 땅을 사 모았고 그곳에 정착했어요. 그 동네에서 우리는 꽤 잘 나가는 집안으로 알려졌고 큰아버지는 면장이 되기도 했지요.

김원극(남)
1918년 함경북도 출생, 전매청 직원

아버지는 우리 지역에 있던 청년기업가협회 회장이었고 머리를 짧게 깎은 최초의 신식 조선인 중 한 사람이었어요.

우리는 약 2만 평의 땅을 갖고 있었어요. 그 지역에서는 가장 넓은 땅을 가진 집안 중 하나였지요. 3천 그루에 이르는 과수원도 있었고 감자도 많이 거두어들였어요. 감자는 대부분 우리가 기르는 돼지의 먹이로 쓰였지요. 우리는 토끼와 닭도 키웠어요. 마을 뒤편 산자락에 울타리를 쳐서 그곳에 약 500마리의 닭을 놓아길렀어요. 나무에서 떨어지는 잎과 열매가 닭의 먹이였는데, 영양분이 아주 풍부해서 닭은 금세 살이 쪘지요. 우리는 나남시 근처에 주둔하고 있던 일본군 제19보병연대의 군인들에게 닭고기를 공급했어요.

우리 아버지가 얼마나 신식이었는지 말씀드리지요. 아버지는 옛날처럼 손으로 농사를 짓지 않았어요. 땅을 파는 기계와 씨 뿌리는 기계를 일본에 주문했지요. 그리고 아버지는 관청과 선이 닿아 있었기 때문에 매일같이 도道와 면面에서 사람들이 찾아왔어요. 모두가 일본인이었지요. 지방 관청에서 젊은이들에게 농법을 가르치려고 할 때면 아버지한테 배우도록 우리 집에 사람들을 보냈어요.

청년기업가협회에서 한 일 중 하나입니다만, 너무 추워서 농사를 지을 수 없는 겨울 동안에 기계를 사용해 짚으로 만들 수 있는 온갖 물건을 짰는데, 그 계획을 세운 사람도 아버지였어요. 그들은 이렇게 만든 물건을 팔아 남긴 이익금을 협회 활동 비용으로 썼지요.

일본은 토지조사사업을 실시하면서 토지 소유자들에게 각자의 땅을 등록하도록 했다. 많은 농민들이 부주의나 무지 때문에 등록을 하지 못했고 그 결과 땅을 총독부에 몰수당했다는 소문이 널리 퍼졌다. 조선인들은 그 사업을 일본의 '토지 수탈'이라 불렀다.

홍을수(남)
1905년 경상남도 양산 출생, 교사·사업가

조선을 점령한 일본은 곧 농지를 측정하기 시작했어요. 그들은 토지조사사업이 이루어지면 조선인들이 각자 소유한 땅을 정확하게 알 수 있을 것이라 했지요. 물론 소유권을 주장하는 사람이 없는 토지는 모두 일본인들 차지가 됐어요.

이때 일본 사람들은 조선인이 가진 농지의 소유권을 등록하는 일을 했어요. 그때까지만 해도 조선인들은 소유권을 증명하는 문서를 갖고 있지 않았기 때문이지요. 오랜 세월 동안 조선 사람들은 누구누구의 논은 누구누구의 논 옆에 있다는 식으로만 알아왔어요.[5]

기술자들이 토지조사를 나왔을 때 몇몇 눈치 빠른 조선인 농부들은 자기 땅도 아닌 곳을 가리키며 자기 것이라고 주장했어요. 토지조사가 끝나고 지도에 등록됐을 때 결과적으로 그들은 자신이 실제로 소유했던 것보다 넓은 농지를 갖게 됐지요. 반면에 무지했던 사람들은 모든 것을 날려버렸어요.

일본인들 역시 많은 땅을 차지했어요. 그들은 산자락에 있는 고만고만한 땅덩이에는 신경도 쓰지 않았어요. 비옥한 농경지를 약탈하는 것이 목적이었지요. 권력을 장악한 뒤 그들은 이런 식으로 엄청난 양의 땅을 빼앗았어요.[6]

대부분의 사람들은 일본의 지배에 적응했지만, 투쟁을 결심한 사람들은 몰래 만주로 넘어가 저항세력에 가담하기도 했다. 인터뷰에 응한 몇몇 사람들은 자발적으로 독립군이 된 자신의 친척 이야기를 들려주었다. 걸어서 압록강을 건너 만주로 가는 길에 그들은 산속이나 돼지우리, 닭장에 숨기도 했다. 그리고 만주에서는 이동휘[7] 장군을 비롯한 다른 저항군 지도자의 휘하에 들어가 군자금을 모으거나 시베리아에서 무기를 몰래 들여왔으며, 병사들을 훈련시키기도 했다. 어떤 사람들은 망명한 조선인 아이들을 위해 학교를 세우기도 했다. 이뿐만 아니라 억압이 극심해지기 전까지는 조선 내부에서도 산발적인 무장 투쟁이 벌어졌다.

진명희(여)
1932년 함경남도 출생, 주부

우리 할아버지는 19세기에서 20세기로 바뀔 무렵 국내에서 항일 운동에 헌신하다가 안전한 곳을 찾아 가족을 이끌고 만주로 건너갔어요. 그곳마저 안전하지 않아서 결국은 차르의 지배 아래 있던 러시아까지 들어갔지요. 고작 일곱 살이었던 아버지는 러시아에서 자랐어요. 그래서 아버지는 러시아어가 유창합니다. 할아버지는 러시아혁명 직후인 1918년에 그곳에서 돌아가셨고, 아버지는 조선으로 돌아왔어요.

정태익(남)
1911년 강원도 출생, 농부 · 목재상

우리 외할아버지는 경상도에서 일본인들을 몰아내기 위해 싸운 의병이었어요. 그런데 알다시피 패했지요.

1910년이거나 1911년쯤의 일인데, 할아버지의 많은 동지들이 일본 사람들에게 붙잡혀 참수형을 당했어요. 할아버지는 목숨을 부지하려고 어디론가 사라졌지요. 누구에게 말할 틈도 없이 도망쳤어요. 왜냐하면 일본 사람들이 쫓고 있었기 때문이지요.

그때는 고속도로고 뭐고 없었어요. 그래서 밤에 동해안의 산길을 따라 걷다보니 도착한 곳이 강원도였어요.

그곳 농사꾼들은 조선의 여타 지역 농부들과 달라요. 그들은 나무를 불태워 땅을 개간한 다음 한 해 동안 농작물을 심고는 다른 곳으로 옮겨가요. 강원도 고산지대에서는 이런 식으로 농사를 지었어요. 그들은 마치 부족처럼 무리를 지어 생활했어요. 그래서인지 관계가 끈끈하지요.

할아버지는 일본 경찰의 눈을 피하기 위해 그들 사이에 섞여들었어요. 그곳에 자리를 잡자—정착한 것은 아니었지만—할아버지는 가족들을 하나씩 불러들였어요.

고향에서는 농사를 지어 먹고살 수가 없었던 아버지는 어느 날 동네를 뛰쳐나갔어요. 그리고 몇 년 뒤 산속으로 들어가 외가에서 함께 살았지요. 여기저기 떠돌아다니면서 그들은 그럭저럭 지냈어요. 내가 아홉 살인가 열 살 때 우리는 모두 아버지와 함께 그곳에서 꽤 오랫동안 살았어요. 물론 가끔씩 떨어져 지낸 적도 있지만요.

처음 10년 동안의 일본 지배가 막바지에 이르면서 조선인들은 적개심과 분노를 점점 더 강하게 표출하기 시작했다. 문자 해독 능력이 향상되고 커뮤니케이션이 확산되면서 대중적인 소요가 이어졌다.

제1차 세계대전이 끝났을 때, 조선의 민족주의운동 지도자들은 우드로 윌슨 대통령의 '민족자결주의'를 전해 듣고서 행동을 취할 시기가 왔다고 판단했다. 그들은 공식적으로 독립을 선언하기로 계획하고 1919년 3월 1일을 그날로 정했다.

제 1 부

선택에
의한
변 화

개 관

한국의 독립운동과 이에 대한 외부 세계의 반응은 일본의 정책에서 첫 번째 중요한 변화를 이끌어냈다. 확산되는 시위에 놀란 일본인들은 그들의 지배방식을 재고하는 한편 새로운 룰을 모색하기에 이르렀다. 그들은 사업 규제를 완화하고 소수의 한국인에게 공직을 할당함으로써 약간의 개인적 선택을 허용했다. 교육이 확산됐고 한국인 소유의 신문들도 발행되기 시작했다.[1]

그러나 이들 영역에서 자유의 증대는 다른 영역에서의 엄격한 통제를 동반했다. 몇몇 역사가들이 경찰 통제의 강화, 스파이와 정보원 네트워크의 확장, 감옥 및 사상범 체포의 증가 등을 들어 이 시기를 '겉만 번지르르한 변화'라고 일컫는 것도 이 때문이다.[2]

피상적이었든 그렇지 않든 이러한 변화들 때문에 덕을 본 한국인도 적지 않았다. 따라서 이어지는 장에서는 개인적 선택의 요소에 초점을 맞출 것이다. 홍을수 씨는 16살 때 처음으로 세계지도를 보았고, 그 세계로 나아가기 위해 교육을 선택했다. 새롭게 개방된 공직에 지원하는 길을 택한 강병주 씨는 '바늘구멍을 뚫고' 은행 지점장이 됐다. 이옥현 씨는 지원할 수 있는 새로운 기회를 이용하여 캐나다에서 피아노를 배울 수 있는 허가를 얻어내긴 했지만, 약혼자가 농민을 가르치는 길을 걸어가면서 이옥현 씨와 약혼자 모두 꿈을 접었다. 다른 삶들에 대한, 교육과 직업에 관련된 개인적 선택에 대한 이야기들을 재구성해보면, 오래된 것과 새로운 것 사이에 변화의 물결이 밀려왔던 이 시기의 윤곽을 그릴 수 있을 것이다.

1917년 무렵 박성필 씨의 할아버지와 어머니 그리고 누나. 할아버지는 경상남도 기장읍 읍장이었다.(박성필 씨 제공. 콜린 레드패스 복원)

제2장
독립의 함성

독립운동은 평범하게 시작됐다. 33명의 조선인 대표가 서울의 한 식당에서 만나 선언서를 낭독하고 조선이 독립국임을 공식적으로 선언했다. 선언서를 낭독한 다음 그들은 일본 경찰서로 걸어 들어갔다.

그 다음에 일어난 일이 모든 사람들을 놀라게 했다. 아무런 계획도 없었고 누구도 예상하지 못했지만, 침묵하고 있던 사람들이 목소리를 내기 시작했다. 3월 1일 이후 몇 개월에 걸쳐 수천 명의 학생, 상인, 농민 그리고 다른 계층의 사람들이 남녀노소 가릴 것 없이 조선 각지에서 독자적인 시위를 펼치며 자유를 외쳤다.

대대적인 운동에 당황한 일본인들은 재빨리 무력 진압에 나섰다. 일본 쪽의 기록에 따르면 체포된 자가 4만 6,948명, 사망자가 7,509

명, 부상자가 1만 5,961명에 이른다.[1] 최악의 잔인무도한 행위 가운데 하나는 29명을 교회에 가두고 불을 지른 사건으로, 안에 있던 사람들은 모두 불에 타 죽었다.

김순옥(남)
1910년 경기도 출생, 도붓장수 · 소방관

내가 살 때만 해도 마포는 서울에서 보면 언덕에 있는 그저 그런 마을이었는데 서울에서 마포까지 전차가 다녔어요. 내가 열 살 되는 해 어느 날, 전찻길 근처에서 놀고 있는데 전차에 탄 사람들이 보이더군요. 한복 차림에 서양식 모자를 쓰고 있었어요. 그들은 모자를 벗어들고 흔들면서 목청껏 "이제 독립이다!"라고 외쳤어요.

나는 어른들에게 무슨 일이냐고 물었지요. 그러자 그들은 나라를 되찾기를 원한다고 말하더군요. 전차에 탄 사람들은 시위에 참가하기 위해 서울로 가는 중이었어요.

동무 하나와 나는 따라가기로 했지요. 언덕에 오른 우리는 서울을 향해 내려갔어요. 조선 시대 고관대작들의 집이 있는 곳 가까이에 이르렀을 때, 수백 명의 조선 사람들이 "이제 독립이다!"라고 외치면서 우리를 향해 다가오는 것을 보았어요.

남자들이 태극기를 흔들면서 앞장섰고 그 뒤로는 군중들이 밀치면서 "만세!"를 불렀어요. 동무와 나는 한참을 바라보다가 대열에 끼어들었지요.

우리는 경찰서까지 왔어요. 창문을 통해 들여다보니 한 경찰이 전화 수화기를 들고 있더군요. 아마도 밖에 모인 군중들에 대해 상

1920년경 혼마치(本町, 오늘날의 충무로)의 붐비는 거리. 간판이 일본어 일색이다.(노먼 소프 소장)

관에게 말하고 있는 것이라 생각했어요. 내 옆에 있던 사람이 큰 몽둥이를 창문 안으로 던졌어요. 그러자 경찰이 수화기를 떨어뜨리고는 안쪽에 있는 방으로 뛰어가더니 담요 밑에 숨으려 했지요. 그 사람은 정말로 무서워서 벌벌 떨고 있었어요.

우리는 함성과 함께 뒤에서 밀며 서울역 쪽으로 나아갔어요. 철로 위에 육교가 있었는데 그곳에 도착했을 때 바로 앞에 무장한 일본 경찰이 말 위에 앉아서 우리에게 총검을 겨누고 있는 게 아닙니까! 50명이 넘었어요!

그들은 군중들을 두들겨 패면서 다가왔어요. 모두 당황해서 어쩔 줄 몰랐지요. 시위대 중 어떤 사람들은 난간을 넘어 아래 철길로 뛰어내렸어요. 어떤 사람들은 총검에 찔렸어요. 말에 탄 군인들이 사람들을 둘러싸더니 밧줄로 묶은 다음 다른 사람들 뒤를 쫓았어요.

그들은 말채찍 손잡이 끝으로 사람들을 후려쳤어요. 나는 숨으려고 했어요. 그런데 열 살밖에 안 된 아이라 놓아준 모양입니다.

이상도(남)
1910년 경기도 출생, 트럭 운전수

가족들이 "오늘은 만세를 부르는 날이다"라고 말하더군요. 오산 시내에 있는 장터에 나갔더니 사방에서 모여든 사람들로 꽉 차 있었어요. 당시에는 흰옷을 입었기 때문에 장날이면 온통 하얀색이었어요. 색깔 있는 옷을 입은 사람은 한 명도 없었지요.

사람들 사이를 밀고 들어갔는데 누군가 태극기를 갖고 있다고 속삭이는 소리를 들었어요. 그때 처음으로 태극기라는 걸 보았지요. 어린 마음에 태극기는 너무 흥미롭고 예뻤어요.

오산에는 일본 상인들의 가게가 많았는데 우리가 가게 앞을 지나가자 문을 단단히 걸어 잠갔어요.

젊은 사람들이 길거리에서 '독립가'를 부르며 춤을 추더군요. 나도 정신없이 그들을 따라 춤을 추었지요. 그들은 횃불을 들고 거리를 따라 행진했어요.

시위대는 기차역으로 향하다가 소총으로 무장한 일본군을 만났어요. 아, 일본군이 저렇게 생겼구나 생각했어요. 군인들은 태극기를 잡아채기도 하고 총검으로 사람들을 내려치기도 했어요. 사람들은 나뭇잎처럼 쓰러졌어요. 한 사람이 쓰러지면 다른 사람이 소리를 질렀고 그 사람이 짓밟히면 또 다른 사람이 소리를 질렀어요. 이에 아랑곳하지 않고 군인들은 사람들을 곤죽이 되도록 팼어요.

어두워졌을 때 총소리를 들었는데, 사람들에게 겁을 주어 집으로 돌아가게 하려고 쏜 공포였다고 하더군요. 경찰도 지쳤던 것이지요. 그들은 사람들을 붙잡아 경찰서로 데리고 가기 시작했어요. 내 매부도 붙잡혔어요.

나중에 경찰서장이 "소란 피우지 말고 집으로 돌아가라"고 말하고서 붙잡힌 사람들을 풀어주었어요. 특별히 나이든 사람들에게는 "할아버지, 왜 소란을 피우는 거요? 집으로 돌아가시오"라고 했어요. 그는 이 사람들에게 친절하게 말했어요. 그는 사람들을 묶었던 끈을 풀어준 다음 집으로 돌려보냈어요. 참 친절한 경찰이었지요. 다른 곳은 어땠는지 모르지만 우리 마을에서는 그런 일이 있었어요.

다음 날 일본 군인들이 시위에 참가한 사람들을 찾아내기 위해 돌아다녔는데, 등에 지게를 지고 일하는 사람들은 괴롭히지 않았어요. 그래서 그날은 전에는 일도 하지 않던 사람들이 등에 지게를 멨어요. 군인들은 어색한 조선말로 "이봐, 거기, 어디 가는 거야?"라고 소리쳤어요. 그 사람이 "들에 잡초 뽑으러 가는데요"라고 말하면 그냥 보내주었지요. 들에서 일을 하고 있는 사람들에게는 아무 일도 없었습니다. 군인들은 그저 사람들이 무리 지어다니지 않기를 바랐던 것이지요.

김여성(남)
1910년 평안남도 출생, 사진사

우리 마을 사람들은 산으로 올라가 목청껏 "조선 독립 만세!"를 외쳤어요. 그러라고 시킨 사람은 아무도 없었어요. 자연스럽고 자발적으로 터져나온 외침이었어요. 거기에는 우리 몇 명밖에 없었어요. 우리는 하루 종일 만세를 부르며 돌아다녔지요. 군인도 경찰도 오지 않았어요. 우리 마을은 너무 작아서 신경 쓸 겨를이 없었던 게지요.

이옥현(여)
1911년 평안북도 출생, 주부

우리는 3월 1일이 아니라 나중에 독립 만세를 불렀어요. 시골에 살았는데 그곳까지 소식이 물결처럼 전해졌어요. 소식을 접한 것은 3월 말이 가까워서였지요.

학교 생활지도 선생님은 장씨 성을 가진 부인이었어요. 우리 반에는 훗날 외과의사가 된 남자 아이가 있었는데 그 사람은 김일성이 병들었을 때 외과수술을 했을 정도로 유명해요. 맞아요, 남녀공학이었어요.

우리는 여덟 살밖에 되지 않은 아이여서 그저 선생님만을 따랐어요. 장 선생님은 우리를 산꼭대기로 데리고 갔어요. 그곳에서 우리는 모두 목청껏 만세를 외치고는 바로 내려왔어요. 별 다른 일은 없었지요. 경찰이 온 기억은 없어요.

주봉예(여)
1913년 경상북도 출생, 주부

만세운동이 있고 나서 그 사람들이 우리 아버지를 감옥으로 데리고 가 모질게 때렸어요. 경찰은 아버지가 시위대에 참가해 만세를 불렀다고 했어요. 그들은 작은 우리 동네에까지 와 아버지를 찾아서 끌고 갔어요.

우리 오빠는 일본인 학교에 다니고 있었기 때문에 괴롭힘을 당하지 않았어요. 실제로 아버지는 아들을 일본식 교육을 받도록 했다는 이유로 하루 동안이지만 경찰서에 있다가 풀려났지요. 그때는 아이들을 일본인 선생님이 가르치는 일본인 학교에 보내는 사람이 거의 없었거든요.

박준기(여)
1914년 경기도 출생, 주부

3월 1일을 기억합니다. 그때 여섯 살밖에 되지 않았지만 우리 집 뒤쪽 담장을 따라 감나무가 많이 있었던 것이 눈에 선하네요. 나무가 얼마가 컸는지 그 나무를 오르내리며 놀았지요. 그날 모두가 "시위하러 가자"고 했지만 할머니는 "우리 집에서 만세를 부르면 왜 안 되느냐?"고 말했어요.

그래서 우리는 모두 감나무에 올라가 담장 너머로 목이 터져라 "만세, 만세" 하고 소리를 질렀어요.

나도 나무에 올라가기는 했어요. 식은 죽 먹기였지요. 그런데 난 감했어요. 알다시피 만세를 부르려면 두 팔을 하늘로 치켜올려야 하잖아요. 나는 떨어질까봐 무서워서 잔뜩 겁을 먹고 서 있었어요.

우리들이 그러고 있는 사이에 사람들이 집에서 나와 소리를 지르며 깃발을 흔들었어요. 지금도 기억나는데 개들이 짖어댔고, 긴 칼을 든 일본 군인들이 좌우 가리지 않고 사람들을 쓰러뜨리고 있었어요.

할머니와 나는 무서워서 떨었어요. 군인들이 처음 만세를 부른 우리를 잡으러 오는 것이라고 생각했기 때문이지요. 우리는 안방으로 들어가 숨었어요. 나는 울었고 할머니는 우는 나를 꼭 끌어안았어요.

군인들이 시끌벅적하게 군홧발 소리를 내면서 지나갔어요. 하지만 우리 집은 들르지 않은 채 지나쳤어요. 그렇게 살아남았지요. 그들은 젊은 남자들을 쫓았지요. 그 사람들은 얻어맞고, 칼에 찔리고 베였어요. 나는 그들이 몇몇 남자들의 다리를 자르는 것을 보았어요. 정말 끔찍했다니까요. 나는 울면서 소리 지르는 것을 들었어요.

우리 외삼촌은 감옥에 잡혀갔어요. 외할아버지도 독립운동을 했다는 이유로 그리고 또 다른 이유로 감옥에 끌려가 10년 동안 징역살이를 했지요.

김상순(남)
1916년 경기도 출생, 금광 노무자 · 트럭 운전수

난 그때 너무 어려서 3월 1일 날 무슨 일이 있었는지 잘 기억하지 못해요. 하지만 독립운동이 일어나고 나서 몇 년 뒤, 아무 이유 없이 일본 사람들이 와서는 마을 지도자들을 잡아다가 감옥에 가두기도 하고 풀어주기도 했는데, 그러다 보니까 그 사람들 살림이 어려워졌다는 것은 똑똑히 기억해요.

일본 사람들은 우리 아버지가 시위에 참가했다는 것을 알고 있었기 때문에 아버지를 지도자들 중의 한 사람이라고 생각했던 모양이에요. 감옥에 갇히고 싶지 않았던 아버지는 붙잡히지 않으려고 산속에 숨기도 하고 이곳저곳 옮겨다니기도 했지요. 우리 식구들은 몰래 산속에 숨어 있는 아버지에게 먹을 것을 갖다주었어요. 하지만 가끔씩 아버지는 밤에 산에서 내려와 우리와 함께 지내기도 했어요.

▌박성필(남)
▌1917년 경상남도 출생, 농부 · 어부

우리 고모인 박순천이라는 분의 얘기를 들려 드리지요. 고모는 젊었을 때 마산에 있는 여자고등학교에서 가르쳤어요. 1919년 어느 날, 이갑성이라는 분이 고모를 찾아왔어요. 독립선언서에 서명한 33인 중 한 사람인 바로 그분이 말입니다. 그분은 몰래 독립선언서와 태극기 하나를 가지고 왔어요. 그것을 고모에게 주면서 서울에서 시위가 있을 테니 같은 날 마산에서도 시위를 이끌어달라고 했지요. 고모는 독립선언서 복사본을 만든 다음 집을 나가 시위를 주도했어요.

고모는 그 자리에서 바로 붙잡혀 가르치던 여학생들과 함께 감옥으로 끌려갔어요. 하지만 고모는 운이 좋았어요. 한 학생의 학부모가 마산형무소에 근무하는 형무관을 알고 있었고 그들은 그 형무관에게 한번만 눈감아달라고 했지요. 그 뒤 고모는 어디론가 사라졌어요.

그 학생의 할아버지가 전라남도 순천의 외진 마을에 고모가 숨을 곳을 마련해주었어요. 그 할아버지는 이렇게 말했지요. "우리는 선생님이 결혼을 하기 위해 이 외진 곳까지 왔다고 말할 겁니다." 너무 가난한 마을이어서 고모는 누더기 옷을 입고 약 한 달가량 숨어 지냈어요. 고모의 원래 이름은 박명련이었는데, 진짜 신분을 감추기 위해 '하늘을 따른다'는 뜻을 지닌 순천順天으로 바꿨어요.

고모는 그곳에 오래 머물 수가 없었어요. 그래서 아버지가 고모를 일본으로 몰래 보내려고 했지요. 아버지는 '등잔 밑이 어둡다'는 속담이 맞을 거라 생각했던 거예요.

고모는 동경으로 피했는데 그곳으로 간 이유는 두 가지예요. 하나는 숨기 위해서이고 다른 하나는 공부를 더 하기 위해서였지요. 고모는 개명한 이름으로 대학에 등록했지만 사정이 그렇게 호락호락하지 않았어요. 뒤를 쫓던 일본 경찰은 6개월 만에 고모를 다시 붙잡았어요. 그들은 고모를 마산형무소로 돌려보냈고 그곳에서 1년 반을 보냈어요.

고모는 아주 많은 책을 우리 집에 남겼어요. 상자 속에, 선반에, 집이 온통 책 천지였는데, 순사가 한두 명씩 와서 가져가는 바람에 상자고 선반이고 텅 비게 됐어요. 순사들은 그냥 왔다가 책을 가져갔어요. 물론 우리는 그들에게 그러지 말라고 말할 엄두도 내지 못했지요.

우리 할아버지는 재산이 꽤 많았지만 고모가 감옥에 잡혀들어갔을 때 소송비용이 적지 않게 들었어요. 할아버지는 돈을 마련하기 위해 땅을 팔아치웠고 그러는 사이 재산도 눈에 띄게 줄어들었어요.

우리 가족은 모두 의심을 샀고 순사가 날마다 우리를 감시하러 오곤 했어요. 소학교에 막 들어갔을 때니까 그때 내 나이는 일곱 살 아니면 여덟 살이었을 겁니다. 순사들은 우리가 집에 돌아오기만

하면, 어디 갔다오느냐, 무엇을 했느냐고 물었어요. 그들은 늘 집에 붙어 있었지요.

감옥에서 나온 고모는 다시 동경으로 건너가 대학에 다녔습니다. 그곳에서 변희용이라는 동료 학생을 만났는데 그 사람은 나중에 서울에 있는 한 대학교의 총장까지 지냈어요. 변희용 씨는 유명한 집안 출신이었어요. 그의 친척 중에는 이승만 대통령 때 외무장관을 역임한 변영태라는 사람도 있지요. 그런 변씨 집안사람들이 우리 집에 찾아오곤 했어요. 고모는 변희용 씨와 결혼했는데, 정혼이 아니라 연애결혼이었지요.

이재임(여)
1919년 경기도 출생, 주부

우리는 서울에서 여학교를 다니던 유관순 열사에 대해 알고 있었어요. 유관순은 16살의 나이로 3월 1일 시위를 이끌었지요. 일본 사람들에게 붙잡혀 감옥에 간힌 유관순은 결국 고문 끝에 죽었어요. 그렇게 젊은 나이에 말이에요! 유관순의 이야기는 모든 사람들의 동정을 샀고 마침내 함성으로 터져나왔지요.

나는 미국으로 오기 전에 유관순 동상을 보러 갔어요. 겨울날이었는데 동상은 눈에 덮여 있더군요. 공부를 참 열심히 한 사람이었는데 지금은 저렇게 눈 속에 서 있다니 정말 안타까웠어요. 무엇을 했다고 그런 일을 당했을까요? 눈물만이 내 뺨을 적실 따름이었어요.

제3장
지도 한 장이 바꾼 내 인생

홍을수(남)
1905년 경상남도 양산 출생, 교사에서 사업가로

내가 태어났을 때 아버지에게는 직업이 없었어요. 유학자, 즉 '선비'였던 아버지는 먹고살기 위해 하는 일을 천한 것으로 간주했지요. 사실 당신이 선비를 일하지 않는 사람이라 해도 할 말이 없어요. 비가 와서 지붕이 새도 아버지는 방에서 머리 위로 떨어지는 비를 맞으며 앉아 있는 그런 사람이었어요. 우리 아버지는 조선 시대 때 과거에 응시하지도 않았어요. 갈데없는 선비였던 셈이지요.

나는 태어나서 6년 동안 경상남도 양산 북쪽에 있는 왜석이라는 작은 마을에서 살았어요. 할아버지는 꽤 큰 농장을 경영했지만 아버지가 노름으로 전 재산을 날리는 바람에 우리 식구들은 근근이 연명을 해야 했어요.

제3장 **지도 한 장이 바꾼 내 인생** ： 61

20세기 초 전형적인 조선의 농촌 풍경.(노먼 소프 소장)

찢어지게 가난한 생활

'초근목피草根木皮'라는 말이 있어요. 근근이 살아가는 사람들은 말 그대로 풀뿌리와 나무껍질을 먹고 살아야 했지요. 우리도 그랬어요. 봄이 되면 지난해에 자란 소나무 가지를 꺾어서는 속껍질을 벗겨 그 안에 있는 달콤한 즙을 먹고 나머지는 말렸어요. 나중에 물에 담갔다가 다시 즙을 먹기 위해서였지요. 향기가 참 좋았는데 그것이 바로 나무껍질, 즉 '목피'입니다.

가을이 되면 산에서 도토리를 주워 모아두었다가 겨울에 먹었어요. 쓴맛과 부식성 화학물질을 제거하기 위해 도토리를 며칠 동안 물에 담가놓아야 했어요.

정말 우리는 그렇게 살았어요. 2월에도 곡식 비슷한 것을 먹는 집은 마을에서 대여섯 가구에 지나지 않았어요. 모두가 가난했고 그 중에서도 우리 집은 가장 가난한 축에 속했어요.

우리 마을은 워낙 외딴 산골에 있어서 호랑이가 아무렇지도 않게 어슬렁거리며 다녔고 우리 집 뒤에는 호랑이 덫이 놓여 있었지요. 우리는 무너지기 쉬운 담장을 쌓았는데 그 가운데에 나무 기둥이 세워져 있었어요. 그 기둥에다 강아지를 묶어놓았지요. 호랑이가 강아지를 덮치려 할 때 기둥이 흔들리면 돌멩이들이 호랑이에게 쏟아져내렸어요.

나는 15살 때까지 서당에 다녔어요. 그러다가 1920년에 나는 내 뜻과 달리 억지로 일본인 소학교에 들어갔어요. 얘기인즉슨 이렇습니다.

그때만 해도 조선의 선비들은 아이들이 그런 학교에 가는 것을 금지했어요. 그들은 일본인이 세운 학교에 보내면 아이들이 일본인으로 바뀔 것이라고 했지요. 그래서 할아버지와 아버지는 두 분 모두 양반이고 선비였기 때문에 나를 학교에 보내려 하지 않았어요. 게다가 학교에 다니려면 긴 머리카락을 짧게 잘라야 한다는 것이 일본 사람들의 요구였어요.

그래서 학교가 문을 열긴 했지만 양반집 아이들은 다니지 않았어요. 일본 관리들이 그것을 달가워했을 리가 없지요. 그러던 어느 날 군수, 경찰서장(일본인), 면장, 주재소장이 한꺼번에 와서는 서당 문을 닫으라고 하더군요.

그들은 우리들의 긴 머리채를 끌고 관청 마당으로 갔어요. 그러더니 이발기계로 머리카락을 자르기 시작했어요. 긴 머리카락을 등 뒤로 땋아내리고 있었던 우리는 졸지에 민둥머리가 되어 집으로 돌아왔어요.

할아버지는 나를 보자마자 격분했어요. 그리고 소리쳤지요. "네놈, 왜놈이 다 됐구나. 문 안에 한 발짝도 들여놓지 마라." 그래서 3일 동안 집에 들어갈 수가 없었어요. 나는 할아버지께 용서해 달라고 빌었고 마침내 할아버지의 화도 가라앉았어요.

열여섯이었으니까 나이도 먹었고 한자도 아는 편이어서 나는 2학년에 들어갔어요. 소학교에서 배우는 모든 게 새로워서 그 나이에 시작하는 것을 부끄러워할 틈도 없었어요.

열 살이나 그 미만의 아이들, 그리고 한자를 모르는 사람들은 1학년에 들어갔어요. 한자와 한문을 아는 사람들은 2학년에 들어가 대수代數와 일본어만 배웠어요. 2학년 과정을 마친 사람들은 3학년으로 올라갔어요.

일본인 교장과 조선인 교사 한 명이 그 학교 선생님의 전부였지요. 나는 일본인 교장 선생님이 우리 조선인을 얕잡아봤다고 생각하지는 않아요. 그는 교육자였고 조선인을 가르치는 데 아주 열심이었어요.

교장 선생님은 아주 재미있게 가르쳤어요. 그는 암기를 강조했어요. 어느 날 뭔가를 가르쳐주고서는 다음 날 학생들에게 외우고 있는 사람은 손을 들라고 했지요. 손을 들면 그날 배워야 할 것을 알려주죠. 그날 배운 것을 다 알아야 집으로 돌아갈 수 있어요. 그리고 셋째 날, 선생님은 지난 이틀 동안 배운 것을 외우는 사람은 손을 들라고 해요. 이런 식이었지요. 한 학기가 끝날 무렵, 선생님은 네 권의 독본과 두 권의 산수 책을 다 외우는 사람이 있으면 손을 들라고 했어요. 꼭 말해둘 게 있는데 여섯 권의 책을 모두 외운 사람은 나밖에 없었어요.

지도 한 장이 바꾼 내 인생

교장 선생님에게는 아들이 하나 있었는데 그 사람이 일본에서 대학을 마치고 아버지를 만나러 우리 마을에 왔지요. 이 젊은이는 학생들에게 대단히 잘해주었고 우리와 친해지려고 애썼어요. 나는 그가 친절한 사람이었던 것으로 기억합니다. 그는 열심히 공부하고 배우라며 우리를 격려했어요. 그 사람은 조선의 남쪽 한구석에 처박힌 조그만 외딴 마을에서 아무것도 모르고 살아가는 우리를 불쌍하게 생각했던 모양이에요.

"그것(지식)만이 너희들의 삶을 향상시킬 수 있는 길이다." 그는 말했어요. "너희들의 사회를 향상시키도록 해라. 그러면 우리 일본의 수준에 이를 수 있을 것이다."

1921년 7월, 한 학기를 마치고 방학에 들어가던 날 이 젊은이가 우리 몇몇에게 말했어요. "농사일을 돕다가 시간이 나거든 놀러 오너라."

그래서 우리 몇몇이 그를 찾아갔지요. 그가 우리에게 세계지도를 보여주더군요. 지도를 본 적도 없었고 그것이 어떻게 생겼는지도 몰랐어요. 지도 모양과 색깔이 참 재밌었습니다. 그는 지도를 벽에 걸더니 물었어요. "이 지도에서 조선이 어디 있는지 알겠니?"

물론 우리는 대답을 할 수가 없었지요. 나는 16살이 될 때까지 고작 12킬로미터 정도밖에 떨어져 있지 않은 양산에도 가본 적이 없었으니까요. 그러니 그 질문에 우리 모두 멍하니 있을 수밖에요. 나는 중국, 러시아, 일본이라는 나라는 알고 있었어요. 그것이 이 세상 전부인 줄 알았지 다른 나라 이름은 들어본 적이 없었어요.

그는 지도 위의 한 지점을 가리키더니 말하더군요. "여기가 조선이다. 여기가 일본이고. 조선은 러시아, 중국, 일본에 둘러싸여 있단다. 그리고 프랑스, 독일, 미국 같은 나라들은 저 멀리 떨어져 있지."

나는 깜짝 놀랐어요. 무지함에 충격을 받고서 나는 생각했지요. "나는 얼마나 무지몽매한가. 나는 우물 안의 개구리에 지나지 않는다. 이 어찌 가소롭지 않은가." 일본이 조선보다 조금 크다는 것을 알고서 나는 일본이 할 수 있는 일이라면 조선도 할 수 있을 것이라 확신했어요.

그래서 나는 지식을 넓히기 위해 교육을 받기로 결심했지요. 그 젊은 선생님 덕분에 나는 더 이상 한자를 아는 데 만족하지 않게 됐어요. 나는 세상을 알아야 했습니다.

그러기 위해 나는 일본에 가기로 마음먹었어요.

지금 생각해보면 아버지와 할아버지가 일본 사람들을 미워했기 때문에 나는 그들이 여행 허가를 내주지 않을 줄 알았어요. 1920년에 실시된 새로운 규제 완화 정책에 따라 일본과 조선을 오가는 여행객들은 더 이상 여권을 소지할 필요가 없었지만, 나는 아직 주민 등록등본이 필요했어요. 그때 면서기로 일하고 있었던 아버지가 필요한 서류를 발행해주지 않을 것 같아 나는 아버지가 아파서 집에 누워 있던 어느 날, 다른 면서기에게서 서류를 발급받았어요.

일본행

다음으로 여행비용이 필요했어요. 나는 어머니가 나를 장가보내는 데 쓰려고 몰래 7엔 90전을 모아두었다는 것을 알았어요.(1920년 한 달 하숙비는 15엔이었다.)

어머니가 그 돈을 어떻게 모았는지 얘기하지요. 어머니는 매일 새벽에 집을 나서서 산속 숯막으로 갔어요. 숯 두 다발을 산에서 양산 읍내로 날라다 팔기 위해서였지요. 그런데 두 다발을 한꺼번에 머리에 일 수가 없었던 어머니는 한 다발을 먼저 이어다 중간에 내려놓고서 다시 한 다발을 가져왔어요. 이런 식으로 어머니는 숯 두 다발을 양산으로 날랐어요. 왕복 30리 길이었어요. 그러다 보니 어머니는 늘 밤이 깊어서야 집으로 돌아오곤 했지요.

우리 어머니가 얼마나 당찬 분이었는지 얘기할게요. 종종 늦은 밤까지 밖에 있었던 어머니는 세 번이나 호랑이를 만났어요. 어머니 말씀에 따르면, 사람을 공격할 때 호랑이는 발톱으로 땅을 긁어 파낸 돌을 던진다는군요. 그러고는 으르렁거리며 위협한다고요. 호랑이가 이러고 있을 때 겁을 먹고 도망치면 그 사람을 덮쳐 잡아먹어요. 하지만 만약 그러든 말든 태연하게 가던 길을 가면 호랑이는 홍미를 잃고 슬그머니 가버려요. 말이야 쉽지요. 그런데 세 번씩이나 그렇게 행동한 것을 보면 어머니는 정말로 강한 사람임에 틀림없어요.

다시 돈 얘기로 돌아가지요. 나는 그 돈을 일본으로 가는 데 쓰고 싶었어요. 그래서 다음 날 아침 어머니가 부엌일을 하고 있을 때 돈을 몰래 챙겨넣고는 학교에 가야겠다고 말했어요. 나는 너무나 죄송스러워서 밥을 한 술도 뜰 수가 없었지요. 그런데 어머니는 내가 아픈가보다고 생각했어요.

집을 나온 나는 약 28킬로미터를 걸어서 물금 읍내까지 왔어요. 부산으로 가는 기차를 타기 위해서였지요. 부산까지 가는 기차와 부산에서 일본까지 가는 배 그리고 다시 시모노세키下關에서 오사카까지 가는 기차를 탈 수 있는 표 한 장을 샀어요. 7엔짜리 표를 사고 나자 내 호주머니에는 90전밖에 남아 있지 않았어요.

그전에는 기차를 본 적이 한번도 없었어요. 정말 대단했지요! 크고 시커먼 괴물. 그렇게 거창한 것이 어떻게 제 힘으로 달릴 수 있는지 나는 눈이 휘둥그레졌어요. 그 기차를 타고서 항구 근처에 있는 부산역에 도착했고 다시 일본으로 가는 배에 올랐어요.

일본에 도착한 나는 가장 등급이 낮은 화물 열차를 탔는데 객차라곤 한 량밖에 달려 있지 않았어요. 그리고 한밤중이 되어서야 오사카 역에 도착했어요. 도시 전체가 번쩍이는 빛으로 가득 차 있더군요. 나 같은 촌놈이 보기엔 그야말로 장관이었어요. 특히 빨강색, 파랑색, 녹색으로 빛나는 네온사인 불빛이 그랬습니다. 나는 귀신이 장난치는 것이라고 생각했지요.

역에서 나는 3등 화장실에 들어가려 했어요. 몹시 붐벼서 옆 화장실로 들어갔지요. 비어 있더군요. 1등 화장실인 줄 미처 몰랐어요.

그곳은 서양식 좌변기가 갖춰진 화장실이었어요. 그 사용법을 알 수가 있어야지요. 어쩔 수 없이 좌변기 위에 쪼그리고 앉았는데 자꾸 발이 미끄러지더군요. 내가 경험한 것 중에서 가장 불편한 자세였어요. 나는 생각했지요. "이것 참 알 수가 없는 노릇이군. 그렇게 부유하고 문명화된 사람들이 왜 이렇게 불편한 기구를 사용할까?"

이렇게 용을 쓰고 있는데 갑자기 변기에서 물이 무서울 정도로 콸콸 쏟아지더군요. 뭔가 고장을 내고야 말았다고 생각했지요. 화장실 물건을 고장 냈으니 잡혀갈 수도 있는 일 아닙니까. 그랬다가는 아무 일도 할 수 없을 게 뻔해서 나는 붙들리지 않겠다는 생각만으로 죽어라 도망쳤어요. 나중에 알고 보니, 그 역에서는 일정한 간격을 두고 변기의 물을 내렸는데 마침 내가 용을 쓰고 있는 동안에 그 일이 있었던 것이지요.

그때 나는 한복을 입고 있었어요. 당시만 해도 가난한 농부들은 9월 말쯤에 겨울옷으로 바꿔 입고는 이듬해 4월까지 밤낮 그 옷만 입고 지냈어요. 그동안에는 옷을 빨거나 목욕을 하지 않았지요. 알다시피 한복은 하얀색인데 봄이 되면 때가 타서 거의 시커멓게 됩니다. 내가 입고 있던 옷이 그랬어요. 그때가 1월이었으니까 석 달 이상 같은 옷을 입고 지낸 셈이지요.

신발은 짚신이었어요. 가죽신이라는 것은 알지도 못했어요. 그러니까 나는 더럽고 냄새나는 한복 차림에다 짚신을 신고서 일본 오사카의 한복판에 서 있었던 것이지요. 기차에 탄 사람들이 내 옆에 앉으려 하지 않은 것도 이상할 게 없어요. 옷에서 그렇게 지독한 냄새가 나는데 누가 가까이 오려 하겠습니까.

시골 마을

역에서 나는 오사카에 사는 우리 동네 사람의 집으로 향했어요. 석 달 동안 그와 그의 아들과 함께 살면서 학교에 들어갈 돈을 마련하기 위해 일을 했어요. 그 사람의 도움으로 우리 두 소년은 오사카 시내에서 한참 떨어진 시골 마을에 있는 상업중학교에 들어갔지요. 우리는 버려진 집에서 살았고 아버지는 매달 15일에 쌀과 음식들을 보내주었어요.

소박하고 정이 많은 그 마을 사람들은 우리에게 이렇게 말했어요. "고향에서 멀리 떠나 낯선 나라에 살다보면 많이 외로울 거예요."

동경에서 홀로

얼마 있지 않아 동경으로 올라온 나는 처음엔 신문 배달을 하다가 나중에는 과자와 낫토라 불리는 일본식 청국장을 팔았어요. 방값과 식비를 마련하기 위해 매일 15봉지의 낫토를 팔아야 했지요. 그만큼 팔지 못할 때는 굶었어요.

그 뒤 상업학교에 들어갔다가 그만두고 세이소쿠영어학교正則英

語學校(원문은 'Ch'ungsik Middle School'이다. 여러 정황을 고려할 때 세이소쿠영어학교를 뜻하는 듯하다. 사람들은 흔히 이 학교를 '정칙영어학교'라 불렀다. 식민지 조선에서 동경으로 간 사람들이 상급학교에 진학하기 위한 예비단계로 이 학교에 다니곤 했다ㅡ옮긴이)에 입학했어요. 이 학교는 상급학교 입학을 준비하는 예비학교였지요.

그 당시 일본에는 주로 지하 폭력조직인 야쿠자에서 운영하는 야시장夜市場들이 있었어요. 나는 견습생으로 들어갔는데 그곳 사장은 정말로 야쿠자였어요. 그는 직원들에게 하루 세 끼 식사를 제공했고 우리에게 월급을 10엔씩이나 주었어요. 더욱 놀랍게도 그는 우리가 학교에 다니는 데 드는 돈을 지불했어요. 내가 처음 만나러 갔을 때 그는 쌀밥을 주었어요. 나는 흰 쌀밥을 게걸스럽게 먹어치웠지요. 나는 이제야 제대로 찾아왔다고 생각했어요.

책을 판매하는 견습생 과정을 마치자 사장이 그 가게에 내 자리를 마련해주더군요. 매달 나는 내가 번 것을 몽땅 그에게 갖다주고 그중에서 얼마를 월급으로 받았어요.

나는 낮에는 학교에 갔다가 밤에는 그 가게에서 일을 했어요. 가게 문을 닫을 시간이 되면 정리정돈을 하고 밤 11시가 지나서야 방으로 돌아왔어요. 그리고 그제서야 저녁을 먹을 수 있었지요. 그런 다음 새벽 3시까지 공부를 했어요. 하루에 세 시간밖에 못 잤어요.

얼마 지나지 않아 나보다 어린 아이들이 견습생으로 들어왔고 나는 내가 아는 모든 것을 부지런히 가르쳤어요. 예를 들어 이런 것이지요. 야쿠자 가게에서 책을 파는 방법 중 하나는 손님을 가장한 바람잡이를 두는 것이에요. 그 바람잡이가 책을 한 권 산 다음, 정말 좋은 책이라는 둥 그 책을 집에 가져가 읽고 싶어서 기다릴 수가 없었다는 둥 요란을 떱니다. 그 말을 들은 사람들은 전부 순진하게도 그의 얘기를 믿고서 자기에게도 필요하다며 같은 책을 사기로 마음먹지요.

야시장에서 일하는 동안 나는 유명한 2급 중학교에 지원했는데 수입이 불확실하다는 이유로 거절당했어요. 1925년에 나는 할 수 없이 3급 중학교에 들어갔고 꽤 공부를 잘해서 반에서 1등 아니면 2등을 했지요.

그 학교에는 각 학년마다 A, B, C, D 네 개의 반이 있었어요. 박아무개라는 조선 사람 하나는 A반이었고 나는 B반이었는데 우리 둘이 각 반에서 1등을 했어요. 조선 사람이 일본인들과 공부하는 반에서 1등을 한다는 것이 정말 자랑스러웠지요.

박아무개도 독학을 했는데 굶기가 일쑤였고 수업료도 제때 내지 못했어요. 나는 그에게 수업료를 몇 번 빌려주었어요. 그러다가 그에게 함께 살자고 했지요. 그래서 우리는 같이 먹고 같이 일했어요. 나는 며칠만 더 일하면 우리 둘에게 필요한 돈을 벌 수 있을 거라고 생각했지요. 그는 처음엔 당황하더니 나중엔 너무 고마워서 펄쩍펄쩍 뛰었어요.

나와 함께 살기 시작하면서 그는 한층 편안하고 즐거운 마음으로 공부에 열중할 수 있었어요. 야쿠자 사장이 이 사실을 알고서 자기 허락도 없이 그런 일을 했다며 꾸짖더군요. 하지만 꾸중을 한 뒤에는 정말 좋은 일을 했다면서 월급을 올려주었어요.

1926년 초, 나는 야쿠자 사장 앞에 무릎을 꿇고 그의 훈시를 기다리고 있었어요. 그는 자기도 한때 나처럼 야시장에서 일하며 독학을 하겠다는 야망을 품었지만 공부에 실패하고서 이 업계에 매달리게 됐다고 하더군요. 그는 이렇게 말했어요. "나는 네가 나처럼 중도에 포기하지 않았으면 좋겠다. 너무 늦기 전에 너는 이 업계를 떠나야 한다."

나는 대답했어요. "저는 사장님께서 베풀어주신 은혜를 결코 잊지 못할 것입니다. 그러니 나가라고 하지 말아주세요."

그러자 그는 웃으면서 말했어요. "아니다. 너는 공부를 더 해서 상급학교에서 교육을 받아야 한다. 네가 좀 더 쉽게 공부할 수 있도록 너에게 다른 가게를 하나 내주겠다." 이렇듯 야쿠자 사장은 놀라울 정도로 친절했지요.

이 일이 있기 전, 언젠가 나는 월급을 올려주겠다는 사장의 제안을 거절한 적이 있어요. 그런데 나도 모르는 사이에 그가 올려주지 않은 만큼의 돈을 매달 은행 통장에 저축했다가 내게 주는 것이었어요. 너무 감동한 나머지 나는 머리가 바닥에 닿도록 몇 번이고 절을 했어요. 나는 내 인생의 좌우명인 '뜻이 있는 곳에 길이 있다'는 말을 혼자 되풀이했어요.

그의 도움으로 나는 일을 줄일 수가 있었지요. 매일 밤 일하는 대신 나는 한 달에 보름만 일을 했어요. 마침내 내 생활도 편안해졌어요.

대학 진학

영어 선생님이 되기로 결심한 나는 명성이 자자했던 아오야마 대학青山大學을 선택했어요. 그 학교는 선교사들이 운영했고 많은 교수들이 미국인이었지요. 나는 원어민으로부터 영어를 배우고 싶었어요. 1932년에 아오야마 대학을 졸업했는데 여기서 경험했던 것을 몇 가지 얘기하지요.

대학에 입학한 첫해 나는 공산주의를 연구하는 스터디 그룹에 들어갔어요. 이 그룹에는 30명 이상의 학생이 참가했는데 나를 빼고는 모두 일본인이었지요. 우리들의 관계는 참 좋았어요. 그들은 내 손을 잡고는 말했어요. "너희 나라에서 일본인들을 몰아낼 수 있도록 우리는 함께 일할 것이다. 우리는 이렇게 함께 있다."

일본에서 공부하던 대부분의 조선인 학생들은 공산주의에 빠져들었어요. 러시아혁명이 몇 년 전 일이었고 공산주의는 새로운 힘이었지요. 공산주의는 대단히 조직적이고 체계적이었으며 논리상 설득력을 지니고 있었어요. 나는 그렇게 생각해요. 또한 '조선의 독립'이 일본 공산당의 슬로건 중 하나였어요.

그 이유를 말하지요. 일본 공산당의 주요 목표는 일본 제국주의 정부를 타도하는 것이었어요. 그들이 조선의 독립을 지원함으로써 일본은 엄청난 수입원을 상실할 것이고, 정부는 무너질 것이며, 공산주의자들이 정권을 잡을 수 있을 것이라고 생각했어요. 그러므로 그들이 제국주의 정부를 타도하기 위해 조선인 학생들을 자기들 편으로 끌어들인 것은 자신들의 이해관계 때문이었던 셈이지요.

공산주의자들은 그저 공부와 토론만 할 게 아니라 이데올로기를 위해 싸울 것을 요구했어요. 그래서 2학년 때 나는 스터디 그룹의 리더로서 공산주의 이념을 지지하는 열렬한 활동가가 됐지요. 우리는 팸플릿을 출판하고 배포하기 위해 한 달에 한 번씩 비밀리에 만났어요. 우리는 서로에게 각자의 이름이나 주소를 말하지 않았어요. 입고 있는 교복을 보고 어느 대학에 다니는지를 알 수 있었을 따름이지요. 이렇게 비밀을 유지해야 경찰의 체포와 고문을 피할 수 있었어요. 다른 누가 운동에 참가했는지 정말로 알 수가 없었어요.

나는 또한 동경의 여러 대학에 다니는 조선인 학생들 사이에서 꽤 알려지게 됐지요. 1929년 2월 초순, 17명의 조선인 학생들이 비밀리에 만났어요. 3·1 독립운동 10주년 기념식을 계획하기 위해서였지요. 그 회합이 시작되자마자 경찰이 우리를 덮치더니 감옥으로 끌고 갔어요. 우리 그룹 안에 스파이가 있었던 게 분명합니다.

나는 2월 그날부터 29일 동안 동경에 있는 감옥에 갇혀 있었어요. 대단히 추웠지요. 그들은 하루 걸러 한 번씩 우리를 취조실로 끌고 가서는 무슨 짓을 했는지, 어떤 조직에 가담했는지, 누구를 만났는지, 접선책이 누구인지, 다른 사람의 이름과 주소는 무엇인지 등을 묻더군요. 나는 끝까지 "모른다. 아무 짓도 하지 않았다"고 대답했어요. 그러곤 죽지 않을 만큼 얻어맞았어요.

감방에 있는 동안 우리는 입도 뻥끗할 수가 없었어요. 하루 종일 한마디도 못했지요. 그저 앉아 있었어요. 명령을 따르지 않으면 또 두들겨 팼어요. 그러니 그냥 앉아 있을 수밖에요.

그러다 보니 생각할 시간이 많았어요. 감옥에 오기 전까지 나는 야시장에서 일하랴, 학교에 다니랴, 숙제하랴, 독서클럽에 다니랴, 팸플릿을 인쇄하랴 참 분주한 시간을 보냈지요. 그런데 이제는 감옥에 갇혀 하루 종일 아무 짓도 하지 않고 그저 앉아 있을 수밖에 없단 말이에요. 그때 나는 내 삶을 다시 생각하기 시작했지요.

만약 이런 식으로 가다가는 언젠가 다시 체포되어 오랜 기간 동안 감옥살이를 하게 될지도 모를 일이었어요. 나는 정말이지 신념을 위해 죽어도 한 점 거리낄 것이 없었지만, 그것은 부모님에 대한 책임을 회피하는 일이자 집안에 분란을 몰고 오는 짓일 수도 있었지요. 공자님께서는 '수신제가치국평천하修身齊家治國平天下'라 말씀하셨어요. 나는 먼저 나를 닦은 다음에 가족과 나라에 도움을 주는 사람이 되자고 마음먹었어요. 나는 혼자 공산주의에 대해 많은 질문을 던져보았지만 만족할 만한 대답은 없는 것 같았어요. 결국 공산주의를 포기하기로 결심했지요. 나는 동료들에게 더 이상 활동에 참가하지 않을 것이라고 선언했어요. 그랬더니 나를 겁쟁이라 부르더군요.

나는 기소유예로 감옥에서 풀려났어요. 그때부터 나는 공부에 전념했고 성적도 올렸어요. 1932년 나는 아오야마 대학을 졸업했고 교사자격증도 그때 받았어요.

영어를 정확하게 배우기 위해 나는 미국으로 건너갈 결심을 했어요. 내가 선동가라는 골칫덩어리에서 부지런히 공부하는 젊은이로 엄청나게 바뀐 모습을 보고, 또 고학으로 대학을 마친 것을 알고서 교수들은 나를 마음에 들어했지요. 그들은 내가 미국으로 갈 수 있도록 돕겠다고 말했어요.

하지만 일이 뜻대로 되지 않더군요. 일본과 미국의 관계가 심각하게 악화됐어요. 결국 나는 아오야마 대학에 머물면서 신학 공부를 했고 1935년에 학위까지 땄어요.

세계 정세는 계속 악화됐고 나는 조선으로 돌아가기로 결심했어요. 미국 남감리교회에서 조선에 있는 감리교 계열 학교의 교사 자리를 얻는 데 도움을 주었어요. 그들은 조선에 사는 일본인들은 내지에 사는 일본인만큼 친절하지 않다며 조심하라고 충고하더군요.

교사가 되다

14년에 걸친 일본 생활을 마치고 조선 땅에 발을 디뎠을 때 참 감개무량했습니다. 나는 1935년 4월 경기도 개성에 있는 호수돈여고에서 영어를 가르치기 시작했어요.

당시만 해도 남자와 여자를 구별하는 유교적 관습이 많은 분야에서 여전히 지배적이었지요. 내가 교사 생활을 시작하기 전, 사람들이 말하기를 남자 선생님은 여학생으로 가득 찬 교실에서 특히 조심해야 한다고 하더군요. 그들은 모든 학생에게 공평해야 하고, 특정한 예쁜 학생을 좋아한다는 의심을 살 수도 있으니까 너무 오랫동안 한쪽을 바라보지 말라는 말도 덧붙였지요.

1년 뒤, 서울의 배화여자고등보통학교(1898년 미국 감리교에서 세운 학교예요)에서 교사로 와달라는 부탁이 있어 생각 끝에 서울로 갔어요. 나는 배화여자고등보통학교의 교감으로 있던 이 선생님으로 부터 많은 것을 배울 수 있을 거라는 말을 들었지요. 민족주의자였던 그는 똑똑한 사람이었어요. 물론 아무도 터놓고 그가 민족주의자라는 말을 하지 못했지요. 그랬다가는 모든 사람이 곤경에 처할 수도 있었으니까요. 이 선생님이 나를 그 학교로 부른 것은 그가 일본어로 말하기를 거부했기 때문이었지요. 나는 일본어를 유창하게 할 수 있었기 때문에 그가 정부 관리들을 만나야 할 때마다 통역을 맡았어요. 그러면서 나는 행정상의 세부사항에 주의를 기울이게 됐고 또 조선에 사는 일본인을 대하는 방법도 배울 수 있었어요.

하지만 이 일조차 여의치 않았어요. 형사가 쉴 새 없이 성가시게 구는 바람에 두 해 만에 교사 자리를 그만두었어요. 나를 정치적으로 의심스러운 행동을 하는 요주의 인물로 생각한 고등경찰이 적어도 한 달에 한 번씩은 찾아왔어요. 점점 더 집요하게 나를 괴롭히더니 급기야 경찰 쪽에서 나더러 교사직을 그만두라고 말하더군요. 그렇게 하지 않으면 나를 끌어내기 위해 학교를 폐쇄할지도 몰랐어요. 어쩔 수 없이 사표를 내고 부산으로 내려왔지요.

사업가

1937년 4월 나는 사업으로 돌아왔어요. 나는 부산에 가게를 하나 열어 큰 컨테이너에 면화를 선적해서 일본 오사카로 보내는 일을 시작했지요. 제2차 세계대전이 발발할 때까지 이 사업을 했어요.

꽤 살 만했지요. 사업을 하는 동안 우리는 내가 번 돈으로 편하게 살았고 다시 장남 노릇을 할 수 있었어요. 집도 마련했고 우리 집안의 재산을 늘리기 위해 동생에게 논과 밭도 사주었지요. 부모님과 할아버지도 편안하게 살 수 있었어요. 그리고 어린 형제자매들이 어려울 때마다 도와주었어요. 그것이 오래전 어머니가 어렵게 번 돈을 가지고 일본에 갔던 것을 보상할 수 있는 최소한의 일이었어요.

1940년대 초반 총독부의 조선인 탄압은 더욱 심해졌어요. 어른이 셋만 모이려고 해도 집회 허가증을 받아야 했고, 그렇지 않으면 반일 행동을 했다는 이유로 감옥에 끌려갈 수도 있었어요. 이 무렵 나는 어느 신문기자를 만나다가 금방 친해졌어요. 일본인들이 초래한 고통에 함께 좌절한 우리는 탄압을 무릅쓰고 비밀 모임을 만들기로 작정했지요.

겉보기에는 건전하고 무해無害한 모임이어서 우리는 별 의심을 사지 않고 꾸려갈 수 있었어요. 모임 이름을 '삼육회三六會'라고 했는데, 왜냐하면 그때 우리 나이가 서른여섯이었기 때문이지요. 우리는 회원 가입 조건을 같은 나이이면서 최소한 고등학교 교육을 받은 12명으로 제한했어요. 우리의 목표는 교육을 통해 다른 사람들이 일본의 억압적인 지배를 느끼도록 하는 것이었어요. 우리는 한 사람당 다섯 명을 책임지고 계몽하기로 했어요. 1년이 지나자 우리가 지도한 10명 가운데 일곱 명이 모임에 동참하게 됐지요.

이렇게 만나는 것은 대단히 위험해서 비밀리에 준비해야 했어요. 우리는 만날 때마다 국내 정세와 전쟁 상황, 강제징용, 불공평한 과

세, 창씨개명에 관한 정보를 주고받았어요. 그리고 이 모든 정보들을 공개할 수 있는 방법을 찾고자 했어요.

사업가였던 나는 고위직에 있는 사람들과 친분관계를 맺는 데 유리한 위치에 있었고 부산에 공장을 세울 때는 어느 경찰과 가까워졌어요. 나중에 이 사람은 일본 고등경찰 소속 형사로 승진했는데 독립운동가와 과격한 선동가를 감시하는 것이 일이었어요. 그 경찰과 나는 적어도 한 달에 한 번씩은 만났고, 나는 그에게 술을 대접하거나 가끔씩 돈을 주기도 했어요.

한번은 우리가 함께 술자리를 갖고 있는데 그 친구가 계속 웃으면서 말하더군요. "그런데 말이야, 비밀경찰은 교육을 받은 조선인과 반일운동가의 블랙리스트를 갖고 있다네. 위에서 명령이 내려오면 경찰은 그 리스트에 올라 있는 사람들을 붙잡아들일 걸세. 자네도 리스트에 들어 있어."

그는 나에게 아무도 나를 알지 못하는 작은 농장이나 마을로 들어가 전쟁이 끝날 때까지 기다리라고 권했어요. 나는 그의 충고를 받아들여 회사 문을 닫고, 대구 남쪽에 있는 경상북도 경산군에 사과농장을 구입해서 가족을 그곳으로 보냈지요. 경산군에서 내 농장만큼 넓은 농장을 가진 조선인은 둘밖에 없었어요. 나머지는 모두 일본인 소유였지요.

그곳에서 나는 귀농한 신사 행세를 했어요. 내가 고용한 일꾼들에게는 부산에서 사업을 하다가 전쟁이 터져 시골로 이사해 농사꾼이 되기로 작정했다고만 말해두었어요. 그 외에 내 과거—감옥, 교사 생활, 형사들—에 대해서는 누구에게도 말하지 않았지요.

씨뿌리기, 가지치기, 열매따기 등 농장일은 재미가 있더군요. 일꾼들과 함께 일을 하느라 늘 바빠서 먼지 묻은 옷을 갈아입고 지저분한 신발을 바꿔 신을 틈도 없었어요.

시골에 살긴 했지만 나는 동경에서 발행되는 유수의 신문인《아사히신문朝日新聞》을 구독했고 성능 좋은 라디오도 하나 가지고 있었어요. 이 신문과 라디오를 통해 나는 일본이 전쟁에서 질 것이라는 결론을 내렸어요.

《아사히신문》 직원 중에 모리구치森口라는 베를린 주재 특파원이 있었지요. 세계 정세에 관한 상세한 분석 기사를 쓰면서 그는 일본이 대단히 불리하다는 의견을 내비쳤어요. 자신의 글이 검열을 통과해야 했기 때문에 그는 대놓고 얘기하지도 않았고 특별한 것을 말하지도 않았지만, 나는 행간에서 일본이 올 데까지 왔다는 것을 읽어낼 수 있었어요. 보통 사람들 눈에는 보이지 않을지 몰라도 어떤 사람들은 그런 결론을 끌어낼 수가 있는 것이지요.

부산에서 사귄 경찰 친구가 나에게 블랙리스트에 오른 사람들은 결국 붙잡혀 죽을 것이라고 말해주었다는 얘기를 기억하지요? 나는 그가 농담하는 거라고 생각했지요. 그런데 전쟁이 끝날 무렵 모리구치라는 칼럼니스트가 베를린에서 사라졌어요. 없어졌단 말이에요. 나는 그 사람이 바로 그 가증할 리스트에 올라 있었다고 생각해요. 유수 신문의 직원 자격으로 저 멀리 베를린에 머물고 있던 일본인마저도 제거됐던 것이죠. 그런 걸 보면 블랙리스트가 있었다는 것은 틀림없는 사실일 거예요.

도조 히데키東條英機 장군이 사임했다는 소식을 듣고 나는 '삼육회' 회원들을 농장으로 초대했어요. 우리는 일본이 미국과 벌인 전쟁에서 정말 패배했다는 결론을 내리고, 전쟁 뒤 조선을 통치하는 데 도움을 줄 수 있는 위원회를 꾸리기로 했어요. 우리는 먼 훗날을 기약하면서 서로의 등을 두드렸지요.

해방

어느 날, 나는 라디오를 통해 다음 날 중대 발표가 있을 것이라는 소식을 들었어요. 감히 말하지만 경산군에서 이 소식을 아는 사람은 나 말고 아무도 없었을 겁니다. 나는 조선인 군수에게 달려가서 틀림없이 일본이 항복할 것이라고 말했어요. 그는 의심스럽다는 듯 "그래요?"라고 묻더군요.

나는 집으로 돌아와 라디오를 들었어요. 일본 천황이 라디오에 나와 항복했어요. 전쟁은 끝났고 우리는 해방됐지요. 풀려났단 말이에요. 1945년 8월 15일에.

에필로그, 1945~95

항복 소식을 듣자마자 홍을수 씨는 곧바로 부산으로 가 다른 사람들과 함께 자치위원회를 조직했다. 머잖아 한국에 도착할 미국인들이 자치위원회의 이 지역 통치를 허락할 것으로 기대했던 것이다. 기대와 달리 미국군은 그들을 무시했다. 그러나 홍을수 씨는 그 누구보다 영어를 잘했기 때문에 미국인들은 그에게 통역관 자격으로 함께 일하자며 '꽤 거창한 명함'을 주었다.

미국군은 그에게 일본인들이 남기고 간 공장 건물을 맡아도 좋다고 했고, 그는 부산에서 면직업을 다시 시작했다. 그는 "많은 돈을 벌었고 또 많은 돈을 잃었다."

홍을수 씨는 로터리클럽에 가입했고, 1961년에는 국제라이온스클럽 한국지부를 설립하는 데 도움을 주기도 했다.

1970년 한국 정부는 그를 경영, 무역, 보험, 건설, 제조업을 대표하는 10명의 위원 중 한 명으로 임명했다. 정부의 위임을 받아 이들은 사업 운영 방법을 알아보기 위해 유럽 10개국을 방문했다. 그리고 이 팀은 정부에 한국의 경영 환경을 증진시킬 수 있는 방안을 건의했다.

홍을수 씨는 유럽 시찰을 마치고 그 그룹을 떠나 혼자서 인도, 동남아시아, 홍콩, 미국 등지를 방문했다. 은퇴 뒤 자녀들과 함께 미국으로 건너왔다. 그는 샌프란시스코 한인노인회 회장을 역임했다.

제4장
교육을 선택하다

모든 가족들은 너나없이 아이들을 가르칠 수 있을지, 가르친다면 어떻게 가르쳐야 할지 결정해야 했다. 1890년대 이전 조선에는 남자들만 다닐 수 있는 마을학교인 서당이 있어서 선택에 별다른 어려움이 없었다. 마을의 아이들은 이곳 서당에서 훈장의 지도 아래 한문과 유교적 도덕을 공부했다. 그런데 19세기 말에서 20세기로 바뀔 무렵 서양식 학교가 세워지기 시작했고, 1910년에 이르러 조선인들은 조선인이 세운 근대식 학교나 서양의 선교사들 또는 일본인들이 세운 학교 중에서 선택할 수가 있었다.

남자 아이들이 다니는 학교 중 가장 흔히 볼 수 있는 것은 여전히 오래된 서당이었다. 이곳에서는 학생들이 중국 고전을 읽고 위계질서와 충성을 중시하는 유교적 이상을 배웠기 때문에 서당은 새로운

1900~05년경 남자 아이들이 전통적인 유학을 배우는 서당의 모습.(노먼 소프 소장)

지배자들에게 아무런 위협도 되지 않았다. 인터뷰에 응한 사람 중 두 명이 이런 형태의 학교에 얽힌 기억을 들려주었다.

홍을수(남)
1905년 경상남도 양산 출생, 교사 · 사업가

우리는 너무 가난해서 서당 훈장님께 수업료를 제대로 내지 못할 때가 있었지요. 그래서 학생들은 차례로 훈장님 댁에 먹을거리를 가져다 드렸어요. 그렇지 않으면 훈장님은 1년에 딱 한 번 수고비를 받았는데, 추수가 끝난 뒤 부모님들이 집안 형편에 따라 곡식—주로 쌀이었습니다만—을 선물로 드렸던 것이지요.

우리가 배우는 중국 책은 학생들이 중국 문화에 익숙해질 수 있도록 꾸며져 있었어요. 물론 중국 사람들이 만든 책이었지요. 이런 책에 실린 것은 온통 중국의 역사, 시, 군인과 예술가들에 대한 얘기뿐이었어요. 그런 것을 가르침으로써 암암리에 강대국과 그 문화에 대한 존경, 즉 사대주의적 풍조를 조장했지요. 또 우리에게 외국 특히 강대국에서 온 것이면 무조건 좋다는 생각을 품게 했어요.

나는 천자문을 뗀 다음 12권으로 이루어진 중국 역사서(《동몽선습童蒙先習》, 《명심보감明心寶鑑》, 《통감通鑑》)를 공부했지요. 이어서 일곱 권짜리 《맹자》와 한 권짜리 《대학》, 일곱 권짜리 《논어》 등 사서삼경四書三經이라 불리는 책들을 읽었어요. 이 과정을 마치고 난 뒤에야 반半유학자 행세를 할 수 있었지요. 지방에 있는 서당에서도 이런 자격을 얻을 수 있었어요. 그런 다음 한시漢詩 짓기로 나아갈 수 있었지요.

이상도(남)
1910년 경기도 출생, 트럭 운전수

우리는 20명이 넘는 아이들이 같은 방에 앉아 각각 다른 수준의 공부를 했어요. 긴 담뱃대를 문 훈장님이 벽을 등지고 방석에 좌정하면 아이들이 빙 둘러앉았어요. 훈장님은 우리에게 공부를 시작하라고 한 다음 그저 하나씩 지켜보기만 했지요. 우리는 하루 종일 읽고 또 읽으면서 외우려고 애썼어요.

우리 훈장님은 매우 엄했어요. 그는 우리가 공부에 집중하도록 했지요. 옆을 힐끗거리기만 해도 회초리로 우리 머리통을 때렸어요. 항상 머리통만 때렸다니까요. 한참 있다가 훈장님이 "쉬었다 하자"라고 해야 우리는 점심을 먹을 수 있었고 점심 뒤에 다시 공부를 시작했어요. 그리고 저녁 때가 되어서야 집으로 돌아갈 수 있었지요.

인터뷰에 응한 14명의 남성들은 그들이 살던 지역의 서당에서 처음 교육을 받았고, 그 가운데 10명은 어느 시점에 새로운 서양식 학교로 옮겼다. 나이가 가장 많은 두 사람은 전통과 가난 그리고 반일 감정 때문에 새로운 학교로부터 거리를 둔 사람들을 대변한다. 박두양 씨(1910년생)는 이렇게 말한다. "아버지는 농사꾼이었어요. 아버지는 '만약 일본인 학교에 들어가면 그 사람들이 네 머리카락을 자를 것'이라며 내가 학교에 다니는 것을 허락하지 않았지요." 한편 김생광 씨(1912년생)는 다음과 같이 말한다. "근처에 일본인이 세운 소학교가 있었는데 아버지는 우리가 그 학교에 다니는 것을 반대했어요. 그런 곳에 다니면 그 사람들이 우리를 산 채로 잡아먹을 것이라고 하면서 말이에요."

김호준(남)
1918년 황해도 출생, 농부

우리 가족은 진보적이었어요. 아들이 다섯에다 딸이 셋이었는데 부모님은 8남매를 모두 학교에 보냈지요. 마을에 사는 이웃 사람들이 손가락질을 하더군요. 그들은 "일본 사람에게 배우는 게 뭐 그리 좋은 일이냐?"고 했어요. 아주 작은 농촌 마을이어서 내 생각이 그랬을지 모르지만, 나는 한번도 일본 사람들에게 나쁜 감정을 가져 본 적이 없어요. 그들이 우리를 괴롭힐 것이라고는 생각하지 못했지요.

정금재(남)
1919년 충청북도 출생, 일용직 노동자

나는 가난한 농촌 마을에서 살았어요. 하지만 우리 마을에 흐르는 강 건너편이 경기도였는데 그곳 읍내에 프랑스 천주교회에서 세운 학교가 있었지요. 나는 그 학교에 다녔어요. 교장 선생님은 프랑스인 신부였는데 우리는 그를 임 신부님이라 불렀어요. 선생님들은 모두 조선인이었어요.

3학년까지는 조선어로 공부를 했어요. 그런데 모든 과목을 일본어로 가르치라는 지시가 내려왔어요. 선생님들 자신이 일본어를 그리 잘하지 못했기 때문에 너나할 것 없이 무지무지 고생을 했지요. 아무리 서툴더라도 일본어를 사용하도록 하기 위해 선생님들은 우리에게 표딱지 10장을 나눠주고는, 수업 시간에 조선어를 사용하면 한 장씩 가져갔어요. 10장을 모두 빼앗긴 학생은 낮은 학년으로 내려가야만 했어요.

이상도(남)
1910년 경기도 출생, 트럭 운전수

그 당시만 해도 머리를 길게 땋은 남자 아이들이 많았는데, 새로 세워진 일본인 소학교의 규칙 중 하나가 긴 머리카락을 잘라야 한다는 것이었어요. 나는 도시에서 자랐기 때문에 원래 머리가 길지 않았어요. 나와 달리 시골에서 온 남자 아이들은 머리카락을 잘라야만 했지요.

같은 반에 나이 먹은 애들이 있었는데 나에게 반말을 하더군요.

그래서 우리 11살 동갑내기끼리 뭉쳐서 이렇게 말했지요. "야, 우리는 모두 1학년이고 함께 히라카나, 가타카나를 배우고 있어. 너희들이 우리보다 나을 게 뭐 있어. 우리는 다 똑같아." 나이 먹은 애들은 우리들보다 배우는 속도가 훨씬 더뎠어요. 틀림없이 딴 생각에 빠져 있었던 것이지요. 그들은 우리보다 키는 컸지만 머리는 둔했어요.

우리 읍내에는 일본인 아이들이 다니는 소학교가 따로 있었어요. 그 학교에 다니는 아이들과 우리 사이에 말썽이 있었던 적은 한번도 없어요. 서로 잘 지냈다는 말이 아니라 그 아이들이 우리를 피했기 때문이지요. 부모들이 그들에게 조선인 아이들과 놀지 말라고 했던 거예요. 조선인 아이들은 일단 붙었다 하면 함께 나가 거칠게 싸웁니다! 일본인 아이들은 그렇지 못했어요.

▌강상욱(남)
▌1935년 평안북도 출생, 물리학자

여름방학만 되면 우리 학교 선생님들은 일기쓰기와 조사, 관찰을 과제로 내줬어요. 여름방학 때마다 그랬지요. 나는 그것이 너무너무 싫었어요. 나는 개학하기 일주일 전까지 기다렸다가 얘기를 꾸며내서는 일기랍시고 제출했어요. 3학년인가 4학년이었을 때 나는 계곡에 널려 있는 잠자리를 채집했어요. 책에 채를 이용해 곤충을 잡는 방법이 나와 있어서 그것을 보고 잠자리채를 만들려고 했지만 잘되지 않더군요. 할 수 없이 손으로 잠자리를 잡았지요. 날개를 손가락으로 집어서 말이에요. 나는 그렇게 잡은 잠자리를 핀으로 판에 고정시킨 다음 말렸지요. 모양과 크기와 색깔이 다른 잠자리 25마리를 채집했어요. 그렇게 많이 잡은 것이 무척이나 자랑스러웠어요.

학교에서 내준 많은 과제를 하기 위해 나는 아버지가 갖고 있던 《대일본백과사전Encyclopedia Japonica》을 이용했어요. 가죽으로 장정된 37권짜리 백과사전이었는데, 아버지는 일본어로 된 이 사전을 한 권도 빠짐없이 다 갖고 있었어요. 그것은 《브리태니카 백과사전》을 본뜬 것이었어요. 어렸을 때부터 그 백과사전 '읽기'를 좋아했어요. 사실은 그림을 보는 것이었지만. 나는 백과사전에 푹 빠져버렸어요. 제2차 세계대전 전에 만들어진 것 치고는 인쇄 상태도 좋았고 컬러 도판도 훌륭했지요. 특히 내가 좋아한 것은 호수를 찍은 사진이었어요. 연못이나 바다가 아니라 호수 말이에요. 나는 호수를 본 적이 없었어요. 그래서 "왜 조선에는 호수가 없을까?" 묻곤 했지요.

학교에서는 학급당 60명의 아이들이 한 교실에서 공부를 했어요. 교실 앞쪽에는 교단이 있었지요. 학년이 같으면 진도도 같이 나갔어요. 학생은 선생님을 존경해야 했고 선생님은 학생이 나쁜 짓을 하면 벌을 줄 수 있었기 때문에 규율에는 아무런 문제가 없었어요.

선생님들은 벌을 줄 때 아카시아 나뭇가지로 만든 회초리를 사용했어요. 그 회초리는 아주 나긋나긋했지만 맞으면 정말 아팠어요. 치명적인 데가 아니라 종아리를 맞았는데도 눈물 나게 아팠지요. 어떤 선생님들은 학생의 뺨을 때리기도 했어요. 한번은 학생 하나가 피하려다 귀를 맞은 적이 있었어요. 그 아이는 소리를 못 듣게 됐지만 부모들은 별 말 없이 받아들였어요.

선생님들이 애용하는 체벌 중에는 고통과 굴욕을 합친 것도 있었지요. 잘못을 저지른 학생은 교실 앞쪽에서 두 팔을 바짝 치켜들고 있어야 했어요. 무거운 책이나 양동이를 들고 말이지요. 그건 아주 고통스러운 벌이었어요. 2학년 때 옆자리에 앉은 아이들과 내가 떠들었다고 생각한 선생님으로부터 직접 그런 벌을 받아보았기 때문에 잘 알지요.

사람들은 나를 천방지축 말썽꾸러기라 했지만 내 생각에는 기운이 넘쳤던 것 같아요.

1929년 광주에서 일본인 남자 고등학생 세 명이 기차를 기다리고 있던 조선인 여자 고등학생 세 명을 모욕한 일이 일어났다. 조선인 학생들과 일본인 학생들 사이에 충돌이 잇달았고 사태는 빠르게 공공연한 싸움으로 번졌다. 갈등은 조선 전역으로 확산됐고, 급기야 수백 명의 학생들이 학교에서 쫓겨나고 1천 명이 넘는 학생들이 체포됐다. 이 사태의 파문은 몇 년 동안 이어졌고, 다음 이야기에서 알 수 있듯이 심지어 소학교 1학년생과 2학년생에게까지 영향을 끼쳤다.

정재수(남)
1923년 전라북도 출생, 학생 · 조선소 징용 노동자

2학년 때 그러니까 1931년 어느 날 아침, 학교 운동장에 전부 모이라고 하더니 일본 형사들이 우리를 둘러싸더군요. 그들은 모두 말을 타고 있었어요. 정말 무서웠지요!

말을 탄 형사들이 1년 동안 거의 매일 왔는데, 근처에 있는 고등학교 학생들이 시위를 하자 우리 소학교 학생들이 거기에 가담하는 것을 막기 위해서였어요. 우리 읍내에는 조선인 소학교가 하나밖에 없었기 때문에 어렵지 않게 찾아와서 우리를 감시할 수 있었던 것이지요.

남자 아이들과 달리 여자 아이들은 학교에 다니지 않았다. 딸들은 아버지의 가르침 아래 있었고, 결혼을 한 다음에는 일부이긴 하지만 남편과 시부모의 격려 속에 잘 알려지지 않은 교사의 지도를 받기도 했다. 인터뷰에 응한 어떤 여성들은 전혀 학교 교육을 거치지 않았는데, 그들은 지금까지 순종적이기도 하고 까다롭기도 한 다양한 태도를 보인다. 자신의 할머니 이야기를 들려준 김서분 씨는 지식이란 읽고 쓰는 능력에 달린 것이 아니라는 점을 새삼 일깨워준다.

▌김서분(여)
▌1914년 경상남도 출생, 주부

우리 할머니는 참 대단한 사람이었어요. 할아버지가 돌아가시고 나서 혼자 농사를 지었지요. 할머니는 읽고 쓰는 법을 배운 적이 전혀 없어요. 할머니는 곡식 창고에 붓과 먹물통을 두고 그걸 이용해 길고 짧은 선을 그었어요. 할머니가 고용한 일꾼들을 위해서였지요. 길고 짧은 선은 일꾼들이 밭을 샀을 표시한 것이라고 말씀하셨어요. 이렇게 할머니는 자신만의 부호 체계를 갖고 있었고 조금도 틀리지 않았어요.

할머니는 아버지를 포함해서 아주 엄하게 가르쳤지요. 아버지는 감히 말대꾸할 생각도 못했어요. 한번은 그 섬에서 물 때문에 싸움이 벌어졌어요. 그런데 할머니가 나타나자 사람들 모두 조용히 할머니의 말을 들었어요. 할머니만 빼고 모두 남자들이었지요.

이옥분(여)
1914년 충청남도 출생, 주부

뭐라고요? 서당에 다녔냐고? 여자는 그런 델 다니지 않았어요! 여자들은 바느질하고 밥 짓는 거나 배웠지요. 그 나머지를 배우는 것은 중요하지 않았어요.

우리 오빠들은 모두 소학교에 다녔지요. 나도 학교에 보내야 한다고 오빠들이 말했지만 어머니는 들은 척도 하지 않았어요. 어머니는 "여자들은 그런 거 배울 필요가 없다. 모두 쓸데없는 짓이야"라고 말했어요.

어머니의 반대를 무릅쓰고 나는 열 살이 넘어서 한 달 남짓 아주 잠깐 동안 학교에 다녔지요. 나는 한글을 배우려고 애를 썼어요. 오빠들은 내가 학교에 다녀야 한다고 했지만 아무도 학교엘 가지 않아서 나도 그만두었어요.

외할머니께서 나에게 이렇게 말씀하시더군요. "시집을 가서 새로 살림을 차리면 나아질 것이다. 빠르면 빠를수록 좋아." 그러고는 나를 시집보냈어요. 그때 내 나이는 16살, 신랑은 18살이었지요.

박준기(여)

1914년 경기도 출생, 주부

자신을 유학자라고 생각한 아버지가 아무 일도 하지 않는 바람에 우리는 가난하게 살았지요. 하지만 어머니는 신식이었어요. 어머니는 서울로 가 이화여자학교 2급반을 졸업했어요. 결혼 뒤 어머니는 일곱 명의 자식을 낳았는데 집에서 우리 모두를 가르쳤지요. 마치 학교에서처럼 신식으로 말이에요.

그래도 나는 진짜 학교에 다니지 못하는 것이 늘 불만이었어요. 나는 사람들이 무슨 말을 하는지 이해할 수가 없었고, 집 밖에서 무슨 일이 일어나는지 도무지 알 수가 없었어요. 특히 일본말로 할 때 그랬지요. 내가 만약 일본말을 알았다면 그들이 무슨 생각을 하고 있는지, 왜 그렇게 살아가는지를 알 수 있었을 거예요. 그러다 보면 나도 좀 더 분명하게 행동할 수 있었겠지요. 그런데 나는 자신이 없었어요.

18살 때 결혼을 했어요. 당시만 해도 우리는 잘사는 것은 엄두도 못 냈어요. 그냥 그럭저럭 살아갈 따름이었지요. 나는 늘 남편이 어려웠어요. 남편에게 대들 생각도 못했기 때문에 싸우지도 않았어요. 그는 개성이 아주 강했어요. 정직하고 올곧은 성격이어서 모두가 그를 신뢰했지만, 밖에서 무슨 일이 잘못되기라도 하면 집에 돌아와 나한테 한바탕 퍼붓곤 했어요. 그럴 때마다 나는 무슨 영문인지도 모른 채 그저 "잘못했어요"라고만 했지요. 이렇게 늘 복종했기 때문에 다른 사람들에게는 우리가 금슬 좋은 부부처럼 보였겠지만 나는 행복하지 않을 때가 많았어요.

남편은 한 곳에서 다른 곳으로 물건을 배달하는 운송업에 종사했어요. 제2차 세계대전이 일어나고 배급제가 실시됐을 때, 일본 사람들조차도 먹을 것이 모자라 우리 집에 와서 남편이 운송하는 물건을 좀 달라고 청하기도 했어요.

이재임(여)
1919년 경기도 출생, 주부

우리 집안은 전통을 소중히 여겨서 할아버지께서 밖에 나갔다가 돌아오시면 문 앞까지 나가 고개를 깊이 숙여 절을 해야 했어요. 그렇게 엄격했지요. 양반 가문에서는 남녀칠세부동석이 전통이었어요. 나는 여자였기 때문에 결혼 전까지는 안방에 갇혀 바깥 구경을 한번도 하지 못했어요. 한학자였던 할아버지는 여자인 나에게도 한문을 가르쳤어요.

유덕희(여)
1931년 충청남도 출생, 주부

1941년 열 살이 되기 전까지 나는 학교 같은 데는 가본 적도 없었어요. 나는 아버지와 함께 금광촌에서 살았어요. 그곳에는 학교가 없었고 아버지는 마을까지 가기에는 너무 멀다고 말씀하셨어요. 그래서 나는 학교를 다니지 못했어요. 내가 여자여서 그랬는지 정말로 근처에 학교가 없어서 그랬는지 잘 모르겠어요.

열 살이 됐을 때 나는 학교에 다니고 싶다고 우겼어요. 마구 떼를 썼지요! 발을 구르면서 눈이 퉁퉁 붓도록 울었어요. 그리고 나서야 나는 가족과 떨어져 학교에 다닐 수가 있었어요. 나는 친척집에서 살았어요.

나를 학교에 보내기 위해 아버지는 읍내에 하나밖에 없는 레스토랑으로 일본인 교장 선생님을 초대해 비싼 식사를 대접했어요. 물론 나는 식당 안에 들어갈 수가 없었기 때문에 마당에서 기다렸어요. 그리고 다음 날 아침 나는 학교에 갔어요. 교장 선생님에게 한턱낸 것은 편법을 쓰기 위해서였던 듯해요.

일본인이 세운 학교에 다니는 아이들은 다양한 압박에 못 이겨 새로운 지식을 배우는 대가로 선물을 주어야 했다. 반면 어떤 일본인 교사들, 특히 소학교 교사들은 조선인 학생들과 가까워지기 위해 많은 노력을 기울였다. 또한 인터뷰에 응한 두 명의 여성은 드문 예이긴 하지만 일본인 자녀들을 위한 학교에 다니기도 했다.

김서분(여)
1914년 경상남도 출생, 주부

막 진주보통학교를 졸업한 젊은 일본 사람이 사천에 있는 우리 학교에 교사로 왔어요. 그는 우리에게 많은 영향을 끼쳤지요.

그 선생님 반에는 여자가 셋밖에 없었고 나머지는 모두 남자였어요. 수업이 끝난 뒤 이 일본인 선생님이 우리 셋을 모아놓고 조선말을 물었어요. 일본말로 하고 그 말에 대응하는 조선말을 묻는 식이었지요. 조선말을 유창하게 하면 봉급을 더 많이 받을 수 있으니까 그 선생님이 이러는 것이라고 우리는 생각했어요.

여자고등학교에 진학하기로 계획하고 있던 우리는 입학시험 준비를 위해 방과 후 보충수업을 들었어요. 여자 아이들은 남자 아이들과 함께 보충수업을 들어야 했어요. 그런데 남자 아이들은 늘 우리를 괴롭혔지요. 그래요, 정말로 우리를 힘들게 했어요. 얼마 뒤, 그 일본인 선생님은 우리 여자 아이들을 따로 가르치기로 작정했어요. 하루는 우리 집으로 왔고 다음 날은 다른 아이의 집으로 갔지요. 이렇게 밤마다 오가면서 우리를 가르쳤어요. 석 달 동안 이렇게 했어요. 그분은 우리를 위해 정말 많은 고생을 했지요.

우리가 고등학교에 진학한 뒤에도 그 선생님은 자전거를 타고 사천에서 마산과 진주를 번갈아 오갔어요. 마산에서 학교를 다니는 두 여자 아이와 진주에서 학교를 다니는 나에게 힘을 북돋아주기 위해서 말이에요.

세월이 흐른 뒤, 그러니까 그분이 65살이고 내가 60살이 되는 해에 그 선생님은 자신이 살았던 집을 보러 일본에서 사천까지 왔어요. 40년 만이었어요. 우리는 그를 다시 만난 것이 반가웠지요.

박 C.(익명, 여)
1927년 출생, 주부

6학년 때 일인데, 나는 서울로 가서 1년 동안 특별한 학교에 다녔어요. 그 학교 학생들은 모두 일본인이었고 게다가 귀족이나 총독부 고위 관리의 자제들이었지요. 마치 가쿠슈인學習院(일본의 귀족 자녀를 위한 학교) 같았어요. 교사들은 우리 어린 아이들에게도 높임말을 사용했어요.

일본인 교사들이 내가 다른 학생들과 달리 조선인이라는 점을 의식하도록 했던 기억은 없어요. 그들과 나를 동일시하도록 내가 세뇌됐다고 생각해요. 이런 심리조작mind game은 정말 무시무시하고 대단히 효과적이지요. 나는 우리나라에 대해서 아는 게 거의 없었다니까요.

십대 때 나는 기쿠치 간菊池寬과 같은 사람들이 쓴 일본 소설을 많이 봤어요. 우리는 수업 시간에도 이런 소설책을 책상 아래 감춰놓고 돌려가면서 읽었어요. 특히 연애소설이 인기였지요. 어쨌든 우리는 사춘기 소녀들이었으니까요.

▍김 P.(익명, 여)
▍1931년 출생, 주부

아버지가 서울에 있는 일본인 병원에서 목수로 일했기 때문에 우리는 병원 마당에서 살았어요. 나는 일본인 아이들과 함께 일본인 소학교에 다녔어요. 나 말고는 일본인 학생들뿐이었는데 이런 경우를 찾아보기 어렵지요. 내가 이 학교에 다닐 수 있었던 것은 아버지와 함께 일하는 일본 사람들이 아버지를 진정으로 좋아했기 때문이라고 생각해요. 그랬으니까 나를 그들의 자식들이 다니는 학교에 보내라고 했겠지요.

우리 학교 급식은 늘 밥과 '고보'라 불리는 갈색 피클 조각을 함께 싼 것이었어요. 언제나 똑같았지요. 하도 물려서 먹을 수가 없을 정도였다니까요.

나는 일본인 급우들과 친하게 지냈어요. 하지만 시간이 너무 많이 흘러서 이름은 전혀 기억나지 않네요.

고등학교에 진학한 소수의 조선인들은 점차 그들이 다른 대우를 받고 있다는 것을 알아차리기 시작했다. 그들 중 상당수는, 특히 기독교 계열 학교에 다녔던 사람들은 반일 감정을 표현할 수 있는 미묘한 방법을 찾아냈다.[1] 그러나 식민지 정부는 점차 많은 토착학교의 문을 닫았다. 이들 학교가 "실질적이고 잠재적인 반일 정서의 아성"[2]이라는 이유에서였다.

양성덕(남)
1919년 충청남도 출생, 전기 기사

우리 동네에는 일본인을 위한 소학교가 따로 없어서 일본인 교사의 자녀들은 우리 조선인 소학교에 다녔지요. 우리는 어렸습니다. 우리는 함께 어울렸어요. 내 기억으로는 우리 반에서 조선인과 일본인 사이에 민족 갈등 같은 것은 없었어요.

고등학교에서는 사정이 달랐어요. 한 반의 3분의 2가 일본인이었어요. 나는 처음으로 조선인은 조선인끼리, 일본인은 일본인끼리 패거리를 짓는 것을 보았어요. 수업 시간이든, 방과 후든, 학교 운동장이든 언제 어디서나 그랬지요.

일본인 학생을 친구로 두는 것은 불가능했어요. 그랬다가는 친일파라는 낙인이 찍혀 동료들한테 괴롭힘을 당해야 했지요. 일본인 아이들도 마찬가지였어요. 학교 밖 길거리에서 서로 부닥뜨렸을 때 무엇보다 먼저 우리 머릿속에 떠오르는 것은 경계, 주의, 적대감 등이었지 반가움이나 호의가 아니었어요.

김 T.(익명, 남)
1919년 출생, 공장 노동자

나는 평양에 있는 숭인상업학교에 다녔는데 유명한 반일운동가인 조만식[3] 선생님이 세운 기독교 계열의 학교였어요. 이곳에 다니면서 나는 차별이 무엇인지 알게 됐어요. 이 학교에서는 우리에게 조선인이라는 의식과 자부심을 북돋아주었고 일본에 대한 적극적인 저항감을 품게 했지요.

조만식 선생님은 일주일에 한 번씩 학교에 와서 격려의 말을 해주시곤 했어요. 물론 일본인은 우리가 반기지 않은 주인이니 저항해야 한다고 공공연하게 말할 수 없었기 때문에 《성경》을 인용하는 설교 형식을 빌려 에둘러 그런 얘기를 했어요. 우리는 선생님이 전달하고자 하는 메시지를 놓치지 않았어요.

일본인에 대한 분노를 표현하기 위해 우리는 특별하지도 않은 것을 빌미로 스트라이크를 벌였어요. 우리는 학생 결혼 금지 규정에 반대하기도 했고 어떤 교사가 맘에 들지 않는다는 이유로 싸우기도 했지요.

어떤 식으로 싸웠냐고요? 우리는 수업을 거부했어요. 이야기가 돌면 아무도 수업에 나타나지 않는 것이지요. 일단 이렇게 하면 한두 명의 학생이 처벌을 받아요. 그리고 한동안 기다렸다가 다시 수업을 거부해요. 그러면 이번에도 한두 명의 학생이 곤경에 처하지요. 나도 처벌을 받은 적이 한 번 있어요. 선생님들은 대나무 가지

세 개를 긴 막대에 묶은 회초리로 내 종아리를 후려쳤지요. 정말이지 장난이 아니었어요. 그들은 혼신을 다해 때렸어요. 그렇게 맞고 나니 몇 주일 동안이나 멍이 지워지지 않더군요.

생각해보세요. 조선인이 세운 기독교 계열 학교이다보니 교사들 자신도 반일 감정을 갖고 있었지요. 하지만 그들은 우리의 수업 거부 소식이 밖으로 새나가지 않도록 주의를 기울였어요. 우리의 모든 행동은 학교 안에서만 이루어졌던 것이지요. 만약 어떤 학교가 반일 행동에 가담했다는 말이 새나가면 일본인들이 그 학교의 문을 닫아버리기 일쑤였으니까요.

우리는 수도 없이 스트라이크를 벌였지만 그 이유가 반일적인 것처럼 보이지 않도록 조심해야 했어요. 물론 그렇게 효과적이지는 않았어요. 그러나 당시에는 그것이 우리가 보여줄 수 있는 최선의 행동이었지요. 감시와 처벌이 워낙 심했으니까요.

지금도 선하게 떠오르는 슬픈 장면이 있어요. 내가 대학교에 다닐 때 조선에 선교사로 왔던 언더우드 박사의 아들(한국에서 교육과 선교에 힘쓴 호러스 호턴 언더우드Horace Horton Underwood(한국 이름은 원한경元漢慶)를 가리키는 듯하다. 그의 아버지는 한국 장로교의 초기 선교사이자 연희전문학교(연세대학교) 설립자인 호러스 그랜트 언더우드 Horace Grant Underwood(한국 이름은 원두우元杜尤)다—옮긴이)이 학장으로 있었는데, 그가 등에 배낭을 짊어지고 우리 기숙사 창문을 지나 터벅터벅 걸어서 학교를 떠나는 모습이에요. 우리는 그가 죄수의 몸이 되어 유치장으로 가는 것을 바라보았지요. 그의 모습이 너무나 안타까워 우리는 많이도 울었지요. 정말이지 쓰라린 순간이었어요.

우찬구(남)
1916년 충청북도 출생, 철도 노동자

내가 농업고등학교 3학년이던 1934년 1월에 최악의 날이 닥쳤어요. 어느 눈 내린 아침 학교에 갔더니 번쩍거리는 차량들이 어마어마한 대열을 이루며 학교 운동장으로 들어오더군요. 호기심에 가득 찬 우리는 중요한 인물이 학교를 찾아온 것이라고 생각했어요.

얼마 뒤 학교 사환 아이가 작은 종잇조각을 들고 교실로 오더군요. 선생님이 종이에 적힌 내용을 읽었어요. 그걸 읽는 선생님의 얼굴이 파래지고 손은 떨리기 시작했지요. 선생님이 나에게 말하더군요. "교장실로 가봐야겠다." 파랗게 질린 선생님의 표정을 보고 뭔가 좋지 않은 일이 일어나리라는 걸 알았어요.

교장실로 갔더니 벌써 일곱 명의 아이들이 형사들에게 둘러싸여서 있더군요. 교장 선생님이 "경찰서에서 너희들을 찾으니 지금 당장 가라"고 말했어요.

형사들이 수갑을 채우기 시작하자 교장 선생님이 큰 소리로 "여기서는 안 됩니다. 이곳은 학굡니다. 정 그렇게 하려면 밖에 나가서 채우세요"라고 말했지요. 그랬더니 밖으로 나가 수갑을 채우더군요.

형사들은 소환장이고 뭐고 아무것도 없이 우리 모두를 29일 동안 감방에 가뒀어요. 30일째 되는 날, 우리를 불러내 소지품을 작은 가방에 담더니 다른 경찰서로 데려갔고 그곳에서 또 29일 동안 갇혀 있었지요. 그런 식으로 우리는 다섯 번이나 옮겨다녔다니깐요. 심문이나 조사 없이 한 사람을 구금할 수 있는 기간은 29일을 넘길 수 없다는 규칙이 있었다더군요. 이런 규칙을 따르려 했던 그들은 우리를 잠시 풀어주었다가 경찰서 밖으로 나오기가 무섭게 다른 곳으로 데려가 다시 29일 동안 가둬두는 조치를 취했던 겁니다.

세 번째로 간 곳에서 고문이 시작됐어요. 그들은 전국적인 규모의 학생 시위 모의에 관한 소문을 들었고 우리도 시위를 모의한 학생들 중 일부라고 생각했던 것이지요. 그들은 온 나라를 휩쓸었던 광주학생운동 같은 사건이 재발할까봐 두려워 아예 싹부터 자르려 했던 겁니다.

나중에 알고 보니까 우리 여덟 명 중 하나였던 신아무개라는 4학년 학생이 시위를 모의하는 과정에서 우리 학교의 접선책 역할을 했다더군요. 경찰은 신호, 암호, 이름 등 그에게서 뭔가를 알아내려고 혈안이 됐지요. 나는 그 모의에 대해 아무것도 모른다고 주장했어요.

그러자 나를 고문하더군요. 등 뒤로 두 손을 묶고서 뺨과 얼굴을 때리는가 하면, 야구 방망이처럼 생긴 몽둥이로 온몸을 팼어요. 가장 고통스러웠던 것은 긴 의자에 나를 반듯이 눕혀놓고 얼굴에 물을 퍼붓는 고문이었어요. 내가 숨을 쉴 수가 없어 정신을 잃으면 잠시 멈췄어요. 그래도 계속해서 아는 것이 없다고 말하면 다시 물을 퍼붓는 고문을 했지요. 이렇게 두세 시간 동안 괴롭힌 뒤에 또 똑같은 고문을 반복했어요.

다른 학생들은 다른 방식으로 고문을 당했어요. 그 가운데 하나가 그들이 '비행기 고문'이라 부르는 것이었는데 무시무시했지요.

이런 거예요. 천장에 매달린 밧줄을 이용해 두 손을 등 뒤로 묶어요. 그렇게 두 손을 묶인 채 의자 위에 서면 의자를 치워버리지요. 그러면 공중에 매달리게 되고 팔은 점점 위로 들리겠지요. 그때 어깨에 전해지는 통증은 말할 수 없을 정도로 고통스러워요. 나는 아니었지만 다른 사람들은 모두 이런 고문을 당했어요. 수차례 이런 고문을 당한 끝에 신아무개라는 학생 지도자가 마침내 자백을 했지요. 그리고 남은 우리들도 하나씩 고문에 굴복해 자백을 했어요. 나도 우리 학교에서 다른 사람들과 함께 시위를 모의했다는 점을 인정했지요. 그들은 우리 여덟 명을 두 달 동안 더 구금했어요. 나는 다른 두 사람과 함께 기소는 면했지만 집행유예 3년을 선고받고 풀려났어요. 내가 풀려난 것은 1934년 6월 5일, 6개월을 감방에서 보낸 셈이지요. 나는 학교로 되돌아가려 했지만 학교 쪽에서 나를 받아주지 않았어요. 그러면서 너는 괜찮은 학생이니까 다른 학교에 들어갈 수 있을 것이라고 말하더군요.

내가 다른 곳으로 하숙집을 옮길 때마다 며칠 안에 틀림없이 형사가 나타났어요. 내가 이사왔다는 사실을 알고 있노라고, 나를 감시하고 있다고 알려주더군요. 그들은 나의 일거수일투족을 속속들이 알고 있었지요. 하나도 빠짐없이 말이에요.

제5장

바늘구멍을 뚫고

강병주(남)

1910년 평안북도 출생, 은행 지점장

일본이 조선을 병합한 1910년은 내가 태어난 해이기도 해서 일본인이 없는 내 삶은 생각하기가 어려워요. 하지만 내가 기억하는 것 가운데 가장 중요한 사건은 1919년 3월 1일에 있었던 독립운동이지요. 나같이 어린 아이가 어떻게 독립운동에 가담할 수 있었는지 의아하게 여길 수도 있을 거예요. 마치 김일성이 자신은 다른 아이들이 나라가 무엇인지도 모르는 나이에 조선 독립을 위해 적극적으로 싸웠노라고 자랑하는 소리처럼 들릴지도 모르겠군요.

저간의 사정은 이러했지요. 근대화의 요람으로 알려진 정주라는 도시는 많은 분야에서 활동적인 인물들을 배출했어요. 우리 강씨 씨족마을인 덕달리는 정주에서 8킬로미터밖에 떨어져 있지 않아요. 바로 우리 교회에 이명룡李明龍(1872년 8월 2일 평안북도 철산에서 출생했다. 한학을 배우고 1892년 그리스도교에 입교, 신앙 생활과 육영사업에 힘썼다. 1902년 정주군 상업회의소 소장이 되어 동양척식주식회사의 한인토지수매를 적극 반대했다. 1911년 시찰단의 일원으로 일본을 다녀온 뒤 '105인 사건'에 연루되어 3년 동안 복역했다. 1916년 덕흥교회 장로가 되어 농장을 경영하며 교회를 설립하고 국산품애용운동을 벌였다. 3·1운동 때 민족대표 33인의 한 사람으로 독립선언서에 서명하고 체포되어 2년간 옥고를 치렀다. 1945년 조만식과 조선민주당을 조직하여 고문에 추대됐으며, 평동중학平東中學을 세워 교육사업에 힘쓰다가 1947년 월남했다—옮긴이)이라는 장로가 있었는데, 그분은 독립선언서에 서명한 33인 중 한 사람이었지요. 이명룡 장로는 우리 마을에서 산 하나를 넘으면 나오는 동네에 살았어요. 그러다 보니 우리는 그를 잘 알았고 그의 이야기를 듣기도 했어요. 그때는 작은 마을들도 힘과 활기가 넘쳤어요.

3월 어느 날, 그러니까 독립선언서가 정주에 도착하기로 예정된 날, 인근에 사는 사람들은 오산학교 뒷마당에서 그들 나름의 집회를 갖기로 했어요. 이승훈 장로가 그 집회를 제안했지요. 기독교를 대표하여 독립선언서에 서명한 이승훈 장로는 1907년에 오산학교를 설립한 바로 그 사람이에요.(제1장 지은이 주 3 참조)

그날 우리 마을 사람들 모두가 하얀 새 옷을 입고 그 모임에 참가할 준비를 했지요. 누나와 나—누나는 13살이었고 나는 아홉 살이었습니다만— 는 부모님께 남자 어른들과 함께 가고 싶다고 말씀드렸어요. 어머니는 계속 안 된다고 하면서도 우리에게 새 옷을 내주었고 내게는 자주색 옷과 검은 두루마기를 입혀줬어요. 어머니는 어른들을 따라가라고 했지만 어른들은 우리더러 자꾸 뒤로 가라고 말하더군요. 그래서 우리는 상당한 거리를 두고 그들을 따라갔지요.

우리는 덕달리에서 20리쯤 떨어져 있는 외갓집을 지나 오산학교가 있는 곳까지 10리 넘게 더 걸었어요. 우리는 각자 손에 태극기를 들고 있었어요. 모든 사람들이 말이에요. 우리는 태극기를 흔들었고, 사람들은 순식간에 연단으로 뛰어올라 나라 잃은 슬픔과 분노에 대해 큰 소리로 연설을 했지요. 어떤 사람들이 소책자를 나눠줬는데 나는 그 내용을 이해할 수가 없어서 호주머니에 구겨넣었어요.

누나와 나는 어른들이 모여 있는 한가운데로 밀고 들어갔어요. 군중 속에 여자는 거의 없었어요. 당시만 해도 자신의 집 밖에서 일을 하는 여자는 아주 드물었으니까요. 함성소리가 마당을 가득 메웠어요. 그런 다음 우리는 줄을 지어 학교에서 얼마 떨어져 있지 않은 정주역까지 행진을 했지요. 우리 모두는 목이 쉴 때까지 독립 구호를 외쳤어요.

만주와 신의주 방면에서 오는 철길은 우리 역에 이르기 직전에 터널을 통과하는데, 그 터널이 바로 오산학교 뒤쪽에 있었지요. 학교에서 역으로 가려면 철길을 건너야 했어요. 우리 시위행렬이 막 철길을 건너려 할 때 기차 한 대가 우우웅 경적을 울리며 터널을 빠져나와 시위대 앞 건널목에 딱 멈춰서더군요. 갈색 제복을 입은 수십 명의 일본 군인이 기차에서 뛰어내렸어요. 그들은 시위대를 마주보고 일렬로 늘어서더니 배를 깔고 엎드려서 총을 쏘기 시작했어요. 탕! 탕! 탕, 탕, 탕, 탕! 워낙 총소리가 커서 우리는 무서움에 얼어붙고 말았어요. 그런데 진짜 총알이 아니었어요. 공포탄을 쐈던 거예요.

우리 교회에서 일하는 사람이 바로 내 앞에 서 있다가 총소리에 놀라 그만 기절을 해버렸어요. 우리 모두는 도망치고 싶었지만 그를 두고 갈 수가 없었지요. 그래서 그가 정신을 차릴 때까지 흔들어 깨웠어요. 그런 다음 모두 도망을 쳤어요.

누나와 나는 외갓집에 쉽사리 들를 수가 없었어요. 외갓집은 유명한 집안이어서 일본 사람들이 감시의 끈을 늦추지 않았지요. 그래서 우리는 그 마을 뒷산을 빙 돌아서 갔어요. 누나가 내 호주머니에서 소책자를 꺼내라고 하더니 깊이 땅을 파고 묻어버리더군요. 누나는 그런 걸 갖고 있다가 잡히면 혼쭐이 날 거라고 말했지요. 그러고는 안전하게 집으로 돌아올 수 있었어요.

이 사건이 있은 뒤 정주에서는 독립을 위한 집회가 다시 열렸어요. 그러자 일본인들은 확고하고 가차 없는 방법으로 대응했어요. 그들은 진짜 총을 쏘았고 많은 사람들이 다쳤지요.

그 뒤 나는 약 열흘 동안 집에만 있었어요.

학교에 가다

우리 이웃에 조형준 장로가 계셨는데 한문과 한자에 능한 학자였지요. 우리는 그를 사상가로 여겼어요. 일본의 지배에 반대한 그는 독립을 되찾기 위해 정치적으로나 이론적으로나 활발하게 활동했지요. 그는 교육을 받은 사람이었고, 이 때문에 일본 무장경찰은 그를 그들의 지배에 대한 잠재적 위험인물로 생각하여 끊임없이 감시했어요.

나는 장남이었기 때문에 배워야만 했어요. 아버지와 할아버지는 바깥채에 있는 사랑방 하나를 공부방으로 개조한 다음 조형준 장로를 내 스승으로 모셨지요.

그때 큰 읍내와 도시에는 일본 사람들이 설립한 소학교가 있었어요. 우리 지역의 경우, 하나는 정주에 있었고 다른 하나는 아버지의 병원이 있는 납천에 있었지요.

이 학교들은 여전히 새것이었고 우리는 그런 학교에 익숙하지가 않았어요. 우리는 그 학교 선생님들이 아주 엄격하고 무서워서 벌을 줄 때면 아카시아 나뭇가지로 만든 가장 매서운 회초리를 사용한다는 얘기를 듣기도 했어요. 더 무서운 벌을 줄 때에는 판자에 구멍을 뚫어 손톱을 끼우게 하고 그 위로 아이들을 굴린다는 소문도 떠돌았지요. 물론 이런 얘기들은 사실이 아니었어요. 충성스러운 조선 사람들이 아이들을 일본인 학교에 보내지 못하도록 하기 위해 그런 소문을 퍼뜨린 것이었어요. 그렇게 하는 것도 반일운동의 하나였지요.

일본인들은 군청 직원들을 마을 구석구석으로 보내 아이들을 모아 소학교에 다니도록 독려했어요. 상상할 수 있겠지만 우리 집 공부방에서 한자를 배우는 동안 우리는 아이를 잡으러 다니는 사람들에게서 눈을 떼지 못했어요. 공부방 문을 열면 서당언덕이 훤히 보였어요. 그 언덕 너머로 언제든 직원들이 나타날 것만 같았지요. 검은 옷을 입은 사람이 언덕을 따라 내려오면 우리는 잽싸게 흩어져 도망쳤어요.

이렇듯 혼란스러운 상황 때문에 나는 소학교에 다닐 생각을 전혀 못했어요. 나는 그냥 이대로 지내는 것이 좋았으니까요. 이상하게도 아버지 역시 나를 그곳에 굳이 보낼 생각이 없었던 것 같아요. 이상할 만도 한 것이 아버지는 서울에 있는 서양식 의학교를 제1회로 졸업하고 의학박사 학위를 딴 사람 중 하나였으니까요.

이 무렵 우리는 집에서 하던 공부를 계속할 수 없게 됐지요. 앞에서 말한 독립선언 시위 때문이었어요. 조형준 장로의 아들로 나중에 연세대학교 교수가 되는 조낙현은 시위에 나갔다가 일본 무장경찰이 쏜 총에 맞아 다리를 다쳤어요. 그는 절룩거리며 집으로 돌아왔어요. 빨리 치료를 해야 했지요. 하지만 그는 병원에 가면 붙잡히리라는 것을 알고 있었어요. 그의 가족은 아버지에게 상처를 봐달라고 부탁하러 우리 집에 올 수도 없었어요. 그랬다가는 마찬가지로 아들이 있는 곳에 경찰을 불러들이는 꼴이 될 테니까요. 그런데 그 집에서 우리 집으로 "누군가를 보내 의사 선생님을 불러 달라"는 전갈이 왔어요. 어머니는 내가 시도 때도 없이 떠돌아다니니 아무도 의심하지 않을 것이라 생각하고 나를 보내기로 했어요. 그래서 나는 나 혼자서 심부름을 가는 것이라 생각하고 납천으로 갔지요.

그날 갑자기 비가 내렸는데, 아버지는 "그래, 조낙현 군에게 가서 상처를 돌보기로 하마. 그전에 너와 함께 갈 곳이 있다"고 말하더군요. 어딜 가느냐고 물어도 "따라와보면 알아"라고만 했어요.

외투와 우산을 뒤집어쓰고 우리는 걷기 시작했지요. 그런데 놀랍게도 우리는 학교 앞에서 멈췄어요. 옷깃과 어깨, 허리, 팔목 부분에

금장식이 달린 눈부신 검은 제복 차림으로 허리에 칼을 찬 선생님 한 분이 나타나더군요. 모든 일본인 정부 관리들은 칼을 찼는데 교사들도 천황 폐하가 임명한 관리였기 때문에 그렇게 했던 거예요.

열 살밖에 먹지 않은 아이가 그렇게 휘황찬란한 제복에 긴 칼을 찬 사람 앞에 서 있다면 누군들 놀라 자빠지지 않겠어요? 그뿐만 아니라 그는 일본어로 말을 했고 나는 무슨 말인지 도무지 알 수가 없었어요. 아버지가 이렇게 말하더군요. "오늘부터 너는 소학교에 다닐 것이다. 내가 가서 조낙현 군을 보살피는 동안 넌 여기에 있거라." 이렇게 해서 나는 소학교에 다니게 됐지요.

소학교를 졸업하자 아버지는 나를 서울의 경성고등보통학교에 보냈어요. 서울은 북쪽 구석에 있는 우리 마을에서 멀리 떨어진 곳이지요. 나는 그 학교에서 1924년부터 1928년까지 공부했는데, 대부분의 학생들이 서울에 있는 소학교 출신이었어요. 수백 명의 지원자 중에서 그 학교에 들어간 북쪽 지역 출신 학생은 셋밖에 없었어요. 평안남도 출신이 둘이고, 평안북도 출신은 나 하나뿐이었지요. 황해도 출신은 한 사람도 없었어요.

도시 아이들은 나를 계속 촌놈이라고 놀려댔어요. 지방에서 서울로 올라온 우리들은 교복이 없어 한복을 입은 반면 그들은 신식 옷을 입고 학교에 다녔어요. 나는 검은색 두루마기를 걸치고 다녔지요. 그러니 그들이 우리를 놀리는 것도 이상할 게 없었어요. 우리는 정말로 우스꽝스럽게 보였을 테니까요.

1920년경 평안남도 평양의 일본인 거리 야마토마치(山都町). 건물들이 모두 일본식이며 거리의 이름도 그러하다.(노먼 소프 소장)

대학 생활

고등학교를 졸업한 뒤 나는 대학에 들어갈 예정이었어요. 그런데 할아버지께서 농업을 공부해야 한다고 강력하게 주장하시더군요. 우리 씨족 마을 근처에 있는 땅을 물려받아 책임지고 돌보는 것이 장남인 나의 의무라고 생각하셨던 것이지요. 당시에는 농업 하면 누구나 홋카이도 제국대학北海道帝國大學을 최고로 꼽았어요. 일본 정부 초청으로 건너온 미국 학자가 설립한 이 대학은 농업 분야에서 근대적 교과과정으로 이름이 높았지요.

나는 그 대학에 지원하기로 마음먹고 있었는데 어머니가 강하게 반대를 하고 나섰어요. 어머니는 내가 일본에서 생활하다가 일본 사람들의 반조선 감정 때문에 좋지 않은 일을 당하지나 않을까 걱정했지요. 조선인에 대한 일본인의 적대적인 감정은 1923년의 관동대지진關東大地震이 조선인 때문에 일어났다는 잘못된 생각에서 야기됐어요. 대지진 뒤 많은 조선인들이 일본인들에 의해 살해됐지요.

많은 생각 끝에 나는 조선에서 최고로 꼽히는 수원의 농업대학(서울대학교 농과대학의 전신인 수원고등농림학교를 가리키는 듯하다─옮긴이)에 지원했고 1929년부터 1931년까지 그 학교에 다녔어요.

사람들은 조선인이 수원의 농업대학에 들어가는 것은 바늘구멍을 통과하는 것과 같다고 했지요. 농업과에서는 매년 일본인 25명과 조선인 15명을, 임업과에서는 일본인 20명과 조선인 10명을 받아들였어요. 고등학교를 반에서 1등으로 졸업한 나는 바늘구멍을 뚫고 15명의 조선인 중 한 사람이 됐던 것이지요.

대학에서는 모든 학생들이 기숙사 생활을 하는 게 원칙이었어요. 일본인 학생들은 서쪽 기숙사동棟에서, 조선인 학생들은 동쪽 기숙사동에서 생활했어요. 각 기숙사는 자치적으로 운영됐지요. 예를 들면 식당의 먹을거리를 위해 식사위원회에서 조리사를 고용하고 식재료를 구매했어요. 책은 도서위원회에서 구입했는데 규정상 일본인 학생과 조선인 학생은 동일한 책을 사야 했어요. 각 기숙사에는 탁구위원회까지 있었지요. 그래서 고의적이든 그렇지 않든 양쪽은 서로 어울리지 않았어요. 우리는 강의실에서 함께 공부하고 실험도 함께했지만 좀처럼 노트를 비교하거나 대화를 나누지는 않았지요. 보통 만나면 그저 아는 체만 했을 따름이에요. 이런 식으로 우리는 일본인 학생들과 같이 생활했어요.

이 학교 선생님들은 독립운동에 매우 적극적이었어요. 그중에는 제2차 세계대전이 끝나고 일본인들이 쫓겨난 뒤 북한으로 가 김일성 공산주의 정권 아래에서 내각의 장관이 된 사람도 있지요.

알다시피 농업대학을 졸업한 우리는 엘리트 그룹을 형성했고 대부분의 졸업생이 학교 교장이나 은행 지점장이 됐어요. 이건 유학자가 배움을 중시하는 전통과 관련이 깊지요.

내가 입학하기 3년 전, 그 대학에서 사건이 하나 일어났어요. 조선인 학생 몇 명이 농촌 아이들에게 읽고 쓰는 법을 가르치기로 했지요. 그들은 조선의 역사도 함께 가르쳤어요. 이 어린 아이들이 작문을 했는데 그 속에 조선 독립을 바라는 듯한 문장이 들어 있었던 모양입니다. 불행하게도 이 사실이 일본 비밀경찰 소속 형사들에게 발각되어 큰 소동이 일어났지요.

조선인 학생들은 개척사開拓社라는 그룹을 결성하기도 했어요. 그들은 졸업 뒤 시간과 노력을 바쳐 조선 농부들에게 최신식 농업기술을 가르친다는 계획을 세웠지요. 그들은 조선 농부들의 복지와 생활수준 향상에 헌신하려는 열정적인 이상주의자들이었어요. 이러한 이상을 위해 그들은 미래의 지도자 역할과 돈이 함께 따르는 높은 사회적 지위를 기꺼이 희생했어요. 이 그룹은 다른 데보다 땅값이 쌀 뿐만 아니라 개간되지 않은 땅이 많은 강원도에 시범농장을 세우기로 했어요. 그리고 이 농장에서 살면서 실제로 근대식 농법을 실험할 수 있는 소작농을 초청하고 싶어 했지요.

하지만 뜻대로 되지 않았어요. 일본 경찰은 조선인 학생들의 그룹 활동에 대단히 민감하게 반응하면서 감시의 끈을 늦추지 않았지요. 그들은 독립운동과 관련된 활동처럼 보이면 무엇이든 특별 감시를 했어요. 당시 대학에 적을 둔 조선의 지도자 계층의 활동이 특히 요주의 대상이었어요. 개척사에 관한 소문을 들은 그들은 감옥에 가두거나 대학에서 축출하는 방법을 동원해 구성원들을 끊임없이 괴롭혔고, 끝내는 이 그룹을 해체시키고 말았어요.(제7장에서 이와 관련된 김찬도 씨의 활동 부분을 참조)

졸업반인 3학년이 되는 해에 학생들이 나를 기숙사 대표로 뽑았어요. 그동안 우리는 우리만의 기숙사에서 생활하며 식사를 포함해 모든 것을 자치적으로 해결했는데, 이 해 들어 학교 당국은 조선인 학생과 일본인 학생을 한 기숙사에 섞어놓아 '내선일체內鮮一體'라는 슬로건을 실천으로 옮기고자 했어요.

같은 방에서 일본인 학생 두세 명과 조선인 학생 한 명이 같이 생활하도록 하겠다고 학교 직원이 말하더군요. 일본인 학생이 조선인 학생보다 많았기 때문이었지요. 우리 조선인 학생들이 거세게 항의하자 학교 쪽에서는 조선인은 조선인끼리 일본인은 일본인끼리 한 방에서 생활하되 각각의 방을 나란히 두자는 타협안을 내놓았어요. 우리는 이 타협안에도 저항했어요. 그랬더니 마침내 이렇게 말하더군요. "알았다. 각각의 홀을 번갈아 이용하도록 하자. 그러면 같은 홀을 같은 민족끼리 매번 돌아가면서 이용할 수 있을 것이다."

이런 논란과 갈등이 이어지는 동안 나는 일본인 관리들과 조선인 학생들 사이를 오가야 했어요. 쉬운 일은 아니었지만 결국은 해결이 됐어요. 우리는 두 가지를 양보했어요. 같은 도서관을 일본인 학생과 함께 이용하고, 같은 욕실에서 목욕을 한다는 데 동의했던 겁니다. 농업실습장에서 돌아오면 우리들은 더운 데다 피곤하고 지저분하기까지 했기 때문에 매일 목욕을 해야 했지요.

대학 생활 3년 내내 우리는 함께 공부를 했지만 결코 잘 어울려 지내지는 못했어요. 일본인 학생과 조선인 학생은 철저하고도 완벽하게 분리되어 있었던 것이지요.

은행 지점장이 되어 북쪽 벽지로 돌아오다

1932년에 대학을 마친 나는 일자리가 필요했어요. 그때 일본 정부에서 농업은행The Bank of Agriculture(일제 시대 때 농민들에게 돈을 융통해주던 금융조합金融組合을 가리킨다. 금융조합은 1907년 일제가 농공은행이 담당하고 있던 일련의 업무를 보다 원활히 수행하기 위해 설치한 보조 기관이다. 지방금융조합은 농공은행의 주요 업무 중 하나인 토지의 자금화와 농산물의 화폐경제로의 편입을 적극적으로 도모하기 위해 군 단위 이하의 농촌에서 농업자금의 대부, 농산물의 위탁판매, 종자 · 비료 · 농구 등의 분배 및 대여 업무 등을 수행했다. 지방금융조합은 겉으로는 라이파이젠Raiffeisen식 신용조합임을 표방했으나, 설치 목적에서도 알 수 있듯이 제국주의의 경제적 지배를 위해 총독부가 직접 통제하고 농촌의 화폐정리사업 · 납세선전 · 농사지도장려사업 등 정책사업을 추진시킨 말단 기관이었다—옮긴이) 지점장을 뽑는데 조선인도 지원할 수 있게 됐다는 소식을 들었어요. 이건 대단히 이례적이었어요. 왜냐하면 조선의 농업을 관할하고 통제하기 위한 장기적인 계획의 일환으로 농업은행 지점장은 모두 일본인이 맡고 있었기 때문이지요.

이 은행에서는 일본인 30명, 조선인 10명 총 40명을 선발할 예정이었어요. 자격을 갖춘 조선인이 얼마나 되는가라는 문제와 상관없이 단 10명만이 일자리를 얻을 가능성이 있었던 셈이지요. 그리고 일본인의 경우 자격을 갖추지 못했다 하더라도 30명은 뽑히게 되어 있었지요. 1천 명 이상의 조선인이 지원했고 나도 그렇게 하기로 결심했어요.

나는 10명 안에 들었고 오리엔테이션 과정을 밟기 시작했어요. 서울에서 회계 수업을 마친 뒤 지방 현장 실습이 이어졌지요. 나는 평안남도에서 두 달, 이론 수업과 오리엔테이션을 하느라 서울에서 두 달, 압록강 근처에 있는 신의주에서 넉 달, 평안북도 북쪽 끝 후미진 곳에 자리한 후창厚昌에서 석 달을 보냈어요.

정부 관리가 받는 기본급은 일본의 공립대학을 졸업한 사람의 경우 매달 55엔, 조선인이나 선교사가 운영하는 사립대학을 졸업한 사람의 경우 매달 45엔이었어요. 다른 직업과 비교해보면 군수 60엔, 경찰서장 30엔, 정규 공무원 15엔이었고, 경찰은 8엔에 지나지 않았지요.

지방의 외진 곳으로 발령받은 사람들은 급여의 30퍼센트에 상당하는 벽지근무수당을 받았어요. 또 압록강이나 두만강과 가까운 북쪽 국경 지역에 근무하는 사람에게는 7엔을 더 주었지요. 일본인과 조선인 은행 지점장의 급여는 같아 보이지만 일본인의 경우 30퍼센트의 봉급을 더 받았어요.

내가 처음 정식으로 발령받은 곳은 농업은행 희천 지점이었어요.

내 월급은 기본급 55엔, 기금수당 10엔, '벽지근무수당' 30퍼센트를 합하여 총 81.50엔이었지요. 당시의 기준으로 보면 이 돈은 스물두 서너 살밖에 안 된 젊은이에게 그야말로 어마어마한 액수였어요. (1930년 한 달 하숙비는 25엔이었다.)

아직 아이가 없던 때라 아내와 나 둘이서는 이 많은 돈을 다 쓸 수가 없었어요. 우리 생활비는 고작 10엔 남짓이었으니까요. 노는 데는 한 푼도 쓰지 않았지요. 하기야 그렇게 외진 시골에 무슨 놀거리가 있었겠습니까마는. 돈을 쓸 곳이 없으니 마음만 먹으면 얼마든지 저금을 할 수 있었어요.

그 돈으로 뭘 했는지 궁금하지요? 나는 책을 사들이는 데 돈을 썼어요. 사고 또 샀지요. 이사할 때마다 책이 너무 무겁고 너무 많은 자리를 차지해서 아주 골칫덩이였다니까요! 하지만 가치가 있는 골칫덩이였어요. 우리는 오르간도 샀어요. 상상이나 할 수 있겠어요? 교회나 학교에 한 대씩 있던 오르간이 우리 집에도 있었던 겁니다. 훌륭한 오르간이었지요. 우리는 늘 바쁘긴 했지만 꽤 잘살았어요.

1941년 그러니까 미국이 제2차 세계대전에 공식 참전한 해, 은행의 명령에 따라 나는 평안북도 전천前川으로 자리를 옮겼어요. 그곳의 일본인 관리들은 조선인에게 신경을 덜 쓰는 편이었고 관대하기도 했어요. 또한 그곳은 큰 읍내이긴 했지만 아주 외딴 곳이었지요. 그래서 공적으로나 사적으로나 그곳 생활은 아주 마음에 들었어요.

당시에는 거의 모든 것이 배급제를 통해 공급됐고 우리가 살았던 평화롭고 외진 구석도 예외가 아니었어요. 쌀, 옷, 천, 술 모든 것이다 그랬어요. 하지만 우리가 1941년부터 1944년까지 전천에 사는 동안 강아무개라는 친구 덕분에 별 부족함 없이 지냈어요. 그는 아주 부자였어요. 그가 우리를 도와주었지요. 그는 일본 사람들을 달래기 위해 선물을 주었고, 그들은 그가 재산을 지킬 수 있도록 눈감아주었어요.

냉면 만들기

북쪽 벽지의 겨울은 너무 혹독해서 날씨 때문에 외부 활동을 거의 할 수가 없었어요. 아직도 기억에 남아 있는 것은 여자들이 모여 냉면을 만들던 장면이에요. 뭐든 맨손으로 만들었어요. 반죽을 하고, 면을 뽑고, 꿩 털을 벗기고, 갖은 양념을 마련해요. 일을 끝낸 뒤, 화투를 몇 판 친 다음에 나오는 술 한잔과 함께 냉면을 먹지요.

면을 뽑는 방법을 볼까요. 먼저 국수틀 아래 솥을 걸고 물을 끓여요. 다음 국수틀 바닥에 뚫린 구멍으로 반죽을 밀어넣고 누르면 면이 곧바로 끓는 물로 떨어지지요. 국수틀은 피스톤과 비슷하게 생겼어요. 반죽을 밀어넣는 데 힘을 주기 위해 그 국수틀 위에 사람이 올라서면 서서히 아래로 내려가요. 너무 느리게 내려간다 싶으면 어린아이를 안고 국수틀 위에 올라서기도 하지요. 무게를 더하면 면발이 조금이라도 빨리 끓는 물에 떨어질 테니까요.

전쟁 중 식량 배급제가 실시되던 시절에 냉면을 만드는 데 필요한 여러 가지 좋은 재료들을 어떻게 마련했는지 궁금할 거예요. 그래요, 물론 모든 것이 부족했고 전쟁이 막바지로 접어들면서 상황은 더욱 어려워졌지요. 하지만 견딜 만했어요. 부자인 강아무개 때문에 경찰은 몇몇 배급 시행 규칙을 어겨도 눈감아주었어요. 뇌물을 건넸느냐고요? 그가 어떻게 했는지는 잘 모르지만 우리는 모두 그 사람 덕을 보았지요. 나중에 들으니 일본이 항복하던 바로 그날, 조선 사람들이 그를 매도하면서 때렸다더군요. 일본인에게 동조했다는 이유로 그에게 반감을 가졌던 것이지요. 그는 간신히 도망쳤다고 해요. 나는 그때 다른 곳에 있었기 때문에 그 사건을 보지는 못했어요.

독특한 지도자 역할

조선 전역에 걸쳐서 일본 정부는 사람들의 마음가짐을 통합하기 위해 점차 많은 노력을 기울였어요. 특히 지도자 위치에 있는 사람들에게 그랬지요. 그들은 '일심동체一心同體'라는 슬로건을 내걸었어요.

읍내에 사는 모든 사람들이 하나가 되는 것을 직접 눈으로 볼 수 있도록 하려고 일본 당국은 모든 마을 지도자들에게 이른 아침에 하는 국민체조에 참가하라고 명령했어요. 참가하지 않을 경우 엄청난 대가를 치러야 했어요. 지도자들만 그렇게 해야 했고 은행에서는 내가 참석해야 했지요. 다른 그 누구도 나를 대신할 수가 없었어요. 매일 이른 아침 우리는 학교 운동장에 모여 체조를 했어요. 그들은 그것을 '정신수련精神修練'이라 불렀지요. 정신이란 신도주의神道主義를 가리키는데 이는 한마디로 샤머니즘에 지나지 않아요.

정신훈련의 강도를 높이기 위해 치러야 했던 또 다른 의식은 이른 아침 강물에 몸을 담그는 것이었어요. 여름뿐만 아니라 겨울에도요. 겨울에는 얼음을 깨고 몸을 담가야 했지요. 그러고는 서로 손을 잡고 일본의 많은 신들의 이름을 불러야 했어요. 일본의 신은 800만이나 된다고 하지요. 물속에서 그렇게 하는 데 30분이 걸렸어요. 겨울바람이 불어와 시베리아만큼이나 추웠지요. 겨울에는 정말 견딜 수가 없을 정도였어요.

우리는 또 아침마다 줄지어 강둑을 달리며 운동을 했지요. 평범한 체조가 아니었어요. 게다가 일본말로 '미소기 하라이'라 부르는 신도식 신체 단련 운동까지 해야 했어요. '미소기 하라이'란 악귀惡鬼를 털어버리고서 우리를 보호하고 번영을 가져다주는 신령을 숭배, 찬양한다는 뜻이에요('미소기 하라이'는 찬물에 맨몸으로 들어가 잡념을 씻어내고 일본인이 되고자 기도하는 것을 뜻한다. 죄나 부정을 씻기 위해 냇물 또는 강물에 몸을 씻는 '미소기禊ぎ'와 신에게 빌어 죄와 재앙 따위를 떨쳐버리는 '하라이祓い'를 합친 말이다 —옮긴이).

생각해보세요. 학교 교장을 비롯해 높은 지위에 있는 지도자들은 나를 제외하고 모두 일본인이었어요. 많은 일본인 지도자들도 그런 의식이 무엇인지, 어떻게 하는 것인지 몰랐다니까요. 경찰서장과 국민학교 교장 그리고 나, 이렇게 딱 세 명만이 고등교육과 배경 덕분에 그런 의식에 관해 알고 있었어요. 그런데 경찰서장은 경찰 업무 때문에 매일 나올 수 없어서 교장과 내가 번갈아가며 이런 의식을 감독했지요.

이때 강병주 씨의 아들이 끼어들더니 이렇게 말했다. "아버지는 이런 일본인 지도자들보다 훨씬 많은 교육을 받았어요. 일본인 지도자들도 이 사실을 알고 아버지를 존경했지요. 내가 여덟 살인가 아홉 살이었을 때 일인데, 읍내에서 가장 힘이 셌던 일본인 경찰서장이 아버지를 만날 때마다 공손히 인사하던 게 기억나네요. 그때는 왜 그런지 몰랐지만 참 놀라웠지요."

공적인 일로 만나면서 잘 알게 된 친구 중에 조선인 의사와 일본인 경찰서장이 있었어요. 경찰서는 길을 사이에 두고 은행과 우리 집 바로 맞은편에 있었어요. 은행 지점장에게는 은행 옆에 있는 관사가 제공됐지요. 경찰서와 은행이 이렇듯 가까이 있었기 때문에 우리는 종종 함께 바둑을 두곤 했어요. 그러니까 친구 사이였다고 할 수 있겠지요. 그 당시에 일본인과 조선인이 그렇게 친하게 지내기란 쉽지 않은 일이었어요.

하지만 '일심동체'라는 슬로건에 속지는 않았어요! 말은 그럴듯 했지요. 겉으로는 조선인과 일본인 모두 천황의 적자赤子이므로 공평하게 대접받아야 한다고 했어요. 그러나 실제로는 필사적으로 조선인, 특히 18살에서 40살에 이르는 남자를 동원할 수 있는 방법을 찾으려 했어요. 군사적으로 이용하기 위해서였지요. 그들 중 많은 사람들이 전쟁통에 죽었어요. 그래서 우리는 속지 않았어요. 일본인들은 우리가 그들의 전쟁을 수행하기를 바랐던 겁니다.

그들은 우리를 믿지 못했기 때문에 그들과 함께 싸우는 조선인들에게 총을 주려 하지 않았어요. 그래서 그들은 조선인에게 허접한 일을 맡기고 대신 일본인을 병사로 보냈던 것이지요. 비전투적인 일에 조선인을 동원하기 위해 그들은 징용을 실시했어요. 징용된 조선인들은 비행기와 탱크의 부품 그리고 군수용품을 만드는 조립 라인, 광산 등에서 일했지요. 일본인 남자들은 이런 작업 대신 실제 전투를 치렀고요.

그런데 전쟁 막바지에 징병제가 실시됐어요. 전쟁에 동원할 수 있는 일본인 남자의 씨가 마르자 그들은 조선인 중에서 군인을 차출해야 했지요. 이제 우리에게 총을 주어야 했어요. 전선으로 나갈 몸뚱이가 절실히 필요했으니까요.

이러는 동안 우리 가족은 전천을 떠나 다른 곳으로 옮겼어요.

좌천을 당하다

전쟁이 격화되면서 일본의 행태도 더욱 편집증적으로 바뀌었어요. 나는 강계에 있는 은행 지점으로 승진했다가 벽동이라는 외진 곳으로 좌천당했어요. 압록강 상류의 벽동은 수력발전소 건설로 흥청거리던 신흥 도시였지요. 어이없이 좌천을 당할 만한 일이라곤 내가 승인을 받지 않고 여행한 것뿐이었어요. 나는 후창을 출발해 함경도로 갔다가 희천을 거쳐 돌아왔는데 당국에서는 이를 엄청난 불법행위로 간주했던 모양입니다. 이때는 전쟁이 끝날 무렵이었고 일본인들은 패전 직전이었기 때문에 대단히 신경질적이었지요. 그래서 내가 여행에서 돌아오자마자 좌천 소식을 알리면서 나를 벽동에 있는 은행으로 보내버렸던 거예요. 이걸 알아야 해요.

벽동은 정말로 외진 곳이었어요. 댐 상류에 있는 이곳에 가기 위해 우리는 작은 배를 타고 하루 종일, 그러니까 여덟 시간 동안이나 통통거리며 느리게 강을 거슬러 올라갔지요. 나는 이곳이 너무 외진 데 있어 꽤 험할 것이라고 생각했지만 산과 언덕 그리고 강이 참 아름답더군요. 또 멀리서 울리는 뱃고동 소리를 들을 때면 그곳의 고요함에 압도됐어요. 그곳에서라면 시인이 아니더라도 시를 지을 수 있을 거예요. 1945년 8월 우리는 그곳에서 해방을 맞이했어요.

우리가 살았었던 강계, 전천, 신풍은 시골이긴 했지만 경치가 참 좋았어요. 몇 년 동안 은행에 다니면서 벌어먹고 산 나는 여기저기 돌아다녀야 했는데 그때마다 아름다운 경치를 공짜로 구경한 셈이지요. 그런 의미에서 그건 헛된 경험이 아니라 오히려 기회였다고 할 수 있겠지요.

잡히지 않는 꿈―1945

전쟁이 끝나고 일본이 물러가자 우리는 고향 정주로 돌아왔어요. 그곳에서 나는 은행 지점장이 됐지요. 사람들은 하나같이 조선이 끝내 독립과 자존을 되찾을 것이라고 기대했어요.

나는 앞으로 무슨 일이 일어날지 지켜보며 신중하게 기다렸지요.

1946년, 채 1년도 지나지 않아 새로운 공산주의 정권은 농업은행을 해체하고 농업조합이라는 것을 설립했어요. (새로운 조합의 지점장이 되기 위해서는 공산당에 가입해야 했고 강병주 씨는 이를 거부했다.) 결국 나는 자리에서 물러났어요.

에필로그, 1945~86

강병주 씨는 1947년 2월 공산주의자들을 피해 몰래 월남했다. 두 달 뒤 그의 아내와 5남매가 비밀리에 고깃배를 타고 넘어와 서울에서 그와 만났다. 그는 남한의 몇몇 도시에서 은행을 운영했고, 부산에서 멀지 않은 물금이라는 작은 읍내에서 한국전쟁을 겪었다. 그 동안 자녀는 여섯 명으로 늘었다. 평화가 다시 찾아왔을 때 그는 서울 근교의 안양 포도밭에 약간의 땅을 마련했고, 그곳에서 여섯 명의 자녀를 모두 대학까지 가르쳤다. 그리고 자녀 다섯 명이 미국으로 이민을 갔다. 강병주 씨 부부는 한동안 미국에서 살았다. 강병주 씨의 아내는 뉴욕에 있는 아들의 집에서 생활하다가 1971년 병으로 숨졌다. 강병주 씨는 다시 한국으로 돌아왔고 1986년 사망했다.

제6장
사업과 모험

전통적으로 아들은 아버지의 직업을 따르게 마련이지만 조선인들은, 특히 1920년대에 좀 더 많은 선택의 기회가 열려 있음을 알게됐다. 새로 도입한 '문화'통치의 기치 아래(조정기, 1920~31) 일제는 조선인의 기업 활동에 제한을 두기는 했지만 전적으로 금지하지는 않았다. 여기 수록한 이야기들은 이처럼 다양하게 넓어진 선택의 기회에 관해 말해주고 있다.

특히 삶이 고단한 농부들은 대개 하루하루 겨우 연명했다. 맨 앞에 수록된 두 명의 이야기는 그 같은 빈곤을 회고한다. 다른 이야기의 젊은 남성들은 기술을 배우고 새로운 직업을 얻기 위해 엄청난 노력을 기울였고, 그중 상당수는 직업에 따라 다양한 수준에서 일본인들과 관계를 맺게 됐다. 우리는 이들에게 그것을 '협력'이라고 보는지 물었다. 그들은 적극적으로 일제를 도운 사람들과, 살아남기 위해 또는 잘살고 싶어서 단순히 상황을 이용했던 사람들을 분명하게 구별하는 일종의 '감'을 가지고 있었다. 기회를 놓치지 않고 부상하는 사람들이 있고 그런 사람들은 어떤 상황에서든 성공했을 것이다. 브루스 커밍스는 그들의 정서를 다음과 같이 표현했다. "식민 치하에서 재능 있는 한국인들에게 어떤 대안이 있었을까? 일생일대의 기회를 거부하고 저항하다가 죽거나 감옥에 갇힐 것인가, 아니면 동참할 것인가?"[1]

이재임(여)
1919년 경기도 출생, 주부

열아홉에 농사꾼에게 시집갔어요. 얼마 안 되는 땅뙈기 가지고 먹고살기 바빠서 다른 건 생각할 겨를이 없었지요. 일제에 대한 걱정은 안 했어요. 내가 배운 건 모두 물거품이 됐지요. 정말로 힘들었어요. 사는 게 너무 힘들었고 고된 일 때문에 죽을 뻔했어요.

신광성(남)
1915년 경상북도 출생, 농부

한 가지 기억이 나요. 초가 지붕이 썩으면 그 안에 벌레가 들끓거든요. 회백색이고 냄새가 나는 벌레예요. 하루는 국을 끓이는데 그 벌레들이 국솥에 떨어졌어요. 너무 역겨워서 욕지기가 날 지경이었지요. 그렇지만 배가 고픈데 별수 있나요? 그냥 벌레만 건져내고 국은 먹었지요. 내 국그릇을 보니 거기 아직 한 마리가 남아 있더라고요. 그것만 건져내고 나머지 국은 바닥까지 다 비웠어요. 그럴 정도로 가난했어요, 역겨운 국을 버릴 수도 없을 만큼. 지금이야 그 일을 얘기하며 웃을 수 있지만 우리가 얼마나 가난했는지 알 수 있겠지요?

김순옥(남)
1910년 경기도 출생, 도붓장수 · 소방관

내가 거기 살던 시절에 마포는 작은 마을에 불과했어요. 우리 집안은 한때 지체가 높았어요. 17대조인 김종서는 1450년경에 우의정을 지낸 장군이었지요. 하지만 할아버지나 다른 조상들에 대해서는 아무것도 몰라요. 아이고! 그분들에 대해 배울 시간이 없었어요. 먹고사느라 바빠서 틈이 나지도 않았거든요.

어머니는 내가 일곱 살 때 돌아가셨고 나는 열 살 때(1920) 혼자 장사를 시작했어요. 남대문 시장에 가서 과일을 사다가 마포로 가져왔어요. 길거리에 멍석 하나 깔아놓고 비싼 값을 받고 팔았지요. 겨울에는 꼬챙이에 꿴 건어물을 샀어요. 길거리 좌판 장사를 할 수가 없었어요. 너무 추웠거든요. 상점마다 돌아다니며 팔았지요. 15살이 될 때까지 5년 정도 이 일을 했어요.

동네 아이들과 같이 온갖 운동을 했어요. 역도, 평행봉, 야구 등등. 역도를 꽤 잘해서 근육이 튼튼해졌지요. 다른 아이들이 일본말을 하기에 고함을 쳤어요. "일본놈이 좋아? 어떻게 그럴 수가 있지? 내 앞에선 일본말 하지 마."

하지만 들어보세요. 나이가 들면서 비록 일본 사람이 싫지만 일본말을 하지 않으면 안 된다는 생각이 들었어요. 옛말에도 '호랑이를 잡으려면 호랑이 굴에 들어가야 한다'라고 하잖아요. 그래서 책을 한 권 사서 독학으로 기본 표현을 익혔어요. 기막히지 않아요?

용산역 근처에 엔진 부품을 만드는 공장이 있었는데, 많은 조선인이, 아마 3천 명 정도가 거기서 일했어요. 부서별로 운동부가 있었어요. 하하, 일이 아니라 운동을 시키려고 사람들을 고용한 거예요. 내가 한 일이 그거예요. 운동부 사람들 누구나 하는 말이 내가 자기들보다 더 튼튼하다더군요. 그래서 '황소'라는 별명이 붙었어요. 3천 명의 노동자 중에 100명 정도가 운동부원이었어요. 부원은 전부 조선인이었지만 코치들은 일본인이었고 우리에게 말할 때 일본어만 썼어요. 그러다 보니 나는 일본어를 더 잘하게 됐지요.

얼마 지난 뒤, 나는 바람이 들어서 공장을 그만두었어요. 쌀 장사, 이발업, 술 장사, 과일 장사 등을 차례로 했지요. 많은 일을 시도했어요. 기술이라고 할 만한 게 딱히 없었거든요. 필요할 때 다른 사람들을 고용할 따름이었어요. 한 가지 일이 잘 안 되면 다른 일로 바꾸는 식인 거지요. 사업상 한반도 북부 지역을 누비고 다녔고 심지어 만주에도 갔어요. 세상에, 얼마나 멋지던지! 그런 곳에 가서 장사를 하고 또 다른 곳으로 옮겨가는 거예요.

24살 무렵, 사람들이 내게 왜 결혼하지 않느냐고 묻기 시작하더군요. "아이고, 너무 가난해서 못해요"라는 게 내 대답이었어요. 그러던 어느 날, 친구가 내게 참한 신붓감을 소개해 줄 아주머니를 알고 있다고 하더군요. 아버지는 "그래, 그럼 한번 알아보자꾸나. 처자가 마음에 들면 결혼 비용은 어떻게든 마련할 수 있겠지"라고 하셨어요.

중매쟁이는 적어도 가서 그 신붓감을 보기라도 해야 한다고 말했어요. 그래서 우리는 그 처녀의 집으로 갔지요. 코딱지만한 마당이 있는 세 칸짜리 작은 집이었어요. 여자 아이는 내게 등을 돌리고 선 채 돌아서려고 하지 않았어요. 믿어져요? 어떻게 생겼는지 보지도 못했다고요. 여자 아이는 겨우 12살이었지만 우리는 결혼을 성사시키기로 했어요. 2주 뒤에 사주단자를 교환하고 한 달이 지나 결혼식을 치렀지요. 그때를 되돌아보니 얼마나 우스운지!

세상에, 나는 얘기를 시작하면 끝이 없다니까. 골동품 같은 늙은 이이지만 이제 아버지 얘기를 좀 할게요.

아버지는 지게꾼으로 하루 벌어 하루 먹고 살았어요. 일본이 나라를 빼앗은 다음에도 여전히 상투를 틀고 계셨어요. 아버지를 보면 참 가슴이 아팠어요. 종일 등에다 물건을 지고 다니시니. 그렇게 뼈가 빠지게 일하는 모습을 차마 볼 수가 없었어요. 그래서 어떻게 한 줄 알아요? 결혼하고 나서 내가 맨 처음으로 한 일은 아버지의 지게를 산산조각낸 거예요. 돌아가실 때까지 5년 동안 우리가 아버지를 모시고 살았어요. 돌아가셨을 때 정말 슬펐지요.

워낙 힘이 좋았기 때문에 동네 소방서에서 나를 고용했어요. 1938년에서 1945년 사이에 나는 마포소방서 부서장까지 올라갔어요. 일제가 강제징병을 시작하자 일본인 서장이 말했어요. "다른 사람은 다 전쟁에 내보낼지 몰라도 너만은 안 보낸다. 넌 여기에 꼭 필요해." 하! 그 이유라는 게, 해마다 두 차례씩 용산중학교 운동장에서 열리는 소방경연대회에서 내가 언제나 1등을 하기 때문이었어요. 나는 언제나 상장과 인증서를 타왔고 소장은 그런 걸 아주 좋아했거든요.

할 얘기가 아주 많아요. 죽다 살아난 일이 일곱 번이나 있었지만 아직도 여기 살아 있네요. 한 번 더 오세요. 그 얘기를 죄다 해드릴 테니.

박 C.(익명, 여)
1927년 출생, 주부

내가 서울에 있는 일본인 학교에 다닌 거, 알지요? 거기 다닌 건 1년뿐이었고 그 뒤엔 평양에 있는 우리 식구들에게 돌아갔어요. 내가 그 학교에 입학할 수 있었던 건 직물상이었던 아버지가 일본인 사업가들과 연줄이 닿았기 때문이에요. 아버지에겐 옷감이 아주 많았어요. 일본 사람들한테 직물을 사다가 조선인 소매업자들에게 팔았거든요. 평양에서 사업을 벌였는데 업무상 일본에 자주 가셨어요. 가끔 일본인 사업가들이 선물을 보내기도 했어요. 한번은 야마구치山口 현에 사는 사업가가 오렌지 상자를 보냈던 게 기억나네요.

아버지는 말도 한 마리 갖고 계셨어요. 돈이 많이 드는 취미였지만 사업이 잘됐기 때문에 충분히 감당할 수 있었지요. 아버지의 옷차림이 매우 세련됐던 기억이 나요. 나비넥타이를 매고 화려한 바지에 부츠를 신었지요. 정말 멋져 보였어요. 평양에는 일본 경찰의 기마대가 주둔하고 있었기 때문에 아버지는 매달 요금을 지불하고 말을 그 부대에 맡겨두었어요. 말이라는 공통의 관심사 때문에 일본 경찰과도 친분을 쌓게 됐지요.

일본 경찰이나 정부 관리에게 괴롭힘을 당한 기억은 없어요. 아마도 아버지가 그들과 좋은 관계를 가졌기 때문이 아닌가 생각해요. 안 그랬다면 사업이 망했겠지요. 그 문제로 아버지가 스트레스를 받았는지 어땠는지 모르겠어요. 만약 그랬더라도 나는 너무 어려서 몰랐겠지요.

김 P.(익명, 여)
1931년 출생, 주부

우리 가족은 안동 근처의 작은 시골 마을에서 서울로 이사 갔어요. 아버지는 농사를 짓고 싶어 하지 않으셨기 때문에 몰래 소를 팔아서 고향을 떠났어요. 그 돈으로 일본에 건너가 기술을 배우고 목수가 되어 돌아왔어요.

나는 일본인 학교에 다니는 몇 안 되는 조선인 여학생에 속했어요. 아버지가 서울 동쪽 외곽에 있는 일본인 병원의 유지 보수를 담당했기 때문이었지요. 요양병원이라고 하더군요. 짐작에 대부분 결핵 환자를 수용했던 것 같아요. 아버지는 건물을 보수하고 창고를 지었어요. 직원 숙소뿐만 아니라 병동도 관리했어요.

아버지가 병원 경내에서 일했기 때문에 우리 가족의 관사도 일본인 직원 숙소 안에 있었어요. 집집마다 작은 텃밭이 있어서 그곳에 뭔가를 재배하면 이웃끼리 나누곤 했지요. 직원들에게 고칠 게 생기면 아버지가 해주었어요. 그래서 일본에 다녀올 때면 그 사람들은 언제나 아버지와 우리 식구들을 위해 선물을 가지고 왔지요. 어떠한 차별도 느끼지 못했어요.

박성필(남)

1917년 경상남도 출생, 농부·어부

젊었을 때 나는 내 삶 전체에 영향을 미칠 대담한 결정을 내렸어요. 200가구 정도가 있는 바닷가 마을에서 살았는데 주민 대부분이 어부였지요. 하지만 우리 집은 꽤 넓은 논밭과 야산을 갖고 있었어요. 그렇게 큰 농사를 짓다보니 고용인도 많았지요. 할아버지 때는 우리 집 재산이 더 많았는데 고모의 재판 비용을 대느라 적지 않은 땅을 팔았어요.(제2장 참조)

할아버지는 구체제에서 정부 요직을 맡았고 일제가 들어온 다음에도 그 자리를 유지했어요. 그 직책 명칭이 참봉이어서 사람들은 언제나 할아버지를 박 참봉이라고 불렀어요. 자리를 그만둔 지 오래도록 말이에요. 나는 박 참봉 손자로 불렸어요. 일본이 행정구역을 개편하면서 할아버지는 기장면 면장으로 임명됐어요. 우리 동네에서는 알아주는 집안이었다고 할 수 있겠지요.(참봉의 공식 위계는 9품으로 공직 중 최하위였다. 그렇지만 과거에 급제하여 어느 것이든 정부 직위를 받으면, 이곳 주민들이 박 참봉을 존중하는 데서 볼 수 있듯이 지역 사회에서 위상이 높아졌다.)

소학교 6학년을 다니고 1937년 20살 때, 동네에 있는 정어리 어업조합에 취직했어요. 처음엔 사무직이었는데 얼마 안 되어 내가 한 달 일해서 버는 돈을 어부들은 하룻밤에 번다는 사실을 알게 됐어요. 혼자 생각했지요. 이건 좋지 않아, 고기잡이를 하는 게 좋겠어.

뭐, 아시겠지만 나는 고기잡이에 대해선 아무것도 몰랐기 때문에 조금은 무모했어요. 무작정 나가서 엔진이 달린 고깃배 한 척을 샀어요. 그러고는 순풍에 돛 단듯 돈을 착착 벌어들였어요. 사업은 번창했지요. 어획이 아주 좋았어요.

배 한 척으로 어선 운영에 대해 알아야 할 모든 것을 배웠어요. 그물 설치와 고기잡이 방법 같은 문제는 숙련된 선원을 고용해서 해결했어요. 얼마 안 가 배가 세 척이 됐어요. 당시 형편으로는 배 세 척을 소유하면 부유층에 속했지요. 하룻밤 사이에 엄청난 양의 생선을 잡아 배 세 척이 모두 만선으로 들어오면 사람들은 "젊은 사람이 참 성공했네!"라고 말했어요. 그들은 내가 매우 근면하고 손대는 일마다 번창한다고 얘기했지요. 말하기를, "알지, 그 친구가 박참봉 어르신 손자라고" 했어요. 정말이지, 나는 부지런히 일했어요. 가만히 앉아 있는 법이 없었지요. 예컨대, 정어리 철이 있고 안 잡히는 철이 있어요. 다른 어부들은 어한기에 쉬었지만 나는 배를 놀리지 않았어요. 여름 내내 기장에서 부산으로 미역을 운송했는데 그 일로 많은 돈을 벌었어요. 다른 물품들도 배로 운반하고 운송비를 받았지요.

제2차 세계대전이 시작되자 문제가 생기기 시작했어요. 배를 가동하려면 중유가 필요했는데 일본이 사기업에 기름 보급을 중단했어요. 배를 움직일 수가 없게 된 거예요. 게다가 일하던 선원들이 몽땅 일본군에 징병당해 남양南洋으로 떠났어요.

그러다가 재미있는 일이 벌어졌어요. 살길이 생긴 거죠. 병사들을 남양으로 실어 나르느라 거대한 일본군 수송선이 부산항에 들어왔는데, 우선은 병사들의 신체검사를 해야 했어요. 마침 거기에 내가 있었지요. 일본 해군은 나와 내 배 한 척을 차출했어요. 내 일은 매일 아침 의사 10명을 수송선에 실어다주고 의사들이 배에 올라 병사들을 검사하고 돌아올 때까지 기다리는 것이었어요. 그러고는 다시 그들을 배에 태워 육지로 돌아오는 거죠. 그들은 내 배를 가져다 썼지만 비용은 지불했어요.

내 문제가 생겨난 건 이런 거예요. 우리 집은 넓은 농지를 갖고 있었다고 했지요. 일제가 수확의 70퍼센트를 빼앗아가고 우리에겐 30퍼센트밖에 안 남았어요. 너무 지나치다고 생각했기 때문에 우리 가족과 땅을 가진 사람들이 모여 의논을 했어요. 경찰 대표자가 왔고 우리는 세금을 내리라고 요구했지요. "우리가 생산한 걸 사실상 전부 빼앗아가면 우리더러 어떻게 살라는 거냐?" 경찰을 설득하려고 했어요. 나도 발언을 했는데 너무 큰 소리를 냈나봐요. 다음 날 경찰서에 끌려 들어가서 심하게 얻어맞았어요. 죽는 줄 알았지요. 그 일 때문에, 게다가 우리 고모가 반일 활동가였던 탓에 일제는 이제 나를 정치적 위험인물로 간주하고 항상 밀착 감시했어요.

나중에는 창씨개명을 거부했다는 이유로 또 일본놈들한테 여러 차례 얻어맞았지요.

김원극(남)
1918년 함경북도 출생, 전매청 직원

1938년 상업학교를 졸업한 뒤 전매청에 취직했어요. 그해 조선인은 두 명밖에 안 뽑았는데 내가 그중 한 명이었지요.

나는 함경남도에 있는 모르핀국의 지부에서(본청은 함경북도에 있

었지요) 일했어요. 그 사무실 명칭은 기만적이게도 식물분석국이었
지만 실제로는 아편을 취급했지요.

거기서 일하는 사람들은 모두 신원이 확실해야 했어요. 아편은
불법이었고 일제는 이 해로운 약물에 상당히 주의를 기울이고 있었
거든요. 일본인들은 나를 무척 신뢰해서 아편을 보관하는 창고의
열쇠를 맡길 정도였어요. 내 상사는 일본인이었는데 "가네다 군(내
일본 이름이에요), 내가 열쇠를 자주 잃어버리곤 하니 낮에는 내 대
신 자네가 보관하는 게 어떤가?"라고 하더군요.

몇 군데 공식적인 아편 농원이 있었어요. 그걸 수확하고 분석해
서 모르핀을 생산했어요. 함경북도에 농원이 한 곳 있었는데 토양
이 아편 재배에 적합했어요. 아편이 재배되는 곳이라면 어디든, 만
약 근처 마을 사람들의 나쁜 짓이 당국에 적발되면 마을 전체에 벌
을 내리고 모두 소개疏開시켰어요. 아편이 우리 부서를 거친 뒤에
어떻게 처리되는지 나는 까맣게 몰랐어요. 나중에 듣기로는 대부분
이 만주로 보내져서 군 병원에 있는 일본 병사들의 고통을 덜어주
는 데 쓰였다고 하더군요.

나는 그다지 재주가 있는 사람은 아니에요. 말솜씨가 있다거나
외향적인 편도 아니고요. 그저 정직하고 근면한 사람이지요. 일본
인들은 이 점을 알고 나를 공평하게 대했어요. 4, 5년 사이에 나는
네 차례 승진했고 그때마다 봉급도 올랐어요. 그러니 이렇게 말해
야겠군요. 나는 일본인 동료들과 똑같은 대우를 받았고 차별을 당
한 적은 없다고요.

김상순(남)
1916년 경기도 출생, 금광 노무자·트럭 운전수

어릴 때 나는 버스 운전수가 되는 게 꿈이었어요! 우리 마을의 신작로는 학교 바로 앞을 지났어요. 거기로 버스가 다니는 모습이 교실에서 보였지요. 어린 눈에 운전수들이 꽤 세련되고 멋있어 보였기 때문에 나는 그들처럼 되고 싶었어요.

열일곱에 소학교를 졸업하고서 곧장 버스 운전수가 되게 허락해달라고 할아버지께 간청했지요. 그런데 할아버지는 허락하기는커녕 긴 담뱃대로 나를 사정없이 때리며 양반 집안의 손자가 그처럼 천한 직업을 가져서는 안 된다고 일장 훈시를 하셨어요.

나는 정력이 넘쳤고 이미 다 자라서 어른처럼 보였기 때문에 집을 나와 혼자서 세파를 헤쳐 나가기로 했어요. 충청북도에 있는 금광에 가서 일자리를 구했지요.

네, 그 금광은 일본 사람이 소유하고 운영하던 것이라 반장에서 노동자에 이르기까지 일본인이 많았어요. 온갖 종류의 금이 있었지요. 강바닥에는 모래 속에 섞여 있었고, 산에는 바위에 들어 있었어요. 하지만 나는 갱에서 일하고 싶지 않았어요. 주위를 살폈지요. 금광 소유의 10마력짜리 발전기 말고는 전기 설비가 없다는 점을 알아차렸어요. 그 장비를 운전하는 일을 하기로 마음먹었어요. 우리 집에도 4마력짜리 농기구가 있었고 나는 기계 다루는 걸 좋아했거든요.

그 발전기를 담당하고 있는 조선인에게 접근해서 좀 가르쳐달라고 부탁했어요. 그 사람이 말하기를 일본인 반장이 안 볼 때 몰래 가르치는 길밖에 없다고 하더군요. 사실 지원서에 기술을 배우려 한다고 쓰기보다는 이미 기술을 가지고 있다고 썼어야 했다고 말하더군요. 약간 떨어져 있는 언덕을 가리키더니 거기 숨어서 자기가 신호를 보낼 때까지 기다리라고 했어요.

반장이 주위에 없을 때면 언제든 나는 아래로 내려가 그 조선인 노동자로부터 훈련을 받았어요. 그 사람이 가르쳐준 것은 하나도 잊어버리지 않았어요. 정말로 놀라웠나 봐요. 실제로 석 달 뒤 그 직책을 맡았어요. 일본 사람이 날 채용한 거예요.

1937년경, 삼촌이 우리 마을 농산물을 서울에서 팔아 이윤을 남기는 사업을 시작하겠다고 하셨어요. 마침내 나는 운전면허를 딸 구실을 갖게 됐지만 민간인이 운송업을 한다는 것은 거의 불가능한 일이라는 걸 이내 알게 됐어요. 일본은 중국과 전쟁을 시작했고 트럭을 있는 대로 몽땅 전선으로 가져갔어요. 그뿐만 아니라 전쟁 때문에 휘발유 배급도 매우 엄격하게 제한되고 있었어요. 휘발유가 없다면 트럭이 있어도 움직일 수 없잖아요. 그래, 이제 면허는 땄는데 트럭이 없는 거예요.

당시는 젊은 남자들이 강제징병을 당하던 때라는 걸 잊지 마세요. 나는 징병을 피하고 싶었어요. 생각하고 또 생각했지요. 아는 사람이 전남철도회사에서 일하고 있어서 그 회사에 트럭 운전수로 취직했어요. 사람들은 매우 친절했고 나도 그곳이 마음에 들었어요. 주변에 담배 밭이 많아서 나는 담배를 운송했어요. 언제나 당일 운송이었고 저녁에는 집에 돌아왔지요.

제2차 세계대전이 격화되어가고 휘발유의 공급이 달리자 우리 트럭에는 화목 엔진이 장착됐어요. 이 엔진들은 쿨럭대고 덜컥거려서 빨리 달릴 수가 없었지요. 그뿐만 아니라 나무를 때면 재가 많이 나와서 몸이 말도 못하게 지저분해졌어요. 운전할 때는 상하 일체인 작업복을 입고, 밤에 한잔 하며 즐길 때 입기 위해서 와이셔츠를 따로 가지고 다녔어요.

자랑하는 건 아니지만 나는 정비도 잘했어요. 그 당시에는 운전면허를 따기 위해서 자기 차를 수리하는 법 정도는 알아야 했어요. 정비소라는 게 없었거든요.

예산은 큰 시장이 있는 도시였기 때문에 작은 마을에 무언가를 운송할 때면 감, 과일, 양파, 마늘 등 언제나 어떤 것이든 싣고 올 게 있었어요. 물건을 싸게 사서는 내가 먹거나 팔았지요. 이따금 화물칸에 사람을 태우고 그 비용을 받기도 했는데 물론 그건 법에 어긋나는 일이었어요.

나만 트럭을 그런 식으로 이용하는 건 아니었나 봐요. 철도회사에서 고용한 사설 탐정은 사냥총을 들고 나무 틈에 숨어 기다리고 있다가 트럭을 세워 검문하곤 했어요. 길에 돌아다니는 트럭이 몇 대 안 됐기 때문에 우리를 붙잡기란 아주 쉬웠어요. 그래서 우리는 대개 두려움을 안고 운전을 했지요. 그럼에도 불구하고 살기가 괜찮았어요. 영원히 그런 식으로 지속될 줄 알았지요.

동료 운전수 중에 스미다라는 일본 사람이 있었어요. 어느 초여름날 내게 묻더군요. "이 회사에 오래 다닐 작정이야?"

"다른 계획은 없어. 이걸 그만두면 징병당할 테니까." 나는 대답했어요.

내게 속삭이며 말하기를, 자기는 며칠 뒤에 사라질 계획인데 나도 그래야 할 거라는 거예요.

"생각해봐. 계란이 바위하고 부딪치면 어느 쪽이 이기겠어? 당연히 바위지. (중국이 바위고) 일본은 계란이야. 우리는 이 전쟁을 치르느라 물자를 모두 소진해버렸어. 끝장날 날이 얼마 남지 않았다고. 너도 어디든 숨어서 몸을 지키는 게 좋을 거야."

실제로 며칠 뒤, 그 사람은 사라져버렸어요. 그래서 나는 생각했지요. '그 사람은 대개 정확한 정보를 가지고 있었다. 그 사람이 이처럼 과감하게 행동한다는 건 사태가 정말로 긴박하다는 뜻이다.' 사표를 제출했는데 아니나 다를까 석 달도 안 되어서 전쟁이 끝났어요. 일제 식민통치가 끝난 거지요.

최판방(남)
1912년 경상북도 출생, 전신 기사

나는 일본 사람들을 많이 알았어요. 나는 모스부호를 다루는 전신 기사였고, 정보를 수집하기 위해 경찰이 정기적으로 내 사무실을 찾아왔지요. 전신 면허를 따는 데 약 1년이 걸렸어요. 훈련소에서 일본인은 50명을 선발하고 조선인은 30명밖에 안 뽑았어요. 항상 50명에 미달이었지만 결코 빈자리를 채우지 않았어요. 조선인 지원자는 1천 명을 훨씬 넘었고 그 서른 자리에 1,500명 정도가 몰렸지요. 운이 좋았는지 나는 붙었어요.

시험을 통과하자 다들 체신국에 취직이 됐어요. 무선 통신을 상시 열어두어야 했기 때문에 우리는 밤낮으로 일했어요. 24시간 근무하고 24시간을 쉬는 방식이었지요.

우리 조선인들은 숱하게 차별을 당했어요. 우선, 똑같은 일을 하는데도 우리가 받는 봉급이 더 적었어요. 둘째로 일본인들은 주거비와 고충 수당을 받았어요. 셋째로 모든 공공 기관에는 조리실과 잠 잘 곳이 있어서 두 사람이 교대로 밤을 새울 수 있도록 했는데, 조선인들은 철야 근무 때 부당하게 오래 일해야 했어요. 넷째로 일본인들은 승진이 빨랐던 반면, 우리는 그보다 훨씬 더 많은 시간이 걸렸어요. 정말로 마음에 들지 않았지요. 그런 대우를 받고 어떻게 기분이 좋을 수 있겠어요? 보상책도 없었어요. 아무것도.

일본 사람 몇 명과 친해지기는 했어요. 같이 외출해서 술을 마시곤 했지요. 해방되고 나서도 편지를 주고받았어요. 개인적인 차원에서는 일본 사람들 중에도 괜찮은 사람들이 있다는 건 인정해야 해요.

내 직장에서는 모든 군사 정보가 무선을 통해 전해졌어요. 군대의 이동, 이를테면 부대가 대구에 도착하는 시각 같은 것, 모든 걸나는 들었지요. 한 가지 유리했던 것은 경찰이 구체적인 정보를 얻기 위해서 우리에게 의존해야 했고 그러다 보니 우리를 부드럽게 대했다는 거예요. 나는 모든 걸 들었어요. 모든 게 내 책상을 거쳐 갔지요.

전쟁 말기 조선인을 징병할 때, 우리 업무는 전쟁 노력에 필수적이라고 판단됐기 때문에 나는 비껴갈 수 있었어요.

1920년경 전라북도 군산의 미곡 수출 하치장. 일본으로 수출될 쌀이 선적을 기다리고 있다.(노먼 소프 소장)

양성덕(남)

1919년 충청남도 출생, 전기 기사

나는 서울에 있는 공업학교를 다녔고 전기 기사가 됐어요. 일본놈들의 차별 사례는 얼마든지 들 수 있어요.

일본인 상인과 조선인 상인이 같은 동네에 가게를 열기 위해 허가를 신청했다고 치지요. 그것도 같은 날에. 다음 날이면 일본인은 허가를 얻어 개점을 준비할 수 있어요. 조선인 상인은 허가증을 받기 위해 매일 관청에 가야 돼요. 한 달, 두 달이 지나지요. 그때쯤이면 부처님이라도 인내심이 바닥나고 말 걸요. 마침내 허가증을 얻어요. 그렇지만 그때가 되면 일본인 상점은 이미 자리를 잡아서 사업이 번창하고 있어요. 자연히 조선인은 따라잡을 수가 없는 거예요. 이런 차별이 만연했어요.

그런 차별의 예를 하나 더 들자면, 기사들이 전국에 있는 전기 사업소에 견습공으로 배치될 때 일급지는 죄다 일본인들 몫이었어요. 조선인들은 시골 벽지에 배치되어 낡아빠진 장비를 다루어야 했지요. 나는 만주 국경과 가까운 평안북도 강계 지역의 발전소에 배치됐어요. 밤에는 압록강 건너 만주 쪽에서 불빛이 반짝이는 게 보일 정도였어요. 소문에 따르면 그 불빛은 조선인 유격대에서 나온 것이라고 하더군요.

회사 쪽에서는 직원들을 중국으로 보내려고 했지만 중국은 전장이었기 때문에 일본 사람은 아무도 가지 않으려 했어요. 중국에 파견되면 전쟁 노력으로 간주되어 징병이 유예됐기 때문에 나는 자원했어요. 1937년 난징南京 대학살 직후에 중국으로 갔고 거리에 산더미처럼 쌓인 시체들, 도랑을 가득 채운 시체들, 잔인하기 짝이 없는 총검 자국들을 내 눈으로 직접 보았어요. 뭐, 그건 다른 얘기고 조선에서의 생활에 대해 물으셨죠?

송석지(남)
1916년 경기도 출생, 피혁상

고등학교 때 피혁 장사를 시작해서 제2차 세계대전이 발발할 때까지 사업을 계속했어요. 자신들의 위신에 걸맞지 않는다는 이유로 일본인들은 피혁 장사를 하지 않았기 때문에 그들과 경쟁할 일은 없었지요. 일본에서 도매로 가죽 원단을 사다가 구두나 가방을 만드는 조선 사람들에게 팔았어요. 거래의 대부분은 우편 주문으로 이루어졌어요. 상품을 먼 지방, 심지어는 만주까지 보냈지요.

전쟁이 오래 가면서 재료를 구하기가 어려워졌어요. 그래서 우리 상인들은 한데 뭉쳐서 조합을 구성하고 남아 있는 물품을 공유했지요. 얼마 안 가 일제는 가죽 사용을 전면 금지하고 신문을 여러 겹 압축해서 모조 가죽을 생산하기 시작했어요. 이것마저도 일본산이었어요.

암시장이 생겼어요. 거기서 우리는 일본에서 건너온 가죽 제품들을 몰래 구매했어요. 일본 경찰은 사람들이 여전히 가죽 제품을 입고 있다는 사실을 금세 알아차렸고, 손님으로 위장해서 제품을 산 다음 가게 주인들을 체포했어요.

멀리 북쪽 함경도에 여러 해 동안 많은 거래를 했던 아는 중개인이 있었어요. 전화를 해서는 진짜 가죽을 구입하고 싶어 하는 고객이 새로 생겼다고 하더군요. 그 중개인을 오랫동안 알고 지냈고 믿을 만했기 때문에 좋다고 했어요. 우리 조합에서 몇 주치 몫에 해당하는 가죽을 모아 새 고객에게 팔았어요.

그러고 나서 바로 형사 두 명이 가게에 들이닥쳐서 내 이름을 부르며 찾더군요. 심장이 멎는 듯했어요. 무서웠지요. 도대체 경찰이 나를 찾아야 할 이유를 알 수가 없었어요.

어떤 이름이 적힌 서류 한 장을 꺼내더니 이 사람을 아느냐고 묻더군요. 내 친구가 소개해준 사람의 이름이었어요. 그 사람은 벌써 체포됐던 거예요.

그 형사들은 나를 잡으러 멀리 평양에서 왔어요. 경제사범을 다루는 전국적인 경찰조직 소속이었어요. 그들은 어디든지 등장할 수 있었지요. 내 가게는 서울 지역 경찰서 관할이었지만 그 형사들은 지역 경찰서에 통보도 하지 않았어요. 나를 기차에 태워서 평양까지 데려갔어요. 집에 전화를 해서 가족들에게 얘기라도 하고 싶다고 했지요. 형사들이 말했어요. "우리가 금방 얘기해 줄 거야. 그냥 가."

바로 그날 저녁, 심문을 받고 유치장에 갇혔어요. 절망적인 느낌이 들었어요. 이따금 나를 유치장에서 꺼내 심문실로 데려가 가죽을 어디서 구했는지 물었어요. 일본에서 암시장 거래를 하는 사람이 누구인지 찾아내려고 했던 거예요. 일본에 있는 상인에게서 산 게 아니라 어떤 중개인에게서 구입한 거라고 대답했지요.

형사는 우리 가족에게 연락하지 않았어요. 내가 잡혀가는 걸 본 사람들이 우리 식구에게 말해주었지요. 식구들이 아는 것은 형사가 나를 붙잡아갔다는 것뿐이었어요. 내가 어디 있는지도 전혀 몰랐지요.

내 맏형은 종로도서관의 관장이었어요. 내가 어디 있는지 알아내서 찾아왔어요. 형사는 형님에게 내가 도주하지 않는다는 걸 보증하는 서약서를 쓰도록 했어요. 형님은 깨끗한 옷도 가지고 오셨지요. 이발소에 가서 말끔하게 씻은 뒤 서울로 돌아갔어요.

최길성(남)
1911년 경기도 출생, 교사

내 삶은 서울 마포에서 순탄하게 시작됐어요. 나는 학교를 거쳤고, 교사 자격증을 땄고, 의정부에서 교사 생활을 시작했지요. 그 다음부터 삶이 꼬였어요.

멀리 안성군 일죽면에 있는 작은 소학교로 좌천됐어요. 내가 영리했다면 이런 일은 생기지 않았을 테지만 나는 세상살이의 요령이 별로 없었어요. 일본인 상사들의 비위를 거스른 거지요. 일본어로는 표현이 안 되는 조선어 단어가 있다고 주장했어요. 일본어에는 해당하는 말이 없는 거죠. 일본인들은 그런 얘기 듣는 것을 좋아하지 않았어요.

일죽면에서 4년 동안 가르쳤는데 이번에는 부청군 여흥면에 있는 섬마을 학교로 다시 좌천을 당했어요. 일본인들은 나를 부적응자, 이단아, 좀 그럴듯하게 말하면 불순응주의자로 간주했어요. 일본인들 비위를 맞추며 살았더라면 그런 일은 발생하지 않았겠지만 어떤 이유에서인지 나는 그들의 놀음에 장단을 맞추지 않았어요.

식솔을 모두 거느리고 그 섬으로 갔어요. 섬 학교에는 일본인 교장과 나밖에 없었어요. 학생은 100명쯤 됐지요. 1학년과 2학년이 한 교실에서 배우고, 3학년과 4학년이 또 같은 교실에서 배웠어요. 얼마쯤 지나 조선인 교장이 섬에 왔어요. 오고 싶어 왔겠어요? 누가 거기 가는 걸 원했겠어요?

섬마을 유배는 원래 3년 예정이었고 그 뒤에는 본토로 돌아가게 되어 있었어요. 그런데 거기에서조차 나는 상사의 비위를 거슬렀어요. 왜 그렇게 자주 의견 충돌을 빚었는지 나도 잘 모르겠어요. 뭔가 교장이 좋아하지 않는 얘기를 꺼내고 물러서지 않았어요. 그러고 나면 교장이 내게 모욕적인 말을 했지요. 유배가 연장됐어요. 나는 거기서 6년을 지냈어요. 웃기는 일이지요. 그런 일은 한번도 없었어요. 그렇게 오랜 유배는.

어찌어찌해서 섬에서 나와 서울로 돌아갈 수 있었어요. 내가 전근을 신청한 게 아니었어요. 서공덕국민학교로 옮기라는 전근 통지서가 왔고 일제 식민통치가 끝날 때까지 거기서 가르쳤어요.

일본인들이 우리를 지배하고 있는 데 대한 적대적인 감정이 지속적으로 내 안에서 끓어올랐어요. 언제나 일본인들에 대해 화가 나 있었지요. 그 감정이 나의 모든 행동에 영향을 미쳤고 좌천과 유배 생활에서도 드러났지요. 구체적인 반일 행동을 한 적은 없어요. 모욕적인 언사를 들어도 입 다물고 있어야 했는데 그러지 않고 대든 것뿐이에요. 그저 살아남기 위해 대부분의 사람들은 욕설, 모욕, 박해를 당하고도 그러려니 했지요. 그것은 조선인의 정서에 무척 큰 상처였어요.

제7장

캐나다에 갈 뻔하다

이옥현(여)
1911년 평안북도 출생, 주부

김찬도(남)
1907년 황해도 출생, 교사 · 농부

김찬도 씨는 인터뷰가 시작되기 직전 샌프란시스코에서 병으로 사망했다. 부인 이옥현 씨가 그들의 이야기를 전해주었다.

전쟁을 피하기 위해 할아버지는 압록강 근처의 작은 마을에 자리를 잡았어요. 땅을 사고 지역 사회에서 명사가 됐지요. 부유한 농가여서 우리 집은 자급자족했어요. 돼지와 닭도 우리 집 것을 잡고 필요한 식량을 전부 우리 손으로 길렀지요.

아버지는 차남이었기 때문에 자유롭게 집을 떠날 수 있었고, 평양에 있는 장로회 신학교를 4년 동안 다녔어요. 나는 평양에서 고등학교를 다녔지요.

여학생들은 남학생들에게서 러브레터를 받곤 하잖아요? 평양의 학교에서 나는 그런 편지를 끊임없이 받았는데, 그게 부모님께 걱정을 끼쳤어요. 부모님은 그런 일을 불안하게 여겨 걱정하셨고 내가 안전하게 결혼하는 걸 보고 싶어 하신다고 생각했지요. 학교에서 강당을 지어 개관식을 하는데 내가 독창을 두 번 했어요. 한 번은 오후에, 또 한 번은 저녁에. 그래서 자연스레 모두가 내 이름과 내가 누구인지 알게 됐지요. 그런 연유로 그 모든 러브레터를 받게 됐던 것 같아요.

아버지가 신학교를 졸업한 뒤 부임한 첫 목회지가 황해도에 있는 교회였어요. 나중에 동해안의 큰 항구 도시인 원산에 있는 교회로 옮기셨지요. 가족이 다 함께 살 수 있도록 나는 캐나다 감리교 선교사들이 운영하는 원산여학교로 전학해서 마지막 1년을 다녔어요. 전학하고 보니 때마침 멋진 일이 기다리고 있더군요.

1929년에 있었던 광주학생운동 알지요?(제4장 참조) 1930년 3월 우리가 졸업하기 직전, 나와 급우들은 광주 학생들에 동조하여 만세 시위를 벌이기로 결정했어요. 결국 우리는 다 같은 학생들이니까요. 한 명이 먼저 학교 운동장에 나타나고, 여기 두 명, 저기 세 명…… 우리는 모두 학교를 나와 밖에서 모였고 거리를 행진하기 시작했어요.

급우 한 명이 한복으로 갈아입고 머리에 수건을 둘러 농사꾼으로 위장한 채 골목을 지켰어요. 나머지는 교복을 입고 거리로 쏟아져 나갔지요. 얼마 안 가 일본 경찰이 와서는 우리를 잡아들였어요.

경찰은 우리를 어떻게 처리해야 할지 몰랐어요. 여학생들을 일반 감옥에 가둘 수는 없는 일이었기에 우리를 경찰부대 본부로 몰고 가서는 연무장鍊武場에다 밀어넣었어요. 마루엔 나무가 깔려 있고 높은 창문이 있는 커다란 건물이었어요. 아주 크고 아무것도 없는 공간이었지요. 한쪽에서는 일본식 검도를 훈련하고 다른 한쪽에서는 유도를 하는 식이었어요. 아무도 겁을 먹지 않았기 때문에 우리는 그 안에서도 계속 만세를 불렀어요. 흥분해서 그저 들뜬 채 행동했어요.

물론 부모님들은 무척이나 걱정을 하셨지요. 보세요, 여자 아이들—여자애들이라고요!—이 감옥에서 하룻밤을 보내게 된 거예요. 거의 대부분의 부모님들이 우리가 밤을 제대로 보낼 수 있도록 옷을 가져왔어요. 우리는 꼬박 이틀 동안 거기에 갇혀 있었어요. 경찰이 우리에게 밥을 주었는데 혹시라도 우리가 굶을까봐 집집마다 음식을 따로 가져왔어요. 여학생들의 수가 워낙 많았던 터라, 당국도 아마 별도로 음식이 공급되는 걸 보고 한시름 놓았을 거예요. 경찰은 가택 연금처럼 처리했어요.

경찰은 우리가 다시는 그런 일을 벌이지 않겠다는 서약서를 쓰도록 했고 우리 모두는 서명을 해야만 했어요. 그러고 나서 우리를 풀어주었지요. 고문은 결코 없었고 후환도 없었어요. 이틀 밤을 찬 마룻바닥에서 지낸 것으로 충분히 처벌이 됐다고 여긴 것 같아요.

신나는 일이었어요. 부모님들이 큰일이나 난 것처럼 위기 상황으로 여기며 우리에게 많은 관심을 보였다는 게 무척 흥미로웠어요. 게다가 재미도 있었고요. 나중에 안 사실이지만 원산 지역은 공산주의 지하운동—물론 반일적이었죠—이 성행했고 우리의 시위도 그들이 선동한 것이었어요.

세상에, 그 얘기를 해본 지가 정말 오래 됐네요.

원산여학교를 졸업할 무렵, 또 하나 중요한 일이 생겼어요. 캐나다에서 온 선교사인 루시 교장 선생님이 내가 캐나다로 가서 피아노를 공부할 수 있도록 주선해주었어요. 선생님이 서류 작업을 모두 끝냈고요. 내가 할 일이라곤 학교를 졸업하고 캐나다에 갈 채비만 하면 되는 거였어요.

매우 촌티 나는 청년을 만나다

하루는 한 청년이 방학 성경학교에 와서 조선 역사에 대한 강연을 했어요. 나는 집에 가서 "어떤 청년이 오늘 학교에 왔어요. 역사를 아주 잘 가르치긴 하는데, 짚신을 신고 농사꾼들이 입는 펑퍼짐한 삼베 바지를 입은 게 우스꽝스러워 보였어요"라고 말했지요. 그런 사람을 전에 한번도 본 일이 없었기 때문에 집에 가서 부끄러운 줄 모르고 그를 깎아내린 거죠. 그 사람에 대해 좋은 말은 하나도 안 했어요.

목사인 아버지는 내 말을 듣더니 그저 웃으셨어요. 황주에 있는 교회에서 그 청년을 본 적이 있고 그 사람을 나의 좋은 남편감으로 벌써 점찍어두었다고 하시더군요. 그 시절엔 고등학교에 다니는 여학생이 많지 않은 데다, 나는 노래를 잘 부르고 피아노도 칠 줄 알았기 때문에 괜찮은 신붓감이었을 거예요. 아버지는 이 진보적인 청년을 매우 좋아했지만, 나는 "어떻게 그렇게 촌스러운 사람을 남편으로 맞는단 말이에요?"라고 했어요. 그 나이 때 처녀들은 잘생기고 스타일도 근사한 남편감을 찾는 법인데 그 사람은 정반대였거든요. 주저했느냐고요? 나는 결혼한다는 생각 자체가 싫었어요. 결혼할 마음 같은 건 없었어요. 나도 계획이 있었어요. 캐나다에 가는 것 말이에요. 그렇지만 아버지는 그 결혼을 밀어붙였어요. 내게 명령을 내린 셈이지요. 그 시절엔 아버지 말씀을 감히 거역할 수 없었어요.

그렇게 1928년 봄, 그 청년 김찬도와 나는 약혼을 했어요. 어머니는 반대하셨어요. "그리 훌륭하게 공부도 한 내 딸이 왜 결혼해서 황주 근처의 조그만 시골 마을에 틀어박혀야 하느냐? 공부한 게 헛수고가 될 텐데"라고 하셨지요.

어머니가 따지자 아버지는 내 약혼자가 시골로 돌아가지 않을 거라고 했어요. 공립대학을 졸업할 예정이었기 때문에 좋은 직장을 구할 조건을 갖췄다는 것이었지요. 내 운세가 썩 좋지 않았던 모양이에요. 그 사람은 매우 전도양양한 청년으로 각광받았음에도 불구하고 그만 경찰에 체포됐으니 말이에요!

그 청년이 유명해지다

이 대목에서 이옥현 씨의 이야기는 약혼자인 김찬도 씨의 이야기와 얽히게 된다. 김찬도 씨의 가족은 부유한 기독교 집안이었고, 그는 기독교 계열 사립학교를 다녔다.

1926년 김찬도 씨는 수원고등농림학교에 입학했다. 그는 농촌계몽운동(제5장 참조)에 참여하겠다고 고집했다. 보수적인 그의 부모님은 처음엔 승인하지 않았다. 학비를 대주지 않겠다고 위협까지 했지만 결국엔 고집을 꺾었고 그는 자신의 뜻대로 했다.

그 청년, 김찬도는 대학생 때 벌써 유명해져 있었어요. 1928년 그가 졸업반일 때 학생들은 농부들에게 어떻게 생산을 증진할 수 있는지 보여주고자 했지요. 실제로 학생들이 행한 일은 농부들을 교육하는 것이었어요. 학생들과 농부들은 논밭에서 나란히 일했어요. 온종일 학생들은 농부들에게 말을 걸고 그들을 가르쳤어요.

학생들은 역사, 농업, 반일 사상을 가르쳤어요. 예컨대 이렇게 말했어요. "일본의 수탈이 없다면 당신네 농부들은 훨씬 더 잘살게 될 것입니다. 여러분은 종일 개처럼 일하느라 등이 휠 지경이지요. 그러면 일본인들은 여러분이 만든 걸 거의 다 빼앗아서 일본으로 보냅니다. 여러분 가족들이 먹을 것은 하나도 남아 있지 않아요."

겨울에도 저녁 시간을 이용해 학생들은 교육을 계속했어요. 수원 교외로 나가 성인들을—대부분 외딴 동네의 농부들—가르쳤어요. 그 농부들은 교육이라고는 전혀 받아본 일이 없었기 때문에 그들 눈에 젊은 선생들은 매우 학식이 높은 것처럼 보였을 거예요.

그 선생들이 얼마나 강렬한 인상을 남겼는지 보여주는 일화가 있어요. 뒷날 한국전쟁 때, 우리 남편에게 배운 젊은 농부 한 사람이 공산당을 피해 피란 중이었어요. 그의 아내는 길에서 아이를 낳았지요. 서둘러 아이 이름을 지으려다 보니 그 농부의 머리에 처음 떠

오른 게 남편의 이름이었어요. 그래서 아이에게 찬도라는 이름을 지어줬어요. 20년 만에 그렇게 남편은 동명이인이 된 거죠. 이 이름 에는 두 겹의 의미가 있어요. '도道'가 '길'을 뜻하는데 그 아이는 문자 그대로 길에서 태어났잖아요.

그건 그렇고 1928년 가을, 학생들이 과외 활동으로 이렇게 농부 들을 교육하고 있었는데 누군가 쓴 편지가 경찰의 손에 들어갔어 요. 경찰은 학생들이 농촌에서 학교로 돌아오기를 기다렸다가 기숙 사에서 한꺼번에 모두 체포했어요.

감옥

나중에 내 남편이 된 그 청년은 감옥에서 숱하게 얻어맞았어요. 아주 지독했지요. 다른 학생들도 고문을 당했어요. 책임을 서로 미 뤘거든요. 그렇지만 남편은 자신이 주동자라고 거리낌 없이 인정했 어요. 남편 말로는 모든 질문에 있는 그대로 대답했기 때문에 다른 사람들보다 덜 맞았다고 해요. 어떤 사람들은 아예 농촌에 갔다는 사실 자체를 부인하려 했어요. 그런 사람들은 더 심하게 고문을 당 했지요.

남편은 주동자였기 때문에 독방에 감금됐어요. 가장 힘들었던 것 은 낮이나 밤이나 얘기할 상대가 없는 것이라고 하더군요. 다른 학 생들은 최소한 자기들끼리 얘기를 나눌 수는 있었지요.

이 이야기를 들으면 경찰이 얼마나 악독했는지 알 거예요. 경찰은 겨울에는 남편을 북쪽으로 난 감방에 옮겨 혹독한 북풍을 맞도록 했어요. 밤낮으로 추위가 남편의 살을 에는 듯 파고들었어요. 여름에는 서향 쪽에 가둬서 오후의 따가운 햇볕이 감방을 달구는 바람에 숨 쉬는 것조차 힘들도록 만들었고요. 남편 말로는, 그 두 가지, 그러니까 겨울의 극심한 추위와 여름의 숨 막히는 열기가 매질보다 더 힘들었대요.

규정에 따라 남편에게도 종교 서적은 허용이 됐어요. 우리 양가가 모두 신자였기 때문에 약혼할 때 우리 집에서 남편에게《성경》을 한 권 줬어요. 남편은 그것을 감옥에 가져갔지요. 감옥에서 나왔을 때 보니 그《성경》은 여기저기 접힌 채 완전히 닳아 너덜거릴 지경이더군요. 남편은《성경》을 훤히 꿰고 있었어요.

그 뒤 평생 동안 남편은 피부병에 시달렸어요. 몸 전체가 가려운 병이었는데 죽는 날까지 줄곧 앓았지요. 어떤 약을 써도 전혀 도움이 안 됐어요. 감방에서 걸린 거예요. 이따금은 마치 쇼크 상태인 것처럼 경련을 일으키기도 했어요.

남편이 감옥에 있을 때 나는 면회를 가지 못했어요. 그 사람과 약혼을 하기는 했지만 애초에 약혼을 원했던 것도 아니었어요. 그래서 머릿속으로는 "그래, 그 사람은 내가 약혼한 사람이야. 그렇지만 그에 대해 전혀 알지도 못하고 아무런 애정도 없잖아"라고 생각했어요. 어른들은 그 사람이 투옥된 걸 대단히 심각한 일로 여겼지만, 내 입장에서 보자면 "그래서 어쩌라고?" 하는 심정이었지요. 난 관심 없었어요. 게다가 나는 고등학교를 졸업하면 캐나다에 가 계속 공부하기를 간절히 원했거든요. 내가 원하는 건 그거였어요. 결혼하는 게 아니라.

1930년 3월에 졸업하고 사립학교에 교사로 취직했어요. 내 생각엔 노래와 피아노 실력 덕에 채용된 것 같아요. 내 동생들은 모두 내 영향으로 음악가가 됐다고 말해요. 남동생인 이인범은 1950년대에 유명한 테너가 됐지요.

공교롭게도 내가 3월에 졸업한 지 얼마 되지 않아서, 그러니까 내가 캐나다로 떠나기 겨우 한 달 전에 김찬도 씨가 감옥에서 풀려났어요. 속으로 생각했지요. "조금만 더 감옥에 있다가 나오면 안 되나?"

체포된 청년 11명 중 10명은 학교로 돌아갈 수 있었지만 남편은 감옥에 너무 오래 갇혀 있었기 때문에 졸업식을 놓쳤어요. 결국 졸업장을 못 받았지요. 1945년 일본이 물러난 뒤, 학교 쪽에서 남편에게 명예 졸업장을 주었어요. 17년이 지난 다음이에요.

결혼과 보호관찰 3년

경찰은 고향 황주를 벗어나지 않는다는 조건으로 김찬도 씨를 보호관찰 3년에 처했어요. 한 가지는 예외를 인정했지요. 결혼식을 올리기 위해 원산에 오는 것은 특별히 허가했어요. 그렇지만 그때조차도 형사가 남편과 동행했어요. 세상에 결혼식에 형사가 오다니요!

보호관찰 때문에 결혼식을 올리자마자 우리는 남편의 집이 있는 황주로 이사 갔어요. 그곳을 떠날 수 없었기 때문에 남편은 과수원을 시작했지요. 남편이 농업대학을 졸업한 거나 진배없는 거 아시죠? 형사가 매일같이 일거수일투족을 감시했기 때문에 남편은 항일 활동을 전혀 할 수 없었어요.

형사는 사전 통보도 없이 들이닥쳐서는 혹시 있을지도 모르는 반일 문서를 찾아 집안을 뒤졌어요. 그 때문에 정말 속이 상했어요. 경찰이 언제 나타날지 알 도리가 없었어요. 우리 둘 다 학교에 다닌 터라 물론 집에 책이 많았지요. 형사들은 책을 보관해둔 다락방이나 창고에 들어가서는, 혹시 손톱만큼이라도 반일적인 내용이 있는지 찾느라 책을 한 권 한 권 뒤졌어요. 커다란 삼베 부대를 가지고 와서 자기들 눈에 의심스러워 보이는 책은 아무거나 집어넣었어요. 전혀 불온하지 않은 책들인데 말이에요! 온갖 변명을 늘어놓으며 책을 가져갔어요. 나는 너무 화가 난 나머지 다른 책들까지 형사들에게 집어던지며 소리를 질렀지요. "자, 이것들도 가져가시오. 다 가져가라고요!"

형사들이 무척 자주 왔기 때문에 자연히 그들과 잘 아는 사이가 됐어요. 그 고장에서 우리는 명문가였던지라 읍내에서 그 형사들과 마주치면 그들은 매우 깍듯하게 고개를 숙여 인사를 건넸어요. 그런데 그러고 나서는 우리 집에 들이닥쳐서 있지도 않은 것들을 찾는다며 엉망진창을 만드는 거예요.

며느리의 의무

그 시골 마을에서 3년을 사는 동안 나는 전통적인 며느리 노릇을 했어요. 시부모님을 봉양해야 했고 뿐만 아니라 혼기가 찬 시누이와 어린 시동생 세 명도 돌봐야 했지요.

교회는 나갔어요. 성가대에서 노래도 불렀지요. 그게 조금은 분출구 역할을 했지만 며느리로서 할 일이 너무 막중했기 때문에 교회 활동에 썩 잘 참여하지 못했어요. 살림 규모가 상당했는데 그걸 전부 내가 꾸려야 했어요. 부유한 명문가였기 때문에 집안에 고용인이 많았고, 이들을 모두 관리해야 했어요. 이른 아침, 그 사람들이 들에 나갈 채비를 할 때면 나는 그들보다 더 일찍 일어나서 그 많은 사람들의 점심을 준비해야 했어요.

집안 살림을 건사하고 하녀들을 감독하는 일은 내 책임이었는데 알다시피 나는 이 일을 할 만한 아무런 사전 준비가 없었어요. 이런 일을 전혀 훈련받은 적이 없기 때문에 무척 고생했지요. 정말이에요. 게다가 우리 시부모님은 학교 교육을 받지 않은 분들이라서 낡은 방식을 철저히 고수할 뿐 현대적 사고방식을 이해하려고 들지도 않았어요. 반면 나는 원산과 평양 같은 대도시에서 살았고, 피아노를 공부하러 캐나다에 갈 수도 있었던 사람이잖아요. 그런데 현실은 고작 며느리가 된 거죠.

어머니는 내가 겪는 곤경 때문에 무척 마음 아파하셨어요. 나는 외동딸이었어요. 어머니의 보물이었지요. 이따금 어머니는 나 때문에, 내가 현대에서 전통으로 거꾸로 가는 모습을 보며 눈물을 흘리셨어요.

장로교 목사들 사이에서는 전국적으로 명성이 자자한 우리 아버지마저도 나를 도와주려고 하셨어요. 그렇지만 아버지가 할 수 있는 일이 뭐가 있겠어요? 그래서 그 3년간, 나는 그저 견뎌야 했어요.

만주—1933년 4월

1933년 3월 남편의 보호관찰 기간이 끝나 모든 제약이 해소되자마자, 아버지는 우리 부부와 어린 아들이 조선을 떠나 만주에서 교사직을 얻을 수 있도록 주선해줬어요. 직장을 조선이 아닌 곳에서 구해야 했던 건 전과자인 남편이 조선에서는 어디서도 취직을 할 수 없었기 때문이죠. 경찰이 남편의 신원 서류에 빨간 줄을 그어놓았어요. 이 사람은 직장을 구하기엔 적당하지 않다, 과거에 뭔가 나쁜 일을 한 적이 있다는 것을 나타내는 거죠. 그래서 아버지가 국경 너머 만주에 일자리를 마련한 거예요. 그렇게 한 데는 두 가지 이유가 있었어요. 빨간 줄 때문이기도 하고, 나를 구식 며느리 역할에서 벗어나도록 하기 위해서이기도 했죠.

만주로 들어가는 다리를 건너기 전에 기차가 멈춰 서더니 국경경찰이 우리의 허가증을 빼앗고 남편을 체포했어요. 기차는 우리를 남겨놓은 채 떠났지요. 몇 시간이 지난 뒤 남편이 풀려났고 두들겨 맞긴 했지만 허가증은 되찾아 나왔어요. 지나가던 어떤 사람이 우리를 강둑 어딘가로 데려갔어요. 얼어붙은 압록강을 걸어서 만주로 건너가는 지점이었지요. 눈앞에 길이 쭉 뻗어 있었어요. 쌓인 눈을 헤쳐놓은 미끄럽고 위험한 빙판길이었지요. 건너편에서 반짝이는 불빛이 우리를 인도했어요. 나는 면양말을 신고 있었는데 발이 몹시 시렸지만 운 좋게 동상에 걸리지는 않았어요. 빙판이 발밑에서 깨질까봐 나는 겁에 질렸어요.

빙판길을 건너 만주국(일제가 만주에 세운 괴뢰국)에 들어가서 조선 사람들이 많이 모여 사는 연변 부근의 용정으로 갔어요. 우리는 둘 다 캐나다 선교시설에서 일했어요. 남편은 은진학교에서 생물학과 화학을 가르쳤어요. 나는 교회가 운영하는 유치원에서 가르쳤는데 모두 선교시설의 일환이었지요.

우리가 부임했을 때 놀랍게도 여기 직원들은 그것이 기막히게 좋은 일이라고 여겼나봐요. 그들은 이것 해라, 저것 해라, 하며 상상할 수 있는 모든 일을 우리에게 떠맡겼어요.

어느새 아들이 한 살이 됐고 우리는 딸을 낳았어요. 아기 때문에 나는 부모님이 선물한 유모차를 갖고 있었지요. 외출할 때면 언제나 그 유모차에 호기심을 가진 사람들이 우리를 따라오곤 해서 난리법석이었어요. 여러 사람들이 항상 우리를 에워싸고는 넋을 잃고 유모차를 바라봤지요.

만주국이 일본의 지배를 받은 지 2년이 됐고 대군이 그곳에 주둔하고 있었지만, 우리는 캐나다 구역에 거주하며 일하고 있었고 그때는 일제가 간섭하지 않았어요. 물론 나중에는 선교사들조차 보호받을 수 없게 됐지요. 선교사들도 체포, 구금됐어요. 그렇지만 우리가 그곳에 있을 당시에는 정세가 아직 차분했어요.

남편은 구체적으로 항일 활동을 하지는 않았지만, 교실에서는 학생들에게 조선에 대해 이야기해주고 반일 감정을 불어넣어줬어요. 지금도 당시의 학생들로부터 남편이 일본의 수탈과 독립의 필요성에 대해 얘기하던 것을 기억하고 있다는 편지를 받곤 해요.

조선으로 돌아가다

5년 뒤인 1938년, 몇 가지 이유로 우리는 조선으로 돌아왔어요. 만주의 겨울은 너무나 추워서 살기에 적합하지 않았고, 만주에서 전쟁이 시작된 데다가 시부모님이 우리에게 돌아오라고 하셨거든요. 부모님 말씀을 거역할 수는 없었기에 황주로 갔어요.

황주로 오자 경찰이 상시적인 감시를 재개했어요. 1분 1초도 빼놓지 않고 남편을 감시했지요. 우리 아들이 소학교에 다닐 때 같은 반 아이들이 자기들끼리 속삭이더래요. "쟤 아빠는 범죄자야. 감옥 갔다왔대." 그래서 아들은 그 아이들과 싸움을 벌였지요.

우리 가족은 살아남았어요. 일제를 이겨냈고 공산당도 견뎌냈어요. 그렇지만 뒤돌아보면 지금까지도 정말 슬픈 일이 두 가지가 있어요. 첫째는 일본인들이 남편을 끊임없이 괴롭혔던 것. 너무 큰 스트레스였지요.

둘째는 목사인 아버지가 온몸에 피멍이 든 채 감옥에서 나오는 걸 봤던 일이에요. 신도들은 아버지의 건강을 살피지도 않고 할렐루야를 외치며 찬미가를 부르기 시작하더군요. 왜 그랬는지 지금도 이해가 안 돼요. 어떻게 기뻐할 수가 있죠? 딸인 나로선 힘든 일이었어요. 심지어 어머니마저도 주님을 찬양했어요. 소리 내어 우는 사람은 아무도 없었지요. 눈물을 보이는 사람도 없었어요. 아버지가 투옥된 게 한두 번이 아니었는데 말이죠.

산상수훈에서는 하느님의 이름으로 고난을 겪을 때 기뻐하라고 하는데 아마 그것 때문이었겠지요. 그렇지만 나는 아버지가 고난을 겪는 것이 기쁘지 않았어요. 아버지가 석방되어 누더기 옷을 입고 밖으로 나오면서 겨우 걸음을 떼는 모습은 내 가슴을 찢어놓았을 뿐이에요.

에필로그, 1945~95

1945년부터 1950년까지 김찬도 씨와 이옥현 씨는 정치에 참여했다. 이옥현 씨는 자기 고장의 대표자로서 평양에 새로 조직된 임시정부에 파견됐고 "심지어는 머리카락도 짧게 잘랐다." 그녀의 영향으로 딸은 고려대학교에서 정치학을 전공했고, 뒤에 손녀 또한 정치학을 전공했다. 둘째 딸의 남편은 주 폴란드 대사가 됐다.

1947년 김찬도 씨는 공산당을 피해 홀로 월남했고, 나중에 아내와 아이들은 감시의 눈을 피하기 위해 농사꾼 차림으로 남한에 내려왔다. 남한에서 김찬도 씨는 또다시 투옥됐다. 이번에는 북한의 첩자라는 혐의를 받았다. 아들이 김찬도 씨를 변호했고 석방되자 감옥에서 매질로 얻은 상처를 돌보아주었다.

나중에 김찬도 씨는 수원에 있는 농업기술연구소 소장이 되어 공직을 맡았고, 이옥현 씨는 중학교와 고등학교에서 음악을 가르쳤다.

김찬도 씨의 남동생은 실제 공산주의자였고 북한에 남았다. 이옥현 씨의 남동생은 유명한 피아니스트로 아내와 아이들을 남한에 두고 북으로 되돌아간 뒤, 그곳에서 재혼해 또 다른 가정을 꾸렸고 결국 그곳에서 사망했다. 남한에 남은 그의 딸(이옥현 씨의 조카)은 1990년대 초 북한에 가서 배다른 형제자매들을 모두 찾았다. 그들은 모두 음악가와 미술가가 되어 있었다. 가족의 또 하나의 전통인 셈이었다. 그녀는 김일성 주석의 생일에 배다른 남동생과 함께 무대에서 피아노를 연주했고 이것이 텔레비전에 방영됐다.

김찬도 씨는 북한에 돌아가 북녘을 볼 수 있기를 간절히 원했지만 결코 '뒷문'으로는 가지 않겠노라고 말했다. 서울에서 정문을 통해 당당하게 갈 수 있을 때까지 기다리겠다는 것이었다. 결국 그 기회를 갖지 못했다.

1990년 샌프란시스코에 거주하던 김찬도 씨는 항일 활동과 고난에 대한 보상으로 한국 정부로부터 훈장을 받았다. 김찬도 씨는 1994년 샌프란시스코에서 병으로 숨졌고, 이옥현 씨는 1996년 자동차에 치어 사망했다.

1937년 8월 길주농업고등학교 3학년 때 김원극 씨(왼쪽)와 급우.(김원극 씨 제공. 콜린 레드패스 복원)

제 2 부

강압에
의한
변 화

개 관

동화의 시대가 됐다. 일제는 조선인들에게 부과하는 강제와 의무를 늘려나가다 나중에는 강제징집까지 실시했다. 1931년 일본이 만주를 만주국으로 탈바꿈시키면서 시작된 변화는 1937년 일본이 중국을 상대로 전쟁을 일으키고 제2차 세계대전으로 치달으면서 악화됐다.

당시 총독은 이때를 가리켜, 새로운 정부 기구가 정치, 경제, 사상을 더욱 긴밀히 통제함으로써 강화되는 '건설적 변화'의 시기라고 했다. 경찰의 특별 부서인 고등경찰계(종종 '비밀'경찰 또는 '사상'경찰로 불렸다)는 그 이름만으로도 많은 사람들을 공포에 떨게 했다. 개인적 선택의 권리는, 일본어로 말하고 일본 천왕을 섬기며 심지어 이름까지도 일본식으로 바꾸어야 하는 일련의 현기증 나는 강압에 대처하는 사이에 슬며시 사라져버렸다. 1940년에는 정부 지시의 이행 여부를 감독할 목적으로 전체 인구를 10가구 단위의 애국반으로 조직하는 작업이 완료됐다.

제2부에서는 이 같은 강압 때문에 삶에 심대한 변화를 겪은 조선 사람들에게 초점을 맞추었다. 이하전 씨는 일본 감옥에서 보낸 시절을 이야기하고, 유혜경 씨는 멀리 상하이에서까지 가족들의 일거수일투족을 감시하던 '사상경찰'의 기다란 촉수를 회상하며, 정재수 씨는 전쟁 말기 일본의 조선소에서 보낸 징용 생활에 대해 이야기한다. 세 사람의 이야기 사이에, 일상적으로 부과되는 의무 아래에서 삶을 꾸려왔던 다른 사람들의 삽화를 배치했다.

제8장
내 호적엔 빨간 줄이 그어져 있다

이하전(남)
1921년 평안남도 출생, 학생

1940년 고등학교를 졸업하고 나서 나는 동경에 있는 호세이 대학
法政大學에 진학했어요. 1년도 채 안 되어 고향인 평양의 경찰서에서
멀리 동경까지 비밀경찰 소속 형사 다섯 명을 파견해 나를 체포했
어요.

그때 체포된 탓에 지금까지 내 호적에는 빨간 줄이 그어져 있는
데, 이와 관련된 서류가 두 종류 있어요. 하나는 일본 경찰이 나를
감옥에 보낸 기소장이고, 다른 하나는 똑같은 정황을 근거로 한국
정부로부터 받은 훈장이지요. 이처럼 훈장을 받은 독립운동가 중에
서 샌프란시스코 지역으로 이주한 사람이 10명인데, 아직 살아서
당시 얘기를 해 줄 사람은 나까지 몇 명 안 되네요. 내 얘기는 평양
의 부유하고 명예로운 가문에서 시작되지요.

우리 할아버지는 조선 왕조의 벼슬아치로 평양에서는 꽤 알려진 분이었어요. 아버지의 배다른 형제 중 한 분은 평양 최초의 자동차 판매점을 열기도 했고요. 외할아버지는 평양 일대에서 제일가는 부자였지만 어머니 대에서 전 재산을 탕진해버렸지요.

아버지는 일본 메이지 대학明治大學을 졸업했는데, 당시 조선인으로서는 매우 드문 경우였죠. 뒷날에 광성학교光成學校(1912년 만주 간도에 설립된 민족교육기관―옮긴이)라는 조선인 학교의 교장이 되셨어요. 아버지가 몇 차례 감옥을 드나든 건 기억나는데 왜 그랬는지는 몰랐어요.

상업학교

15살이 된 1936년, 평양에 있는 숭인상업학교에 입학했어요. 기독교 계열 사립학교로서 활발히 독립운동을 벌이던 열렬한 민족주의자 조만식 선생님이 설립했지요. 김항식 선생님이라는 조선 사람이 교장이었어요. 이 학교에서 조선인의 민족의식을 육성했던 게 공립학교(일본인이 운영)와 크게 다른 점이었죠.

매일 한 시간씩 있는 채플에는 연사들이 와서 조선의 자랑스러운 과거와 현재의 고난에 대해 말하곤 했어요. 연사들 중엔 함석헌[1] 선생님과 조만식 선생님 같은 저명인사들도 있었지요. 조만식 선생님은 일제가 물러난 직후 분단되기 전 조선의 대통령이 될 뻔했어요. 분단 뒤에는 소련이 점령한 북한을 통치할 최초의 위원회에서 일했지만 종국엔 김일성파의 계획에 동조하기를 거부하다가 그들에 의해 투옥됐지요.

존경받는 저명한 독립운동가 안창호[2] 선생님이 돌아가신 게 내가 상업학교 3학년 때예요. 그 소식이 내 삶의 방향을 바꿔놓았지요.

날짜도 또렷이 기억나요. 3월 10일이죠. 동아일보사를 지나다가 힐끗 올려다보니 게시판에 커다란 글씨로 '안창호 선생님 사망'이라고 쓴 벽보가 붙어 있었어요.

당시에는 그분이 누구인지, 왜 그분의 죽음을 이처럼 대대적으로 알리는 것이지 전혀 알지 못했어요. 집에 돌아와보니 어머니께서 목 놓아 울고 계시더군요. 아버지께 무슨 일이냐고 여쭸더니 어머니는 안창호 선생님의 죽음을 슬퍼하는 것이라고 하셨어요. 대체 이 안창호라는 분이 어떤 사람이기에 어머니까지 애도하는지 궁금했어요.

그분에 대해 전혀 모른다는 사실 때문에 나 자신이 무지하다고 여겨졌지만, 알다시피 고등학생 시기에 우리는 아직 자신의 정체성을 찾아가는 중이잖아요. 안창호 선생님에 대해서, 그분의 업적, 그분의 생애에 관해 알아야겠다고 결심했어요. 여기저기에—급우들, 교사들, 뭐, 모든 사람들에게—묻고 다녔어요. 그분이 열렬한 독립운동가였다는 사실을 알게 됐지요. 진정한 애국자였어요. 그리고 그분은 감옥에서 숨을 거뒀으니 순국하신 거예요. 그렇게, 나는 선생님이 쓰신 책과 선생님에 관한 책을 모두 읽기 시작했어요.

애국자가 되다

나는 180도 다른 사람으로 바뀌었어요. 조선의 문학과 저술, 예컨대 이광수 같은 사람들의 글에 관심을 갖게 됐는데 그 글들의 저변에는 애국심이 흐르고 있었지요.

나와 마찬가지로 학교나 다니고 아무 일도 하지 않은 채 가만히 앉아 있을 수만은 없다고 결심한 친구들이 몇 명 있었어요. 우리의 독립을 위해 좀 더 적극적이어야 했지요. 우리는 비밀리에 이른바 서클이라는 걸 만들었어요. 우리 학교 학생 네 명과 공립학교인 평양제2중학(제1중학은 일본인 학교) 학생 두 명이 멤버였어요. 모두 여섯 명인 거죠.

우리는 책을 서로 바꿔 읽으며 분석하고 비판하고 토론했어요. 조선의 역사와 영웅들에 관한 책들을 골랐지요. 짐작하겠지만 그 시절엔 그런 책들을 구하기가 어려웠어요.

우리는 비밀 회합에 함석헌 선생님을 연사로 모셨어요. 누구나 그분을 독립운동가이자 사상가로서 존경했지요. 당시 선생님은 평양보다 더 북쪽에 있는 정주의 오산학교 교사로 계셨는데 오산학교는 저항의 또 다른 온상이었어요. 우리 여섯 명을 위해 먼 길을 마다하지 않고 정주에서 오셨어요.

아직 어렸지만 경찰의 눈에 띄지 않는 게 좋다는 것쯤은 우리도 알았어요. 그래서 《성경》 공부를 가장해 우리 집에서 모임을 가졌어요. 함석헌 선생님은 《성경》의 권위자였지만 《성경》 해석에 그치지 않았어요. 우리 조선인들이 당시 처해 있는 곤경에 대해 설명하고,

우리가 크게 각성하여 조선에 바람직한 방향으로 어려움을 헤쳐나가야 한다고 말씀하셨지요. 그분의 말씀은 우리가 행동에 나설 수 있는 힘을 주었는데 이 모든 일이 《성경》 공부라는 형식으로 이루어졌어요.

우리는 민중 교육을 위한 기금을 모으기로 했어요. 힘이 닿는 한 각자 1원이든 2원이든—학생에게는 큰돈이었어요—내놓았지요. 또한 매우 공식적인 체제를 갖추기로 결정하고 정관과 회칙을 만들었어요. 내가 남학생 회장이었고 나중에 이화여자대학교 총장이 된 김옥길 씨가 여학생 회장을 맡았어요. 자라면서 서로 잘 아는 사이였지요.

심지어 우리는 금지된 정보도 하나 알고 있었어요. 상하이에 망명 중인 대한민국임시정부 얘기를 들었지요. 급우 한 명이 누군가로부터 그 얘기를 들었고 이내 우리 모두가 알게 됐어요. 이 망명 정부가 장제스蔣介石 휘하의 국민당과 힘을 합해 일제에 대항하는 싸움을 벌이고 있다는 것까지 들었어요. 어디서 누군가가 실제로 일제와 싸우고 있다는 사실에 우리는 깜짝 놀랐어요.

우리 모임은 이처럼 세 가지 일을 했어요. 독서 토론, 모금, 신입 회원 영입. 우리의 활동은 모두 졸업하기 전 2년 동안에 집중됐고 졸업 뒤에는 각자 다른 길을 갔지요. 세 사람은 상급학교 진학을 위해 동경으로 갔고, 한 친구는 평양에 있는 의과대학에 진학했고, 나머지는 취직을 했어요. 모임을 하는 동안 이 모임의 활동은 한번도 내 마음에서 벗어난 일이 없어요.

발각

우리가 연사로 모셨던 함석헌 선생님은 일제의 눈에는 위험한 활동가였고 늘 감시를 받았지요. 비밀경찰 소속 형사가 정기적으로 집을 수색했어요. 한번은 집을 수색하던 중 우리 모임의 회원 한 명이 선생님께 보낸 편지가 발각됐어요. 모임의 범위와 회원 수를 확대하고 싶다는 내용이었지요.

선생님께서 그 편지를 폐기했어야 하는데 아마도 회신을 하려고 보관하셨던가 봐요. 어쨌거나 형사가 그 편지를 발견하자 상황이 꼬이기 시작했지요. 함석헌 선생님이 문초를 당했는데, 설상가상으로 선생님은 우리 모임의 숨은 의도를 전혀 모르고 있었기 때문에 당신이 알고 있는 사실을 모두 말해버렸죠. 경찰이 이름을 대라고 하자 해가 될 일이 전혀 없다고 생각하고는 얘기한 거예요.

우리의 이름을 알게 되자 경찰은 맨 먼저 평양에 있던 의대생을 붙잡았어요. 혹독한 고문과 극심한 고통으로 결국 이 학생은 우리의 목적과 목표, 활동 내역에 대해 자백하고 말았지요. 우리의 계획이 발각되자 경찰은 "한 건 올릴 수 있겠는걸" 하며 이 사건을 최우선으로 다뤘지요. 형사 다섯 명을 평양에서 동경까지 파견해 그곳에서 유학하던 우리 세 명을 체포했어요.

동경에 있던 우리 세 명 중 한 친구는 평양에서 벌어진 체포에 관한 소문을 듣고 만주에 있던 친척집으로 도망갔어요. 중국으로 건너가 그곳에 망명해 있던 조선인 활동가들에게 합류하겠다고 했지요.

다른 친구와 나는 학업을 계속하고 있었는데, 어느 날 그 형사들

1904년 평양 근교를 순찰 중인 일본 기병대.(미국의회도서관 제공)

이 들이닥쳐 우리를 체포했어요. 팔을 등 뒤로 꺾어 밧줄로 묶었지요. 동경에 있는 나카노 경찰서로 연행되어 거기서 일주일을 지냈어요. 원숭이 우리 같았어요. 온갖 범죄를 저지른 사람들과 한 방에 쑤셔넣어졌지요.

그러고 나서 기차로, 배로, 다시 기차로 멀리 평양까지 우리를 끌고 갔어요. 나는 대동경찰서 감방에 들어갔고 다른 친구는 강 건너 감옥에 가두어 우리를 떼어놓았죠.

이웃 감방에 누가 있었는지 알아요? 바로 함석헌 선생님이었어요. 왜 수감됐는지 말씀하시지는 않았지만, 기독교 저항운동 혐의로 체포된 것이었죠. 고문실에 끌려갔다 돌아오면 선생님은 거의 말을 하지 못하거나 움직이지도 못할 정도였어요.

대체 무슨 죄목을 뒤집어 씌워 그분들을 감옥에 가뒀는지 알아내지 못했어요. 감방 규칙상 말을 할 수 없었다는 걸 아셔야 해요. 그래서 우리는 간수가 멀리 떨어지면 조금씩 속삭여 말할 수 있었을 따름이에요. 그런 까닭에 거의 얘기를 주고받지 못했던 거죠. 정말로 낮은 소리로 속삭여야 했어요. 그렇지 않으면 더 큰 곤경에 처하게 됐겠지요. 감옥에선 온종일 한시도 어김없이 침묵을 유지해야 하는 게 철칙이었어요.

반면 책을 읽는 것은 허용이 됐는데 책 중엔 《성경》도 포함됐어요. 나는 그것이 우리가 장기 구금됐기 때문이 아닌가 생각했지요.

우리는 1941년 1월에 체포되어 2월 1일 평양에 도착했어요. 그러고 나서 한 달을 채운 다음에야 심문을 받으러 갔지요.

비밀경찰 소속 형사들—일본인과 조선인—이 와서 고문을 시작했어요. 조선인 형사가 실제 고문을 했어요. 또, 조선인 서기가 모든 것을 기록하고 있었지요. 그들은 내 얼굴, 뺨을 때렸어요. 물을 한 주전자씩이나 강제로 마시게 했고요. 물을 계속 마시면 숨을 쉬지 못해서 기절하게 돼요. 그들은 이 짓을 완벽하게 했어요. 정확히 몇 분을 기다렸다가 나를 깨워야 죽지 않는지 알고 있었어요. 물론 나는 결박되어 있었기 때문에 전혀 움직일 수 없었지요. 한 사람이 내 얼굴에 물을 쏟아부으면 다른 사람은 타이머를 들고 곁에 서 있었어요. 내가 기절하면 그들은 일정 시간을 기다렸다가 나를 다시 깨웠지요. 그러고는 "다시 하고 싶어? 자백하는 게 어때? 사실을 말하란 말이야"라고 했지요.

나는 더 할 말이 없다고, 내가 아는 것은 이미 전부 말했다고 했어요.

"그 진술이 사실이야?" 그들이 물었죠.

그들은 우리가 영입하려고 했던 다른 인물들에 대해 끊임없이 물었어요. 그들이 원하는 건 그것이었죠. 더 많은 사람을 체포하기 위해. 나는 이미 모든 것을 다 말했다, 더 이상 아는 게 없다고 반복해서 진술했어요.

첫날이 가장 길었고 최악이었어요. 지속적으로 반복되는 매질을 견뎌냈지요. 그들은 시퍼렇게 멍이 들도록 매질을 하면서 내 귀에다 대고 소리를 질러댔지요. "그게 네가 잘못한 거야." 뼈가 부러지지는 않았지만 온몸에 멍이 들고 부어올랐어요. 나는 젊으니까, 이제 겨우 21살이니 나이 든 사람들보다 더 빨리 회복할 수 있으리라고 생각했죠. 그렇지만 젊은 나이에도 불구하고 그 멍 자국은 몇 달이고 사라지지 않았어요.

내게 진술서에 서명하도록 시켰어요. 물론 했지요. 선택의 여지가 없었으니까요.

그러고 나서 경찰은 우리의 서류를 검찰에 송치했어요. 여름이 될 때까지 6개월 동안 감방에 방치된 채 재판을 기다려야 했지요. 날씨가 숨이 막힐 듯 더워졌어요.

다음으로 우리는 실제 형무소에 이감됐어요. 형무소는 형을 선고받고 복역 중인 사람들이 있는 곳과 재판을 기다리는 사람들이 있는 곳, 두 부분으로 나뉘어 있었어요. 그곳에 있는 동안 검찰에 소환되어 또다시 조사를 받았어요. 이틀 동안 심문을 받았는데 하나하나 검토하더군요. "이거 사실이야? 이거 사실이야? 이거 네가 자백한 거야? 이것은?" 하며. 이번엔 고문은 없었고 묻기만 했지요.

감옥에서 다시 6개월을 기다린 뒤에야 마침내 재판이 시작됐어요. 날씨가 매섭게 추워진 걸로 봐서 다시 겨울이 온 게 분명했지요.

그때 나는 죄수복이 아니라 평상복을 입었어요. 아직 유죄 판결을 받지 않았으니까요. 그들은 우리가 근처에 사는 가족들로부터 의복과 음식을 얻을 수 있도록 허가했어요. 가족들이 우리에게 음식을 갖다줄 수는 있었지만 반드시 수인용 메뉴를 갖춘 형무소 안 식당에서 구입해야 했어요.

수인들과 친해지지는 않았어요. 우리들 사이에는 커다란 격차가 있었지요. 그들이 체포된 사연을 듣다보니 그저 그들과 동화될 수가 없었어요. 그들은 정말로 사회 최하층에 속했지요. 소매치기, 절도범, 살인자들. 그 간극을 메울 수 없었어요.

유죄 판결

재판받던 날짜를 정확히 기억합니다. 1941년 12월 8일, 진주만 공습일이었지요. 서양에서는 12월 7일이었지만 아시아에서는 이미 8일이었어요. 물론 당시 우리는 전쟁이 발발했다는 사실을 몰랐지만요.

그 무렵 일제는 대단히 예민한 상태였어요. 반일 감정이나 활동의 어떤 조짐이 있지 않나 감시하고 있었고, 아주 사소한 도발만으로도 누구나 잡아들이곤 했지요. 종종 경찰이 사람들을 두들겨 팬 다음 석방하곤 했어요. 순전히 모든 사람을 겁에 질리도록 하기 위해서 말이죠. 그런데 우리 재판의 경우는, 실제로 반일 활동을 했고 모든 사실을 자백했기 때문에 검찰은 우리를 유죄로 기소하지 않을 수 없었지요. 특정 범죄를 규정한 여섯 권의 법전이 있었는데 우리가 한 일은 정확히 들어맞았어요. 고전적인 범죄였죠.

모두발언에서 검사는 "이것은 역사적 사건입니다. 우리 제국을 위한 새로운 세계대전에 착수한 오늘, 우리는 또한 일본 제국주의를 뒤흔들 음모를 꾸민 자들을 기소하고 있습니다. 이 반일적 학생들을 중형에 처하는 것이 진실로 적절할 것입니다"라고 말했어요. 무척 달변이었지요. 그 대가를 내가 치러야 했지만.

우리들은 세 명의 재판관 앞에 섰어요. 우리 다 거기 있었지요. 여섯 명이 모두요. 만주로 도피했던 친구도 거기 있었어요. 형사들이 뒤를 쫓았고 그 친구가 중국에 닿기도 전에 찾아낸 거예요.

재판은 아침부터 밤까지 꼬박 이틀 동안 진행됐어요. 재판이 있고 약 일주일쯤 뒤에 판결을 내렸어요. 제도에 따르면 판결 뒤 우리는 고등법원에 항소할 것인지 결정할 수 있는 시간을 일주일 갖도록 되어 있었어요. 항소를 포기하면 도장을 찍어야 했어요. 물론 우리 모두는 유죄 판결을 받았지요.

검찰은 우리들 각자에게 7년 — 세상에 7년이나! — 을 구형했지만, 우리를 대변한 변호인은 "이들은 젊은이들입니다. 전과도 없고 다시 범죄를 저지르지 않을 것입니다. 관용을 베풀어주십시오"라고 했어요. 유죄를 인정하되 형량을 줄이려는 것이었죠. 실제 형량은 2년 반의 징역이었어요.

민사 사건이나 절도 같은 경범죄의 경우에는 재판 전까지 유치됐던 기간이 형 집행 기간에 포함됐어요. 그렇지만 우리의 경우엔 재판 이후에야 형 집행이 시작됐죠. 따라서 내가 실제로 형무소에서 보낸 기간은 3년 반이었어요.

붉은 수인복

1941년 12월 26일, 붉은 수인복으로 갈아입었습니다. 이날을 잊을 수 없어요.

12월 25일은 일제가 전임 천황이었던 다이쇼大正 천황 서거를 기념하는 국가 공휴일이었어요. 서양에서 12월 25일은 크리스마스이지만 개인적으로 이날은 내가 죄수들이 입는 붉은 옷을 공식적으로 입게 된 날이에요. 먼저 내의를 걸쳤죠. 겨울이었거든요. 내의조차도 붉은색이었어요. 오랫동안 입고 빨래를 너무 자주 한 탓에 빛이 바랜 붉은색이었지요. 파자마처럼 생겼지만 그래도 죄수의 색깔이었어요.

수인복으로 갈아입기 위해 복도로 나가서 옷이 오기를 기다려야 했어요. 놀랍게도 거기서 저명한 주기철 목사님을 봤어요. 아직 젊었지만 나도 그분에 대해서 들은 바가 있었어요. 곧바로 목사님이 나와 같은 형무소에 계신 걸 알아차렸죠. 목사님께 다가가 악수를 청했어요. 목사님은 제 손을 잡고 말씀하셨어요. "자네처럼 젊은 나이에는 경솔하게 정력을 낭비하지 말게. 인생에서 나중에 큰일을 이룰 수 있도록 신중히 행동하게나." 내 손을 잡고 기도를 해주셨어요. 이 일은 제게 무척 큰 인상을 남겼어요. 내게는 역사적인 순간이었죠. 나중에 석방되고 나서 나는 목사님이 옥사하셨다는 걸 알게 됐어요. 많은 순교자들이 감옥에서 혹독한 상황을 견디고, 재판을 기다리고, 매일 고문을 당하다가 옥사했어요. 실제로 유죄 판결을 받은 분은 아무도 없지요. 서류상으론, 일본 헌법은 종교의 자유를 보장하고 있었거든요.

감방 하나에 수인 10명 정도를 우겨넣었어요. 나는 유일한 정치범이었어요. 다른 수인들은 단순한 일반 범죄자들이었죠. 일본인 한 명만 빼곤 모두 조선인이었어요. 일본인 수인은 자기가 어떤 경제사범 때문에 수감됐다고 했지만, 감방 동료들은 그가 첩자라고 수군댔고 우리는 그자를 매우 조심스레 대해야 했어요. 나는 걱정할 필요가 없었던 게 정치범이라서 이내 그 무리와 격리되어 독방으로 이감됐거든요.

그해 겨울은 북쪽 지방임을 감안하더라도 유난히 혹독하게 추웠어요. 감옥 밖에서는 소들이 얼어 죽었다는 소문이 돌았죠. 나는 다다미 한 장, 양말 한 켤레, 솜이 든 내복 한 벌과 붉은 수인복을 지급받았어요. 그게 전부였죠. 어찌나 추운지 귀가 동상에 걸렸고 유리창에 입김을 불면 얼어버렸지요. 간수들이 매일 물을 한 잔씩 주었는데 금방 마시지 않고 두면 컵 속에서 그대로 얼어버렸어요. 정말로 그 첫 달에 감방에서 죽을 뻔했어요.

식사에는 쌀이 많지 않았어요. 밀, 보리, 콩 따위와 섞어서 주었죠. 쌀 됫박은 크기에 따라 열 종류가 있었어요. 육체 노동을 하는 수인은 더 많은 양을 받았고, 종일 앉아만 있고 전혀 일을 하지 않는 사람은 가장 적은 양을 받았어요. 내가 처음 수감됐을 때는 8번 크기―한 줌 정도―의 쌀을 하루 세 번씩 받았어요. 끓인 소금물이 한 대접 딸려 왔죠. 이따금 그 속에 야채 한 조각 또는 김치 한두 조각이 떠 있었어요. 그게 다였죠. 아주 드물게 상한 생선, 양념이 잔뜩 되어 있지만 상한 걸 한 토막 주기도 했어요.

공장 노동

낮 동안엔 형무소 영내에 있는 화장품 공장에서 일했어요. 우리 감방에서 좀 떨어져 있었지요. 형무소와 계약한 사기업이 공장을 세우고 수인들을 노동자로 이용하는 것이었어요. 얼굴 크림과 비누, 또 다른 화장품을 만들었는데, 아침 8시부터 오후 5시까지 점심시간 빼고는 휴식도 없이 일했어요.

들어보세요. 그들은 우리에게 강제로 옷을 모두 벗게 했어요. 몽땅 다. 그러고는 감방에서 공장 입구까지 벌거벗은 채로 뛰게 했어요. 거기서 공장 작업복을 입고 온종일 일했죠. 작업이 끝나면 그 절차를 거꾸로 했고요. 가는 길목엔 간수들이 줄지어 서서 우리를 감시했지요. 아무리 춥고, 무슨 일이 벌어져도 상관없었어요. 그들은 보안 문제 때문에 발가벗고 뛰게 하는 것이라고 하더군요.

일주일에 한 번은 목욕을 할 수 있었어요. 엄청나게 넓은 샤워실이 있어서 우리는 모두 한꺼번에 샤워를 했지요. 짐작하시겠지만,

수인이 수백 명에 이르는데, 정도의 차이는 있지만 전염병에 걸린 사람들이 많았기 때문에 대부분 병이 들거나 발진 같은 게 있었어요. 피부에 바를 약 같은 것을 지급받기는 했지만 큰 도움이 되지는 않았어요.

한 달에 한 번, 매회 15분 동안 면회를 할 수 있었어요. 그렇지만 면회 오는 사람들은 책 말고는 어떤 외부 물품도 차입해 줄 수 없었지요. 책도 먼저 검열을 거쳐야 했어요. 제2차 세계대전이 발발하기 전에는 《성경》이 검열을 통과했지만 그 뒤에는 《성경》조차도 금지됐지요. 그렇지만 《불경》은 허가됐기 때문에 나는 불교에 대해 상당히 공부했어요. 무척 집중했지요. 오늘날까지도 나는 불교인들과 교리에 대해 많은 것을 알고 있어요. 일주일에 한 번, 그들은 우리를 단체로 강당에 집어넣었고, 불교 승려가 와서 염불을 외며 예불을 드렸어요. 일본인들에게 불교란 신도神道와 흡사한 것이었고 구별이 거의 안 됐기 때문에 그들은 둘을 거의 같은 것으로 대했어요.

재이감

6개월이 흐른 뒤, 형무소 당국은 나를 다시 한번 이감했어요. 이번에는 서울에서 남쪽으로 멀리 떨어진 충청남도 공주에 있는 형무소였어요. 정치범들 대다수는 좌익 활동가들이었어요. 우리 같은 온건 민족주의자들은 매우 적었죠. 그 좌익 선동가들은 내내 감방에만 있었어요. 그 사람들 중에는 이미 이름이 꽤 알려진 주영하도 있었는데, 그는 일제로부터 해방된 뒤 북한으로 넘어가 주요 인사가 됐지요. 몇몇 유명한 빨치산 수인들 또한 그곳 형무소에서 우리와 함께 수년을 복역했어요.

공주형무소에는 정치범 외에도 전국 각지에서 온, 신경쇠약이나 정신이상인 죄수들이 수감되어 있었어요. 이들 정신질환이 있는 수인들은 별도의 옥사에서 생활했지만 우리랑 같은 형무소 안에 있었지요.

한 가지 꼭 해야 할 얘기가 있어요. 비록 우리가 형무소에 갇혀 있고 육체적으로 제약을 받기는 했지만, 그들은 심리적 세뇌나 정신적 고문을 하거나 억지로 신사참배를 시키지는 않았어요. 단지 몸만 갇혀 있을 따름이었지요. 아마도 우리가 정치범들이었고 교육 수준이 높았기 때문에 간수들이 실제로 우리를 존중하며 대했던 것 같아요. 우리의 교육 수준이 그들보다 높았고, 죄목이 반사회적인 범죄가 아니라 단지 다른 이데올로기를 가졌다는 것뿐이었기에 그들은 우리를 남들과 다르게 신사적으로 대했지요.

식당 당번을 맡으면 더 많은 음식을, 남들보다 앞서서 얻을 수 있다는 사실을 알게 됐어요. 형편없는 쌀밥이거나 잡곡밥일망정 배를 충분히 채울 수 있었지요. 그렇지만 형무소 급식에는 영양가라고는 전혀 없었기 때문에 나는 점점 약해졌어요.

전쟁이 최고조로 치닫자 배급이 시작됐어요. 따라서 우리가 먹는 음식의 일부는 만주산이었는데 아주 지독했어요. 만주에서는 콩을 기름 짜는 데 썼어요. 기름을 짜고 남은 깻묵은 형무소로 보내져서 다른 곡물과 섞여 우리의 식사가 됐지요. 쌀은 거의 한 톨도 볼 수 없었어요. 이 쓰레기가 우리의 주식이었지요. 정말로 끔찍한 것이었어요. 먹어봐야 우리 몸을 그대로 거쳐갈 뿐 아무런 영양도 공급하지 못했어요.

또 하나 최악인 것은 여기에 흔하게 피는 곰팡이였어요. 요리를 하면 언제나 기묘한 냄새를 풍기곤 했지요. 그걸 너무 많이 먹고 나서 지독한 병으로 고생했어요. 몸이 약하거나 나이가 든 다른 사람들은 이것을 먹고 죽기도 했어요.

하루는 천황의 생일이었는데 수인들 몫으로 돼지를 한 마리 잡았어요. 그런데 먼저 형무소 관리들이 일부를 챙기고, 그러고 나서는 시청 관리들 몫이 떼였어요. 옛말에 "소를 한 마리 잡으면 국물 냄새나 맡을 뿐"이라는 말이 있는데, 다른 사람들이 제 몫을 떼가고 우리들 차례가 될 때면 아무것도 남지 않는다는 말이지요. 그래서 우리들 국에 기름 한두 방울이라도 떠 있는 게 보이면 "야, 좋은데"라고 할 정도였어요.

그날은 우리 국에도 돼지 기름이 꽤 많이 들어 있었어요. 식당 일을 하고 있었기 때문에 나는 실컷 국을 마실 수 있었고 당연히 너무 많이 먹게 됐지요. 다음 날 심한 설사가 났어요. 설사를 이겨내기에는 내 몸이 너무 약했지요.

1944년에 나는 같은 병을 다시 앓았어요. 지독히 아팠지요. 먹지도 못했고 설사가 멎지 않았어요. 실제로 석방되던 날까지도 아팠어요.

또 하나 형무소에 수감되어 있는 동안 내내 종기를 앓았어요. 수감 중에 종기로 죽을 뻔했던 일이 서너 번 있었어요. 그렇지만 보다시피 다 나았지요. 내가 수감됐을 때 젊고 건강했기 때문에 죽지 않을 수 있었다고 믿어요. 나이 든 사람들은 참 많이 죽었지요.

나는 2년 반의 형량을 하루도 빠짐없이 복역했어요. 조기 석방 같은 건 없었지요.

석방—1944년 여름

석방되자 곧바로 평양으로 돌아가 거기서 조용히 살았어요. 주의를 끌 만한 일은 전혀 하고 싶지 않았지요. 친척 중에 의사가 많았는데 그분들이 약을 줘서 마침내 몸이 회복되고 설사가 멎었어요.

비밀경찰의 한 부서는 석방된 죄수들을 감시하는 업무를 맡고 있었어요. 그들은 정기적으로 나를 찾아왔고 일거수일투족을 지켜봤어요. 아무 때고 예고 없이 찾아오곤 했지요. "어이, 요즘 어때?" 하고 소리를 질러댔어요.

그들은 내가 사상을 바꾸도록 설득 작업을 폈어요. 결혼을 하라고 재촉하기도 했지요. 내가 더 안정되고 자신들의 일도 더 편해질 거라면서. 그렇지만, 생각해보세요. 어느 부모가 자기 딸을 내게 시집보내려고 하겠어요? 호적에 빨간 줄이 그어진 전과자인데. 당시에 죄수가 된다는 것은 남은 생애는 죽은 것과 마찬가지라는 뜻이었어요. 아무도 나와 어떤 관계도 가지려 들지 않았지요.

저명한 애국지사 조만식 선생님의 방문

조만식 선생님은 내가 졸업한 기독교 계열 학교를 설립하셨어요. 그 학교 졸업생 중에 체포되어 형무소에 수감됐던 사람은 내가 유일했지요. 그래서 그분이 나를 아시게 된 거예요. 선생님은 내가 석방된 걸 축하하러 오시면서 큰 쇠고기를 두 덩이나 가져오셨어요. 당시에 쇠고기를 구하기란 거의 불가능했지요. 아주 경이로운 선물이었어요. 엄청난 선물이었지요. 고기는 무척 귀했거든요.

선생님은 내 손을 잡고 축하 인사를 했어요. 내가 살아 나와서 얼마나 고마운지 모르겠다고 말씀하셨지요. 선생님이 찾아주셔서 정말 고마웠어요. 우리 두 사람이 만난 것을 경찰이 알았다면 어떤 죄목을 붙여서 둘을 옭아맸을지 짐작하기도 어렵지요.

나는 직업이 필요했고 건강과 근력을 되찾아야 했어요. 범죄자였기 때문에 원한다 해도 군에 입대할 수 없었는데, 그럼에도 공장 노동자로 징용을 당할 수는 있었어요. 징용을 피하기 위해 필수직으로 분류될 만한 일이 필요했어요.

집을 떠나 사리원에 있는 누님 댁에 머무르면서 소달구지 운송회사에 취직했어요. 사무직이고 보잘것없는 회사이긴 했지만 수송과 관련된 일이었고 징용 면제를 받을 수 있어 다닐 만했지요. 물품을 달구지에 싣고 내리는 것을 감독하는 게 내 일이었어요.

일본인 피란민들이 만주에서 몰려 내려와 조선을 거쳐 일본 본토로 향하는 것을 알아차렸어요. 그들에게서 일본이 항복할지도 모른다는 소문을 들었어요. 우리는 몰랐지만 러시아가 북쪽에서 참전했고 그 일본인들은 할 수 있을 때 도망가는 중이었죠. 나는 평양으로 돌아갔어요.

에필로그, 1945~95

1945년 일제로부터 해방된 뒤, 이하전 씨는 북한 공산주의자 단체인 평양 인민재건위원회로부터 "이 선생, 우리 조국 건설을 위해 함께 일합시다"라고 씌인 편지 한 장을 받았다. 편지를 받은 다음 날, 그는 짐을 꾸려 도보로 남한으로 넘어가 공산당을 피했다.

그의 가족들도 월남했고 아버지는 다시 고등학교 교장이 됐다. 그렇지만 한국전쟁 동안 공산당이 남쪽으로 내려와 도시를 장악하고 아버지를 살해했다. 단지 그가 고등학교 교장이라는 이유로.

연희전문학교(지금의 연세대학교) 총장은 이하전 씨가 공부를 더 하도록 권유했고, 그는 미국으로 이주하여 캘리포니아 대학교 버클리 캠퍼스에서 공부했다. 그러고 나서 캘리포니아 주에 있는 몬트레이 육군언어학교에 취직하여 한국전쟁에 참전하는 병사들에게 한국어를 가르쳤다. 은퇴할 때까지 몬트레이에서 지냈고 지금도 부인과 함께 그곳에서 살고 있다. 이하전 씨는 대한독립협회 회장을 지냈다. 이 단체는 1920년대와 1930년대에 활동했고 지금까지도 캘리포니아 북부에서 독립운동에 활약했던 사람들을 기리며 명맥을 유지하고 있다.

제9장
수동적 저항

1930년대 말에 이르러 공공연한 저항은 한국의 북쪽 국경지대에서만 지속적으로 이루어졌다. 초기의 의병과 자유의 전사들은 시야에서 사라졌고, 1920년대와 1930년대 초의 농민 항쟁마저 억압적인 경찰력 증가와 효율적인 통신 체계 탓에 소멸했다. 민중은 수동적이며 일상적인 형태의 저항—수확물을 감춘다거나 무지한 체한다거나 제때 사라져버리는 등—으로 바꾸거나, 조금 더 명시적인 방식—숨은 의미가 깃든 노래를 부르거나 파업에 참가하거나 반일 루머를 퍼뜨리거나, 특히 기독교도의 경우 신사참배를 거부하는 등—으로 저항했다.[1]

1848년 독일 노동자들에 관해 기술한 배링턴 무어의 다음 문장은 조선인들에 대한 이야기라고 해도 적절할 것이다. "오래되고 익숙

1925년경 조선에서 가장 오래된 신사. 부산이 내려다보이는 산 위에 있다. 신사를 지키는 문인 도리와 사당으로 이어진 계단이 보인다.(노먼 소프 소장)

한 것뿐 아니라 새롭고 껄끄러운 형태의 고통은 분명히 존재했다. 그렇지만 중요한 사실은 다음과 같이 단순하다. '객관적' 정황으로 보아 불공정의 피해자라고 할 수 있는 사람들의 압도적인 다수가 당시의 사건들에서 전혀 능동적인 역할을 하지 않았다. 현재 시점에서 말할 수 있는 한, 그들은 그저 가만히 앉아 일상 생활을 꾸려 나가면서 결과를 기다리고 있었다."[2]

양성덕(남)
1919년 충청남도 출생, 전기 기사

내 고향 강경은 중요한 항구 도시였어요. 금강 어귀에 있는데 옛 백제의 수도였고 수백 년 동안 대對중국, 대對일본 교역이 이루어지던 곳이었죠. 우리 할아버지는 미곡상이었어요. 당시에는 추수한 쌀을 모두 이곳 항구로 모아서 일본으로 실어 보냈지요. 이처럼 중요한 도시였기 때문에 일본 사람들이 아주 많이 살았어요.

내가 4학년인가 5학년 때(1929~30) 일제가 조선인들이 전통적인 흰옷을 입지 못하게 금지했던 일이 기억나요. 그렇지만 그 금지령을 강제로 시행하지는 못했지요. 일제는 커다란 수조―더럽고 거무튀튀한 물을 담은―를 거리 곳곳에 만들었어요. 누구든 흰옷을 입고 지나가는 사람이 눈에 띄면 그 시커먼 물을 뿌렸어요.

아이들은 이따금 일본인들에게 장난을 치곤 했어요. 한밤중에 몰래 나와서 일본 사람들 집 대문 앞에 구멍을 팠지요. 변소에서 가져온 밤흙(사람 분뇨)으로 구멍을 채우고 깨끗한 흙으로 덮어뒀어요. 다음 날 아침, 일본 사람들이 거기 빠지는 거죠.

때로는 일본 사람들이 널어둔 빨래에 닭똥을 던지기도 했어요. 그건 그다지 심한 건 아니었지요. 소학교에 다닐 때 한 일들이에요. 지금 그때를 돌아보니 썩 잘한 일이 아닌 것은 분명하지만 우리는 어린애였고 서로 그런 일을 부추겼지요.

나이가 들면서 저항을 드러낼 수 있는 좀 더 괜찮은 방법들을 알아냈어요. 우리가 사용한 한 가지 방법은 음악이었지요. 내가 〈봉선화〉를 처음 들은 것은 기술학교에 다닐 때였어요. 새 생명을 틔우는 꽃에 대한 노래였지요. 우리가 그것을 독립을 염원하는 노래로서 부른다는 사실을 일제도 알았고, 나중에 우리가 전부 그 노래를 배운 다음이었지만, 그 노래를 금지했어요.

김서분(여)

1914년 경상남도 출생, 주부

내 사촌들은 공산주의 활동가들을 비밀리에 규합하여 공산주의 정부를 세움으로써 일본 정부를 타도하고자 했어요. 살아남기 위해서 절대 한곳에 머무르지 않았지요.

사촌 한 사람이 어찌나 조용히 걸어오던지 전혀 들어오는 소리를 듣지 못했던 일이 기억나요. 한번은 사촌이 우리 집에 왔을 때 신발 바닥을 살폈지요. 소리가 나지 않도록 특별히 부드러운 재질로 되어 있었어요. 사촌들이 우리 집에 오면 우리가 체포될지도 모르기 때문에 나는 공포에 질렸어요. 그렇지만 남편은 그다지 꺼리지 않는 것 같았어요.

매우 활발하게 활동했던 한 젊은 여자를 알았어요.(얘기를 들었지요.) 1930년 중학교 첫 학기 때 광주학생운동이 막 일어났고 일본 경찰이 우리 기숙사를 샅샅이 뒤지며 주모자를 찾았어요. 놀랍게도 내 방과 가까운 곳에 살던 여학생 한 명을 주모자로 체포했어요.

나중에 아버지가 부산에 작은 집을 하나 장만하셔서 나는 그곳에 살면서 통학을 했지요. 당시에는 수도가 없어서 동네 우물에 물을 길러 가야 했어요. 한번은 물을 긷고 있는데 거기 그 여학생 아이가 있는 게 아니겠어요! 그 애를 만나서 무척 반가웠지만 나랑 얘기를 나누고 싶어 하지 않는 게 분명했어요. 날 못 본 척했지요.

하루는 일본 경찰 부대가 총출동해서 우리 동네를 휘저었어요. 집집마다 수색을 한 거죠. 다른 몇 명과 함께 그 여자 아이가 또 체포되는 걸 봤어요. 측은한 마음이 들었지요. 나보다 겨우 두 학년

위였는데.

어떤 운명의 장난인지 모르겠지만 몇 년이 흐른 뒤, 우리 남편이 경상남도 하동으로 전근을 가게 됐어요. 어느 날 누군가 들어오더니 남편에게 뭔가 부탁을 했는데 다름 아닌 바로 그 여자였죠. 남편과 함께 있었어요. 처음 그 여자를 봤을 때 나는 너무 놀라 심장이 멎는 것 같았어요. 팔을 벌려 환영해야 할지 경계해야 할지 확신이 서지 않았어요. 체포됐다가 석방된 뒤 결혼을 한 게 분명해 보였어요. 그 두 사람은 틀림없이 강건한 활동가였겠지요.

기독교도들은 반일적인 것으로 평판이 높았다. 몇몇 단체가 일본 천황이나 신도의 신들에게 참배하는 것을 거부했던 일도 그 이유가 될 것이다. 지역 애국반 반장들은 교회에 나가는 사람들을 관찰하며 그들을 괴롭히고 교회에 나가지 않도록 설득했다. 때로는 말로써, 때로는 배급표를 나누어주지 않거나, 감옥 또는 죽음으로써.

신광성(남)
1915년 경상북도 출생, 농부

내가 자란 농촌 마을은 너무 가난해서 전기도 없었어요. 우리 아버지는 동네에서 최초로 장로교 신자가 된 축에 속했지요. 초창기에는 문제가 없었어요. 그런데 전쟁이 시작되자 박해가 뒤따랐지요. 일제는 점점 더 엄격해져서 사사건건 우리를 괴롭혔어요.

우리 교회는 약 40명의 어른들로 시작했지만 매일같이 성가심을 당하다 보니 교인들이 출석하지 않게 됐어요. 몇몇 여성 신도들은 계속 나왔지만 얼마 못 가서 젊은 남자는 나만 남게 됐지요. 심지어 우리 형, 동생들도 그만뒀어요.

교회에 목사가 없었기 때문에 내가 그 일을 맡았어요. 그게 뭐, 아무도 하려 들지 않아서 그런 거예요. 나는 《성경》을 조금 공부하고는 예배를 인도했어요. 설교는 1분만 하고 대부분 찬송가를 부르고 《성경》을 낭독했지요. 일요일에만 예배를 봤어요. 수요일 저녁 예배나 새벽 기도회는 없었어요.

일본 형사가 도착하기를 기다렸다가 예배를 시작해야 했어요. 형사는 언제나 맨 앞줄에 앉았지요. 우리 교회를 폐쇄하지는 않았지만 언제나 거기에서 듣고 보고 했어요.

다른 문제들도 있었지요. 예컨대 우리 형님은 신학교가 생기기 이전에 성경학교에 다녔어요. 경찰은 형님이 언제 떠나고 언제 돌아오는지 알았지요. 항상 나타나서는 형님이 뭘 했는지, 뭘 공부했는지 캐물었고, 형님은 하는 일을 낱낱이 보고해야만 했어요. 경찰은 형님이 마치 가석방된 죄수인 양 취급했기 때문에 일거수일투족을 말하지 않으면 안 됐지요. 얼마 뒤, 너무 번거롭고 귀찮아지자 형님은 아예 학교를 나가지 않게 됐어요.

내가 경찰하고 관계를 맺은 유일한 이유는 우리가 기독교도라는 것이었어요. 경찰이 내게 신경 써야 할 다른 아무런 이유가 없었어요. 나는 세금도 꼬박꼬박 내고 법도 준수했거든요.

박준기(여)

1914년 경기도 출생, 주부

내가 처음 기독교를 접한 것은 1930년 16살 때였어요. 한 미국인 선교사가 나무 아래 서서 복음을 전하고 있었지요. 그 사람의 조선 말이 유창해서 놀랐고 호기심에 귀 기울였어요. 기독교도가 되어야 겠다고 느꼈지만 집에 돌아오자 그 일을 잊어버렸어요.

아이를 둘 낳고 난 다음, 남편 몰래 교회―신광 감리교회―에 나갔어요. 내가 처음 교회에 다닐 때가 1936년경이었는데 어떤 사람의 안방에서 비밀리에 모였어요.

예배는 한 시간가량 진행됐지요. 찬송가를 부를 때면 절대 밖으로 소리를 내지 않고 마음속으로 노래를 했어요. 친목 활동도 없었어요. 단지 예배만 드렸지요. 발각될까봐 두려웠거든요. 일요일에 회합을 갖는 일은 없었어요. 너무 뻔하니까요. 대신 우리는 수요일 저녁에 모였어요.

일본 경찰이 알았더라면 우리를 체포했을 거예요. 신사참배를 하는 대신 기독교를 믿었으니까요. 내가 알던 사람들도 많이 체포됐어요.

신도 대부분은 여자였고 남자는 극소수였어요. 우리는 모두 젊었는데 목사님만은 50대 여성이었어요. 목사님은 비밀리에 설교를 하고 동네에서 전도 사업을 벌이곤 했어요. 내가 기독교 신자가 된 것은 목사님 덕분이지요.

내가 거기 나가는 것은 아무도 몰랐어요. 전쟁이 끝나고 안전해진 뒤에야 알려졌지요. 우리는 집을 짓기로 했어요. 부지를 구입하

고 낡은 건물을 철거했어요. 나는 새 집을 위한 봉헌 기도를 올리는
게 좋을 거라고 생각해서 새로 건립된 교회의 홍 목사님을 초청했
어요. 홍 목사님이 오셔서 기도를 해주셨고 그제야 남편은 사정을
알아차렸어요. 남편은 예배에 한번도 참석하지 않았지만 교회가 좋
은 것을 가르친다고 판단했고, 그래서 우리 아이들에게 나와 함께
교회에 나가라고 말했어요.

　

다음 세 편의 이야기에 서술된 부당한 일들은 관련된 사람들의
기억에 오래 지워지지 않는 상처를 남겼다.

우찬구(남)
1916년 충청북도 출생, 철도 노동자

1936년경 한 젊은 학생이 일하러 왔어요. 우리 사무실엔 긴 채찍
이 하나 있었는데, 이 학생이 조그만 실수라도 저지르면 일본인 감
독관들이 그 학생을 가만히 서 있게 하고선 그 채찍으로 정확히 학
생의 이마를 내리쳤어요. 그 학생이 눈물을 줄줄 흘리며 거기 서 있
는 모습이 지금도 눈에 아른거려요. 당시에도 나는 왜 그 학생이 이
런 시련을 견뎌야 하는지 의아해했지요.

정태익(남)
1911년 강원도 출생, 농부 · 목재상

한 해에 두 번 사찰단이 집집마다 돌아다니며 청결도를 검사했어
요. 사람들은 집을 무척 깨끗하게 청소해야 했지요. 어찌어찌해서

내가 억지로 동네 애국반 반장을 하게 됐기 때문에 우리 반의 모든 집들이 깨끗한지 감독하는 책임을 맡았어요.

반장이었기 때문에 일본인 사찰관을 따라다녀야 했지요. 집만 검사하는 게 아니라 초가 축사도 살펴봤어요.

그래, 수확이 변변치 않을 때면 농가에서는 지붕의 볏짚을 교체할 여력이 없었지요. 어떤 집의 초가 지붕이 교체되지 않아서 썩어 있었어요. 우리가 그 집에 가보니 천장이 너무 낮아서 손이 닿을 지경이었죠. 사찰관이 막대기로 천장을 쿡 찔렀더니 지붕이 썩어 있었던지라 한꺼번에 쏟아져내렸어요. 당연히 그 지붕엔 굼벵이가 있어서 바닥에 떨어졌죠. 썩은 지푸라기와 벌레들이요.

사찰관은 집 주인에게 소리를 지르더니 그 벌레들을 강제로 먹였어요! 보고 있자니 구역질이 났어요. 사찰관을 말리고 싶었지만 감히 말 한마디 할 수 없었죠. 모욕적이고 잔인한 짓이었어요. 그냥 벌금을 물려도 되는 일이거든! 그런데 바로 그 자리에서 벌레를 강제로 먹게 한 거예요. 식민 지배에 대한 가장 쓰라린 기억이 그 일이에요.

정금재(남)
1919년 충청북도 출생, 일용직 노동자

내 얘기 같은 건 아마 들어본 일이 없을 거예요. 나는 경찰서장하고 싸웠어요. 서장 말이오! 그러고도 살아서 이 얘기를 하고 있네요.

나는 농촌에서 자랐고 학교는 4학년까지 마쳤어요. 그러면 됐다고 아버지가 말씀하셨죠. 그리고 나서는 들에서 일했어요. 16살이던 1935년, 이것이 미래라곤 없는 일이라고 판단해서 집을 떠나 서울로 올라갔지요.

날품팔이 일을 시작했어요. 매일 동대문 밖 사무실로 나갔지요. 넉 달쯤 뒤에 우리들 모두 황해도로 옮겨가 서울에서 만주 국경까지 두 번째 철도를 놓는 작업을 했어요.

거기서 하루는, 어떤 남자가 나를 불러 세우더니 자신의 식당에서 일하지 않겠느냐고 하더군요. 돼지와 소를 키우는 일이었는데, 더 중요한 일은 자기에게 빚 진 사람들을 찾아다니며 돈을 받아내는 일이었어요. 그 사람 말에 의하면 자기 손님들―우체국과 경찰서 직원들인데―은 식사를 하고 나서 바로 식대를 내는 대신에 대개 한 달에 한 번 모아서 지불을 한다는 거예요. 가끔은 아예 식대를 지불하지 않는 경우도 있고. 그 식당 주인 생각에는 젊은 사람이라면 좀 더 다그쳐서 외상을 받아낼 수 있을 거라는 거였죠.

일을 맡기로 했어요. 철도 일보다는 쉬웠으니까요. 그렇게 2년을 그 사람 밑에서 일했죠. 그러던 어느 날 큰일이 벌어졌어요.

아시겠지만 식당은 대개 고기나 다른 식품을 많이 저장해두잖아요. 근데 고양이 한 마리가 계속 음식을 훔쳐가길래 주인은 나와 다른 젊은 친구한테 고양이를 잡으라고 했어요. 한밤중에 덫에다 고깃덩이를 놓아뒀지요. 고양이를 잡아서 죽였어요. 완벽하게 비밀리에―아무도 몰랐죠―문제를 해결한 거죠.

다음 날 아침 여느 때처럼 뒷마당에 나가 돼지 먹이를 주는데 경찰서장이 담장 쪽으로 오더니 "이리 와봐" 하는 거예요.

나를 경찰서에 있는 자기 집무실로 데려가더니 묻더군요. "간밤에 고양이 한 마리를 죽였나?"

물론 내가 그렇게 했다는 것을 벌써 알고 있었던 거죠. 나는 실토하지 않을 수 없었어요. "그렇습니다, 서장님." 생각해보세요. 나는 겨우 20살이었고 경찰서장 앞에 서 있었던 거예요.

"그게 바로 내가 아끼던 고양이라는 거 알아? 네가 내 고양이를 죽였으니 내가 네 놈을 죽여주마."

바닥에 무릎을 꿇고 앉아 머리를 앞으로 대라고 하더군요. 벽으로 다가가서 사무라이 칼을 꺼내더니 내 쪽으로 돌아왔어요. 양손으로 칼을 쥐고 자기 머리 위로 높이 치켜들었어요.

정말로 날 죽일 작정이었다고요! 바로 그 자리에서! 서장이라면 어떤 일을 저질러도 문제없이 넘어갈 수 있었어요. 어떤 일이든지. 특히 상대가 천한 심부름꾼이라면 말이지요. 어떻게든 둘러댈 수 있었겠지요.

힐끗 쳐다보니 칼이 내 머리 위에 있더군요. 공포에 질렸어요. 나는 벌떡 일어섰어요. 발을 들어서 서장의 사타구니를 걷어찼지요. 당연히 서장은 전혀 그런 일을 예측하지 못한 터라 뒤로 꽈당 넘어지더니 몸을 웅크리더군요. 나는 무턱대고 서장을 차고 또 찼어요. 머리에, 눈에도 맞았나 봐요.

그러다 갑자기 두려움에 몸이 떨렸어요. 큰 사달이 난 걸 깨달은 거죠. 밖으로 도망쳤어요. 달리면서 생각하려고 애썼지요. 식당으로 돌아가지 마라. 산속으로 달아나라. 평양으로 도망가기로 했어요. 사람이 많은 곳이라 몸을 숨기기 쉬울 거라고 생각한 거죠.

한길에서 멀리 떨어진 숲을 헤치고 산봉우리를 넘고 또 넘었어요. 평양에 도착하기까지 나흘이나 걸렸어요. 평양에 들어갈 때 어떤 순사가 통상적인 검문을 하려고 나를 불러 세웠어요. 집이 어디인지 지금 뭘 하는 건지 묻더군요. 형님 댁에 가는 길이라고 대답했어요. 나를 위아래로 훑어보더니 소지품을 검사하겠다며 주머니에 든 것을 꺼내놓으라고 하더군요.

이런저런 물건들이 있었는데 문제는 27엔이 든 저금통장도 함께 갖고 있었던 거예요. 꽤 큰돈이었지요. 그렇게 많은 돈이 저축된 걸 보더니 "됐다. 가도 좋아"라고 하더군요. 만약 그때 감옥에 끌려갔더라면 나는 끝장났을 거예요. 나를 잡으려고 전 파출소에 비상이 걸려 있었거든요.

당시에는 몸을 숨기기 가장 쉬운 방법이 날품팔이들 사이에 섞이는 것이었어요. 그래서 나는 일용직 노동자 무리에 다시 끼어들었고 또 다른 철도 놓는 일을 했지요. 그 일을 몇 년 동안 계속하면서 가족들에게 돈을 부쳤는데 내 주소는 쓰지 않았어요. 그렇게 하면 식구들은 내가 어딘가에 안전하게 숨어 있다는 걸 알 테니까요. 경찰은 충청북도에 있는 우리 식구들을 찾아가 나를 체포하려고 했지만, 가족들도 내가 어디 있는지 정말로 몰랐기 때문에 결국엔 포기할 수밖에 없었어요.

안전해진 다음에 집으로 돌아갔어요. 형님이 돌아가시고 나서 내가 장남이 됐기 때문에 집안 농사를 물려받아야 했어요. 그제야 안 사실인데 그 경찰서장은 시력을 잃고 일본으로 송환됐다고 하더군요.

날 보세요. 지금까지도 그 일을 생각하고, 그 일에 대해 얘기하면 그 기억 때문에 내 몸이 덜덜 떨려요.

제 10 장
사상경찰이 저녁 식탁에 나타나다

유혜경(여)
1924년 만주 출생, 주부

한 가지 자랑하고 싶은 일은 은단을 발명한 분이 우리 아버지라는 거예요. 은단은 박하 같은 건데 효용이 많았어요. 아버지는 중국에서 특허를 받았지요. 이 은단을 팔았어요. 아버지는 조선에서 의사로 일하다가 가족을 이끌고 만주로 이주했고(나는 1924년에 태어났어요), 다시 상하이로 옮겼어요. 더 나은 삶을 찾아서였죠. 더 좋은 직업을 갖게 되셨어요. 상하이에 있는 중국 대학 세 곳에서 물리학과 화학을 가르쳤는데 일본 사상경찰의 감시의 눈길을 피하지는 못하셨죠.

부모님은 나를 상하이의 일본 조계 지역에 있는 일본인 소학교에 보냈어요. 일본인들이 나를 차별했던 일은, 내가 기억하는 한, 한번도 없었어요. 중학교도 일본인 학교에 진학했어요. 각 반에 조선인

충청남도 은진학교의 1938년 졸업사진. 사진 위쪽에 '황기(皇紀) 2598년'이라고 적혀 있다. 학생들은 근대식 교복과 한복(왼쪽 둘째 줄)을 입고 있으며, 앞줄 오른쪽에 앉아 있는 교사는 기모노를 입고 있다. 둘째 줄에 보이는 일곱 명의 여학생들은 이 졸업사진을 찍기 위해 남학생들과 자리를 함께했을 것이다.(노먼 소프 소장)

은 한두 명밖에 없었어요. 상하이에서 학교를 다니는 조선 여자 아이들은 전부 합쳐서 겨우 13명이었어요. 전쟁이 끝나고 조선에 돌아와서 우리는 서울에 동창회를 설립하고 정기적으로 모임을 가졌지요.

이제 일본 경찰의 손길이 심지어 상하이에서조차 어디까지 뻗쳤는지 알려줄게요. 그러려면 아버지 얘기를 좀 더 해야겠군요.

아버지는 상하이에 있는 한 대학의 교수이자 유명한 서예가였지만, 일본 비밀경찰은 잠재적인 반일운동가로 간주했어요. 아버지가 가진 지위와 재산 때문에 더욱 신경을 곤두세웠죠. 아버지가 반일운동을 하는 다른 조선인들에게 자금을 제공할지도 몰랐으니까요.

상하이에는 한국 망명정부가 발행하는 《독립신문》이라는 신문이 있었어요. 한글로 발행됐죠. 구독 신청을 하건 안 하건 매주 우리 집에 배달됐어요. 그것이 발각되어 의심을 살까봐 어머니는 신문을 감추셨어요.

소용이 없었지요. 일본 비밀경찰은 우리가 그 신문을 받아본다는 걸 알고서 형사 한 명을 우리 집에 영구 배치했어요. 매일 아침 그 형사가 집에 와서는 아버지 사무실에 앉아 있었어요. 온종일. 형사에게 밥도 주게 되고 차츰 친해졌지요. 어쨌든 우리는 모두 같은 인간이니까요. 형사 중 한 명은 우리 식구가 좋아하지 않았지만 다른 한 명은 우리 식구와 잘 어울렸어요.

딱 한 번 내가 조선인임을 의식했던 것은 반 전체가 일본 여행을 갔을 때였어요. 상하이에서 일본 남부에 있는 항구 도시인 시모노세키까지 기선을 타고 갔어요.

배에 올라타자마자 일본 비밀경찰 부서의 형사 하나가 나를 호출했어요. 겁에 질렸죠. 잘못한 건 아무것도 없어, 속으로 생각했어요. 내게 뭘 원하는 걸까? 그 형사는 모르는 사람이었어요. 전에 한 번도 본 적이 없었죠.

자리에 앉으라고 하더니 질문을 던졌어요. 이름이 뭐냐, 아버지는 뭘 하시느냐, 오빠들은 뭘 하느냐 등등. 내가 아직 조선 이름을 쓸 때였어요.

나는 형사에게 되물었어요. "왜 내게 이런 걸 묻는 거죠? 왜 나한테만 이래요?"

형사가 말했어요. "뭐 좀 조사하는 게 있어."

"그게 뭐죠?" 내가 물었어요.

"네 아버지 사상에 대해 의심 가는 게 있어. 썩 일본적이지 않거든."

내가 대답했어요. "아버지는 그냥 학자예요. 의심할 만한 일은 없어요."

나도, 그 형사도 알고 있었어요. 상하이에 거주하는 조선인 중에 자기 자녀를 일본인 학교에 보내는 사람은 사실 드물다는 것을. 조선인 대부분은 자녀들을 프랑스인 학교나 이탈리아인 학교, 미국인 학교 또는 중국인 학교에 보냈지요. 그래서 형사한테 말했어요. 그 많은 학교들 중에서 우리 부모님은 나를 일본인 학교에 보내고 있다, 그런데 어떻게 우리 부모가 의심스럽다고 할 수 있느냐?

머리를 빨리 굴렸지요. 상하이에서 우리는 우치야마內山라는 일본 서점에 종종 가곤 하는데, 그 일본인 주인이 우리 아버지와 아주 가까운 친구라는 얘기를 했어요. 그 주인은 우리 아버지를 대단히 존경한 데다 "유 교수는 매우 박식한 분이고 그분에게서 배울 게 아주 많다"고 말하곤 했거든요. 이 모든 것을 배 위에서 그 형사에게 말했고 마침내 형사는 나를 놓아줬어요. 급우들과 함께 여행을 마칠 수 있었지요.

1938년경 내가 14살 때, 각각 3학년, 6학년인 여동생들과 아기까지 데리고 어머니는 중국에서 벌어지고 있는 전쟁을 피해 서울로 돌아왔어요. 우리가 서울에 도착하자마자 경찰이 어머니를 체포해서 끌고 갔어요. 우리 넷은 경찰서에 찾아가 문 앞에 서서 울고 또 울었지요. 이 모든 일은 이삿짐을 싼 포장지 중에서 《독립신문》한

장이 눈에 띄었기 때문이었어요. 매우 철저하게 검색을 했거든요. 그 신문을 읽었느냐고 추궁하고 또 추궁했어요.

우리는 모두 그 신문을 읽지 않았다고 했어요. 낡은 신문이 보이기에 짐을 싸는 데 썼을 뿐이라고 했지요. 우리 어린애들은 이게 대체 무슨 영문인지 물론 몰랐지요.

어머니는 대단한 분이셨어요. 부당한 체포에 항거하기 위해 감옥 안에서 단식을 시작했어요. 우리가 음식을 갖다 드렸지만 어머니는 손도 대지 않았어요. 우리가 멀리 상하이까지 가서 일본에 아주 많은 세금을 냈는데 이런 식으로 보답하는 거냐고 어머니는 강하게 항의했어요. 결국 어머니는 석방됐지만 우리는 매우 힘든 시련을 겪었지요.

우리는 1943년에 상하이로 돌아갔어요. 나는 동경에 있는 대학에 진학했지요. 이미 공습이 놀랄 만큼 잦았어요. 부모님은 우리들의 교육을 위해 동경의 아파트를 사서 우리가 살도록 했는데 걱정이 되셨는지 상하이로 돌아오라고 줄곧 말씀하셨죠. 그래서 거기에 모든 것을 남겨둔 채 동경에서 시모노세키로 가는 기차를 타고 다시 상하이행 배를 탔어요. 미국 비행기의 폭격으로 배가 침몰하지는 않을까 걱정했지만 무사히 도착했어요.

그렇지만 어머니는 그다지 운이 없었어요. 11월에 돌아가셨지요. 상하이에서 시모노세키로 간 다음 부산으로 향하는 여행길에 올랐는데 B29 폭격기가 그 배를 침몰시켜버렸죠. 그렇게 돌아가신 거예요. 이 폭격의 희생자들을 기리기 위해 중국 항저우杭州의 부두에서 조선인들이 모여 대규모 장례식을 거행했어요. 물속으로 사라져버린 넋들을 위해서요.

일제 치하에서 얼마나 많은 조선인들이 우리처럼 저항하지 않고 그저 삶을 영위하며 살았을까요? 많은 사람들이 그랬어요. 그런 삶을 선택해서가 아니라 다른 선택의 여지가 없었기 때문이지요. 결국 어떻게 됐나 보세요. 전쟁이 끝난 뒤 우리 가족은 친일 낙인이 찍혔어요. 그렇지만 우리가 일제의 지배를 받을 때 아버지는 의심을 받고 매일 형사의 감시를 당했잖아요. 얼마나 아이러니컬한 일인가요.

에필로그, 1945~95

여성 정신대에 차출되는 것을 피하기 위해 유혜경 씨는 약혼을 했고 어머니의 첫 기일인 11월에 결혼했다. 유혜경 씨 부부는 다섯 명의 자녀를 낳아 길렀고, 그중 한 명은 미국으로 이주했다. 남편이 은퇴하자 부부는 캘리포니아에 살고 있는 딸의 집으로 옮겼다. (더 상세한 내용은 〈후일담 1945~97〉의 양성덕—유혜경 씨의 남편—항목을 참조)

제11장
일본인 되기

1936년부터 1942년까지 조선을 통치했던 미나미 지로南次郎 총독은 자신의 역사적 사명은 완전한 내선일체를 이루어내는 것이라고 믿었다.[1] 새로 생긴 많은 법규에 따라 조선인들도 〈황국신민서사皇國臣民誓詞〉를 암송하고(1937), 일본어만 사용하며(1938), 신사참배를 해야 했고(1939), 극도로 치욕적인 일이지만 창씨개명(1940)을 강요당했다.[2]

신사참배

총독부는 신도 의식이 종교적인 것이 아니라 단지 천황을 공경하는 것일 따름이라고 했다. 그렇지만 일본인들은 자신들의 천황을 살아 있는 신으로 여겼기 때문에 천황의 조상들 또한 신이었다. 신사참배는 수백, 수천의 천황의 조상신들을 모심으로써 살아 있는 천황을 섬기는 셈이었다.

신사참배 여부는 많은 요건에 따라 정해진 것으로 보인다. 어떤 지역에서는 경찰의 신사참배 강요가 엄격했고, 교회를 폐쇄하는 것부터 식량 배급을 거부하는 일까지 다양한 형태의 강압이 행해졌다. 대개 정부 기관이나 학교는 단체로 참배하도록 요구받은 반면, 사기업 근무자나 농부들은 강요를 당하기도 하고 그렇지 않기도 했다. 특정 지역에서 언덕에 신사를 세우느냐 아니면 직장 또는 학교에 소규모 신사를 두느냐, 그리고 참배가 강요되느냐 마느냐 하는 문제는 대개 지역 상황과 지방 관리의 성격에 좌우됐다. 어떤 노인은 이렇게 말했다. "신사에 가는 도중 선생님께 먼저 할 일이 있다고 말씀드렸어요. 선생님은 '그래, 가보렴' 하고 말했죠. 나는 언제나 구실을 만들어서 신사참배에 빠졌어요."

강상욱(남)
1935년 평안북도 출생, 물리학자

일본인들은 거의 모든 마을마다 언덕이 높은 곳에 신사를 세우고 한 달에 한 번씩 거기서 제의를 행했어요. 일본인이건 조선인이건 모두 참석해서 신도의 신들에게 참배를 드리도록 했지요. 강계에 있던 신사는 꽤 컸어요. 우리 가족은 기독교도였지만 나는 학교에서 단체로 따라가지 않을 수 없었어요. 학교 수업 시간에 참배를 갔고 아직 어렸던 우리는 거기에 대해 별다른 생각 없이 무리 지어 따랐어요.

마을마다 신사가 하나씩 있어야 했지만 적지 않은 마을이 그런 일을 하기엔 너무 규모가 작았어요. 우리 선조들이 대대로 살았던 덕달리에는 일본 사람이 들어온 적도, 신사가 세워진 적도 없어요. 마을이 그저 워낙 작았던 거죠.

기독교의 어느 교파는 신도들에게 신사참배를 하지 말라고 했고 그 결과 지속적인 박해에 시달렸어요. 많은 사람들은 살아남기 위해서 그저 시키는 대로 했지요. 어릴 때라 나는 이 모든 것을 알아차리지 못했어요. 비행기를 그리고 색연필로 지도를 그리며 대체로 즐겁게 놀 따름이었죠.

신사가 어떻게 생겼냐고요? 언덕을 올라가다 보면 신사에 들어가기 전에 먼저 도리鳥居라는 붉은 문을 만나게 돼요. 그냥 거기 세워져 있어요. 그러니까 문이라는 게 보통 담장 사이에 난 구멍 같은 건데 거기엔 담장이 없고 그냥 문만 있는 거예요. 아주 컸어요. 사람 몇 명이 나란히 걸어 들어갈 수 있을 만큼 넓었지요.

언덕을 좀 더 올라가면 우리 모두가 설 수 있을 만큼 넓은 공터에 불교의 암자와 매우 흡사한 작은 집이 문이 닫힌 채 있었어요. 그 옆에 있는 건물에서 예복—커다란 가운을 입고 홀笏을 들고 있는 매우 인상적인 모습—을 완전히 갖춰 입은 사제가 나와서 신사 앞에 서요. 신사 안에는 태양의 여신인 아마테라스오미카미天照大神의 조각상이 놓여 있다고 선생님은 얘기했지만 나는 실제로 안을 들여다본 적은 없어요. 모든 신 중의 신 같은, 매우 신성한 존재였지요.

1930년대 조선인 학교(은진학교인 듯하다)에서 치러진 신사참배 의식.(노먼 소프 소장)

사제가 "절" 하고 소리쳐요. 그러면 우리는 허리 굽혀 90도로 몸을 숙이죠. 그게 전부였어요. 다 끝난 거죠. 시간이 많이 걸리는 것은 언덕 위까지 올라갔다가 다시 내려오는 일이었어요.

김순옥(남)
1910년 경기도 출생, 도붓장수 · 소방관

전차를 타고 서울 숭례문을 지나가다 보면, 남산에 있는 신사와 일직선으로 만나는 곳을 지나게 돼요. 정오에는 신사 쪽을 보고 절할 수 있도록 전차마저도 멈춰 섰어요.

김여성(남)
1910년 평안남도 출생, 사진사

일제는 우리에게 그냥 참배를 시켰어요. 나는 서울에서 사진관을 했는데 가게에 찾아와 신사참배를 가라고 말했어요. 사진관 앞으로 신사 의식에 참석하라는 공문도 내려왔지요.

이옥분(여)
1914년 충청남도 출생, 주부

물론 우리는 남산에 있는 신사에 올라가야 했어요. 우리 동네 애국반 반장은 일본 사람이었어요. 그래서 그 사람이 시키는 대로 할 수밖에 없었지요. 가지 않으면 식량 배급을 받을 수 없었어요.

따로 가지 않았어요. 동네 애국반 전체가 한꺼번에 갔지요. 한 10가구쯤 됐어요. 나는 아기가 있음에도 불구하고 전철을 타고 가서 언덕 위까지 걸어 올라가야 했어요. 무척 힘들었지요.

자주 올라가야 했어요. 때로는 일주일에 한 번, 한 달에 두어 번은 틀림없이 가야 했지요. 참배는, 가만 보자, 30분쯤 걸렸어요. 무슨 물을 붓고 손바닥을 마주치고, 그러고는 다시 내려와서 식량 배급표를 받는 거예요.

나중에는 창씨개명을 했어요. 나는 그저 남편이 하는 대로 따랐지요. 신경을 안 썼어요. 그냥 식량 배급표를 받기 위한 것이었죠.

송석지(남)
1916년 경기도 출생, 피혁상

신도神道라? 나는 평범한 사업가였어요. 공공 기관에 근무한 게 아니었기 때문에 개인적으로 신사참배를 할 필요가 전혀 없었지요. 우리 아버지는 결사 반대였죠. 아버지는 일본인과 일본에 관한 모든 것을 싫어했어요.

최길성(남)
1911년 경기도 출생, 교사

물론 학교는 전체가 집단 참배를 하도록 강요받았어요. 개인적으로는 가지 않았지만 학교 교사로서 가지 않을 수 없었죠. 선택의 여지가 없었어요.

주봉예(여)
1913년 경상북도 출생, 주부

부산 신사는 부두 근처 산꼭대기에 있었어요. 휴일에 여러 번 거기에 올라갔지만 순전히 소풍이었어요. 경치가 아름다웠지요.

장로교단은 3년을 버텼지만 1938년 9월 이례적인 경찰의 압박을 받자 결국 칙령을 준수하기로 했다. "총회가 시작되기 전, 400명의 대의원 한 명 한 명이 경찰서로 소환되어 신사참배에 찬성표를 던지라는 말을 들었다. 회의가 시작되자 경찰들이 대의원들을 마주보고 앉았다. 경찰은 토론이나 반대표를 허용하지 않았다. 회의장을 떠나

려 하는 사람은 누구든지 경찰에게 불려갔다. 이런 압박 아래 장로교 총회는 신사참배가 종교적인 일이 아니라는 결정을 내렸다."

이옥현(여)
1911년 평안북도 출생, 주부

신사참배를 반대하는 사람은 감옥에 가거나 고문을 받을 게 뻔했어요. 우리 교회 사람들은 그 일을 끔찍하게 여겼지만 시골에 살고 있었기 때문에 그다지 큰 문제가 되지 않는 것 같았어요.

우리 목사님은 신사참배에 반대했지만 그럼에도 불구하고 장로들은 신사에 갔어요. 우리가 신사참배를 하지 않으면 교회를 폐쇄하겠다고 경찰이 협박했기 때문에 그런 거지요. 사실 자주 가지는 않았어요. 일본의 주요 기념일에만 갔지요.

우리 남편도 가야 했어요. 이미 감옥에 갔다온 데다 경찰이 일거수일투족을 감시하고 있었거든요. 돌아와서는 신사에 갔노라고 말했지만 일단 거기 가서는 남들 안 들리게 욕을 하고는 돌아왔지요.

김원극(남)
1918년 함경북도 출생, 전매청 직원

우리 사무실에 신사는 없었지만 일종의 작은 제단 같은 게 있었어요. 매달 첫째 월요일이면 조회를 한 뒤 이 제단을 향해 서서 머리 위로 손바닥을 세 번 부딪치고 머리를 숙여 절을 했지요. 신도를 믿건 안 믿건 그렇게 했어요. 일본인이든 조선인이든 실제로 신도를 믿는 사람이 많았다고는 결코 생각하지 않아요. 그렇지만 절을 하지 않으면 금세 눈에 띄고 말지요.

정태익(남)
1911년 강원도 출생, 농부 · 목재상

나는 한번도, 1930년대 중반에도, 일본어라곤 한마디도 해본 적이 없어요. 또 신사에도 한번도 안 갔어요. 강요를 받기는 했지만 산골 마을과 벌목장에선 압력을 행사할 사람이 없으니 그냥 무시해 버렸지요.

족자, 서사, 포고

일제는 종교, 교육, 친교 등의 성격을 막론하고 모든 공적 모임에서 조선인들이 다음과 같은 〈황국신민서사〉를 외도록 강요했다.

　우리는 황국신민이다. 충성으로서 군국君國에 보답한다.
　우리 황국신민은 신애협력信愛協力하여 단결을 굳게 한다.
　우리 황국신민은 인고단련忍苦鍛鍊하여 힘을 길러 황도를 선양한다.

강상욱(남)
1935년 평안북도 출생, 물리학자

우리 가족은 여러 도시를 옮겨다니며 살았고 나는 여러 학교를 다녔지만 이것만은 언제나 똑같았어요. 학교에 가면 매일 아침, 해가 나건 비가 오건 눈이 오건, 학교 운동장에 모여 출석 점검을 하고 공지사항을 알리는 조회로 시작을 했지요. 매일같이 교장 선생님이 훈화를 하고 나면, 우리는 동경과 천황이 위치한 동쪽을 향해 절을 하며 "천황 폐하 만세"를 외쳤어요.

1년에 대여섯 번 정도 아주 특별한 경우에는 천황의 칙령이 담긴 특별한 족자를 꺼내왔어요. 그런 두 번의 경우가, 12월 8일 제2차 세계대전 선전포고일과 4월에 있는 교육의 날이었어요.

교장 선생님은 우리 앞에 놓인 연단에 서 있어요. 교감 선생님은 일본 천황의 국화 문장으로 화려하게 장식된 자개 상자에 든 두루마리를 가지고 나오지요. 허리를 숙이고 상자를 높이 들어올린 채 말이에요. 눈길은 상자를 직접 향하지 않고 손이 상자에 닿지 않도록 흰 장갑을 꼈어요. 마찬가지로 흰 장갑을 낀 교장 선생님이 두루마리를 받아 경건하게 읽어요. 그러고 나서 두루마리를 교감 선생님에게 다시 건네줘요. 우리들은 모두 고개를 숙인 채 천황의 성스러운 말을 지켜보아선 안 됐지만 당연히 훔쳐봤지요.

이처럼 특별한 날에는 매번 특별한 연설이 있었고 우리는 사회과 수업 시간에 그걸 암기해야 했어요. 두말할 것도 없이 칙령은 매우 진지하게 다루어야 했지요. 친 오모니 와가 코소 코소(천황의 이름으로 발포된 〈교육칙어〉의 서두에 나오는 표현 '朕思に我が皇朝皇宗(짐이 생각하매 우리 황조황종)'을 소리나는 대로 적은 것이다. '황조황종'은 천황의 역대 선조를 가리킨다―옮긴이).

그렇지만 알다시피 애들한테 연설은 전혀 먹히지 않았고, 우리는 그걸로 게임을 만들어 놓았어요. 격식을 갖추고 서로 마주서요. 팔짱을 끼고 가슴에 얹은 채 "친 오모니"하며 장중하게 읊조리다가 우주를 껴안는 것처럼 팔을 넓게 벌리며 "와아아아가"라고 해요. 그러다 갑자기 아이 하나가 재빨리 손을 뻗어 다른 아이의 겨드랑이를 간질이며 "코소 코소 코소 코소"하는 거예요. 한바탕 웃음이 터지지요.

내가 아홉 살쯤인 4학년 때 우리는 강계에 살고 있었고, 우리 집과 마찬가지로 4학년과 5학년인 아이를 둔 일본인 이웃이 있었어요. 우리는 사이좋은 친구가 되어 만화책도 바꿔보고 서로의 생일잔치에도 가곤 했어요. 비가 오는 날은 공기놀이를 했는데 그러다가 일본인 학교에서도 아이들이 황제의 연설을 조롱거리로 삼는다는 사실을 알게 됐어요. 물론 사람들이 있는 곳에서는 감히 그렇게 하지 못했지만요. 우리는 생각지도 못한 일들까지 하고 있더군요.

최길성(남)
1911년 경기도 출생, 교사

제2차 세계대전이 시작된 뒤 매일 아침 조회 때면 우리는 천황이 살고 있다는 동쪽을 향해 절을 하고 서사를 암송했어요. 이 행사는 교장 선생님이 주관했지만 출장을 가거나 할 때면 내가 맡아야 했어요. 전체 학생들에게 동쪽을 향해 절하도록 명령을 내려야 할 때면 정말로 마음이 불편했어요. 그 일을 결코 좋아할 수 없었어요. 왠지 모르지만, 마음속으로는 "이 나쁜 놈아"라고 하면서 겉으로는 머리 숙여 절해야 했지요.

설날

김 P.(익명, 여)
1931년생, 주부

일제는 1월 1일을 설날로 삼았지만 우리 조선인들은 몇 주일 뒤에 오는 음력 설날을 쇠었어요. 조선 풍속을 없애버리려는 목적으로 어떤 일본인 교사들은 음력 설날에 학생들을 데리고 야외학습을 가기도 했어요.

소풍을 가거나 작업을 하기도 했지요. 방공호를 파거나 밭에서 괭이질 또는 김매기를 할 수도 있었고요. 명절을 즐겨야 하는데 교사들은 우리를 집에서 멀리 떨어진 곳으로 데려가 가족이 명절을 함께 쇠지 못하도록 했어요. 우리의 전통을 단절하려는 의도적인 행위였지요.

강상욱(남)
1935년 평안북도 출생, 물리학자

내가 살던 북쪽 지방에서는 일제가 우리의 음력 명절을 멸절시키지 않았어요. 음력 설날, 우리들은 짚단으로 커다란 모닥불을 피웠어요. 아이들만 있을 뿐 어른들은 없었어요. 논 한복판에서 벌이는 거라 어른들은 별로 신경 쓰지 않았지요. 집집마다 다니면서 먹을 것을 얻어다가 다시 논에 모여서 신나게 놀았어요. 모닥불 앞에서 소리 지르고 마구 뛰면서 말이에요.

모닥불을 피우기 전날에는 밤새 한잠도 안 자고 깨어 있으려 애썼어요. 그날 밤 잠이 들면 눈썹이 하얗게 센다는 건 누구나 아는 일이었거든요. 동생이 잠들자 눈썹에다 흰 분가루를 발랐던 일이 생각나네요.

창씨개명

1939년 '더 완전한 동화'를 이루기 위해 총독부는 조선인들로 하여금 조선 이름을 버리고 성과 이름을 모두 일본식으로 바꿀 것을 촉구했다. "이 운동은 광범위하고 강렬한 것이었지만 지금까지의 연구에서는 실제 이런 결과를 낳은 그 어떤 실정법도 발견되지 않았다. 이것은 관료조직이 벌인 운동이었다. 이 사건이 초래한 전체적인 모욕에 견주어본다면 사소한 구별처럼 보일 수도 있겠지만, 사실은 만약 민중이 거부한다면―실제로 많은 사람들이 그렇게 했다―총독부로서는 아무런 법적 근거가 없는 것이었다. 요는 총독부가 조선인이 '자발적으로' 자신들의 이름을 바꾸었다고 말할 수 있게 된다는 것이다."

우리가 인터뷰한 51명의 사람들 중에서 단 네 가족만 창씨개명을 거부했다. 다른 사람들은 모두 타협했다. 일본식 이름이 없이는 학교에 들어갈 수도, 취직을 할 수도, 배급표를 받을 수도 없었기 때문이다. 조선 이름을 가진 사람들에게 정부는 허가증을 발급해주지 않았고 집배원은 우편물을 배달하지 않았다. 그렇지만 많은 조선인들은 새로운 이름 안에 자신들의 조선 이름, 고향, 또는 중요한 가문의 특징을 기발한 방법으로 반영해넣었다.

박성필(남)
1917년 경상남도 출생, 농부·어부

나는 창씨개명을 거부했다는 이유로 일본인들에게 숱하게 두들겨 맞았어요. 주위 사람들은 죄다 이름을 바꾸었지만 나는 할아버지와 아버지를 차례로 잃고 집안 장남의 책임을 떠맡아야 했지요. 그래서 이름을 바꾸려 하지 않은 거예요. 그렇지만 그처럼 심하게 두들겨 맞는 일에 진저리가 났지요.

자포자기의 심정으로 서울에 있는 고모에게 편지를 썼어요. 그 고모는 독립운동으로 체포된 바 있었지요. 고모님께 여쭤봤어요. 창씨개명을 할까요? 고모가 답장을 보냈어요. "네 아버지가 둘이냐? 네 아버지가 둘이라면 네 이름을 일본인 아버지 이름으로 바꾸려무나." 몹시 화가 나셨던 거예요.

그래서 나는 좀 더 버텼어요. 그렇지만 박해를 더는 견딜 수가 없었어요. 마침내 이름을 오다케로 바꿨지요. '오大'는 한국어로 '대'라고 발음하는 한자예요. 내 고향 이름의 첫 음절이지요. '다케竹'는 대나무라는 뜻인데, 우리 집 뒤에 넓은 대밭이 있었기 때문에 붙인 거예요. 결국 내 이름은, 내가 대변이라는 고장의, 뒤에 대밭이 있는 집에서 태어났다는 것을 의미했지요.

주봉예(여)

1913년 경상남도 출생, 주부

우리 집은 성씨를 바꾸지 않았어요. 남편 성인 박씨를 지켰지요. 우리 아들은 바르쿠사 도시오라고 이름을 바꿨지만 남편은 매우 완강했어요. 내 친정집도 이름을 안 바꿨어요. 시청에서 일하던 오빠가 창씨개명을 했는지 안 했는지 모르겠지만, 했다면 틀림없이 직장에서 쫓겨나지 않기 위해서였을 거예요. 서로 종종 왕래하는 사이였지만 오빠가 제게 그런 얘기를 했겠어요? 아니에요. 어려움을 겪고 있다는 얘기는 결코 하지 않았어요. 그저 자기 일에만 충실할 뿐 다른 누구도 귀찮게 하지 않았지요.

이재임(여)

1919년 경기도 출생, 주부

선비인 우리 할아버지는 강제로 창씨개명을 하게 되자 진노해서 며칠 동안 음식을 드시지 않고 물도 안 마셨어요.

김 P.(익명, 남)

1924년생, 면面 서기

나는 이름을 도미가와富川라고 바꿨어요. '부유한 강'이라는 뜻이지요. 우리말로는 '부천'이라고 읽어요. 그 이름은 내가 직접 골랐어요. 특별한 이유는 없었고 그저 발음하기 쉬운 이름처럼 보였기 때문이에요. 할아버지가 반대하셨지만 사무실에 나가야 했기 때문에 바꾸지 않으면 안 됐죠. 우리 집안에서 나만 유일하게 개명을 했어요. 다른 식구들은 전부 여전히 농사를 지었거든요. 직장을 잃을까봐 염려하지 않아도 됐던 거죠.

양성덕(남)
1919년 충청남도 출생, 전기 기사

집집마다 순응할지 저항할지를 놓고 논란이 컸어요. 미곡상을 물려받은 맏형은 이름을 바꾸지 않았어요. 대부분의 고객이 조선 사람이었거든요. 그렇지만 학교에 가거나 직장을 구해야 하는 우리들은 새로운 이름을 지어야만 했어요.

그것은 조선 사람들을 일본인으로 만드는 술책에 불과했어요. 알다시피 그냥 막무가내로 한 게 아니에요. 일제는 아주 교활한 계획을 갖고 있었지요. 창씨개명의 목적은 분명 우리 조선 사람들의 이름을 일본인처럼 들리게 함으로써, 젊은 세대가 새 이름만 알게 되고 나아가 그들의 사고방식이나 태도가 일본인같이 되도록 하는 데 있었던 거예요. 민족의식의 흔적조차도 지워버리려는 일제의 장기 계획의 일부였어요.

김원극(남)
1918년 함경북도 출생, 전매청 직원

우리 문중에서는 몇 차례 종친회를 열어 창씨개명에 따를지를 놓고 많은 토론을 벌였어요. 어떤 사람들은 결사반대했지만 결국 몇 차례 회합 끝에 뜻을 굽혔지요.

나는 종친회에 몇 번 참석해서 듣기만 했어요. 발언을 하기에는 너무 어렸지요. 찬성 쪽은 일본식 이름이 없이는 일본인들을 상대로 사업도 할 수 없고, 직장도 구할 수 없고, 아이들을 학교에 보낼 수도 없다며, 사실상 거의 아무 일도 할 수 없다고 주장했어요. 개명은 그냥 형식적인 것일 뿐 우리의 마음은 여전히 김씨이고 언제나 김씨로 남을 것이라고 했지요. 그러니 그냥 시키는 대로 따르자는 것이었죠.

우리 문중의 큰 어른은 매우 존경받는 분이었는데, 세 번째 회합에서 당신 의견을 내놓으셨고 이것이 중대하게 작용했어요. 우리 문중이 지나친 관심을 끌어서는 안 된다고 하셨지요. 문제를 일으켜서도 안 되고요. 그래서 서로 다른 의견으로 나뉘었던 사람들이 모두 뜻을 굽히고 큰 어른의 뜻에 따랐어요.

최소한 우리 지역에서는 창씨개명을 하지 않은 사람들이 징용의 최우선 대상이 됐어요.

창씨개명

조선인들 중에서는 마음대로 일본식 성(姓)을 짓는 사람들이 있었다. 저항하는 마음을 담아 지은 그런 성은 흔히 논리적이지 않았다. 하지만 표에서 볼 수 있듯이, 인터뷰에 참가한 사람들은 창씨개명 과정에서도 애써 조선의 전통을 지키고자 했다.

조선식 성과 의미	일본식 성과 의미	선택한 이유
김/금(金)	가네쿠니(金國)/금빛 나라	김씨 성을 유지하긴 했지만 일본식 발음을 사용했다.
	가네자와(金澤)/금빛 연못	김씨 성 유지. 일본에서 흔한 성.
	가네시로(金城)/금빛 성	김씨 성 유지.
	가네다(金田)/금빛 논	김씨 성 유지.
	이와모토(岩本)/바위뿌리	우리의 신념이 바위뿌리와 같다는 것을 보여주고 싶었다.
최(崔) 山=산	야마모토(山本)/산의 근원	'崔' 자에서 '山'을 따옴.
박(朴)	오타케(大竹)	'大'는 크다는 뜻인데, 내 고향 이름(대변읍)의 첫 글자다. '竹'은 대나무라는 뜻으로 내가 집 뒤에 대나무 숲이 있는 곳에서 태어났음을 의미한다.
	기도(木戶)/나무대문 마사키(正木)/곧은 나무	'朴' 자에서 '木'을 따옴. '朴' 자에서 '木'을 따옴.
이(李) 木=나무	마쓰모토(松本)/소나무 뿌리	경주에는 소나무가 있었고, 또 내가 경주 이씨다.
	기모토(木元)/나무 뿌리	'李' 자에서 '木'을 따옴.
강(康)	노부카와(信川)	강씨 본관이 '信川'이다. '信川'은 조선식으로는 '신천'이라 읽고, 일본식으로는 '노부카와'라고 읽는다.
강(姜)	오야마(大山)/큰 산	강씨 본관에 '山' 자가 들어간다. '大山'은 조선식으로는 '대산'이라 읽고, 일본식으로는 '오야마'라고 읽는다.
안(宋)	마쓰모토(松本)/소나무 뿌리	'宋'과 '松'은 조선어 발음이 같다. 일본식 성에는 '宋'이 없어서 나의 형이 발음이 같은 '松'을 택했고, 여기에 '本(모토)'을 붙였다. 이는 '松'이 아닌 '宋'이 진짜라는 뜻이다.

제12장
고베 조선소에 징용 가다

정재수(남)
1923년 전라북도 출생, 학생·조선소 징용 노동자

우리 아버지는 대단히 독특한 기술이 있었는데 지붕에 기와를 얹는 일이었어요. 당시에는 기와 놓는 방식이 오늘날과 사뭇 달랐어요. 정말로 특별한 기술이 필요했지요. 부자들은 끊임없이 건물을 짓고 언제나 기와를 원했기 때문에 뛰어난 기술을 가진 아버지를 찾았어요. 그렇지만 부자들도 늘 집을 짓는 건 아니라서 때로는 집에 돈이 있었지만 대체로는 없었어요. 아이가 일곱인 데다 아버지는 다른 일은 하지 않았기 때문에 살기가 쉽지 않았어요.

집이 가난해서 나는 고학을 했어요. 이런저런 일을 해서 돈을 벌었지요. 4학년 때부터 신문 배달로 학비와 학용품 값을 댔어요. 중학교는 서울로 진학했어요. 이미 내 힘으로 학교를 다니고 있었기 때문에 서울에 간다고 해서 전혀 동요하지 않았지요. 결혼하여 서울에서 일하고 있던 형님 댁에 기거했어요.

내가 21살이던 1944년 10월 1일, 영장이 나왔어요. 도망가고 싶었지만 형님이 말하기를 만약 그런 일이 벌어지면 일본인들이 남은 식구들을 괴롭힐 거라는 거예요. 그래서 가족을 위해 꼼짝 않고 있다가 때가 되면 가라고 형님이 간청했어요. 당국에서는 1년만 복무하게 될 거라고 했지요. 나는 형님께 말씀드렸어요. 1년도 너무 길다고, 도망가겠다고. 그렇지만 형님은 고집을 꺾지 않았어요.

일제는 서울에 있는 한 학교 운동장에 우리를 가득 모으더니 부산으로 데려갔어요. 전국 각지에서 모여든 사람이 수천 명이었죠. 어떤 사람들은 옛날 복식이고 어떤 사람들은 현대식 복장이었어요. 우리를 배에 태우더군요. 우리가 어디로 가는지 전혀 몰랐어요.

우리는 일본 고베神戶에 도착했어요. 거기엔 미쓰비시三菱와 가와사키川崎라는 두 거대 기업의 조선소가 있었지요. 경비병들은 우리를 고베 교외에 있는 기다란 막사 안으로 몰고 갔어요. 우리 그룹에는 조선인이 6천 명 있었어요. 3천 명은 미쓰비시, 3천 명은 가와사키. 모두 그 막사에 수용됐어요. 상상이 가세요?

식사는 콩, 콩, 또 콩이었어요. 흰 쌀밥은 한번도 안 나왔어요. 그런 게 아예 없었지요. 이따금 작은 국그릇을 줄 때도 있었어요. 그런 때에도 적은 양만 나눠줬어요. 우리는 젊고 배고프고 식욕이 넘쳤어요. 겨우 21살인데 어떻게 그런 음식으로 버틸 수 있겠어요? 견디다 못한 어떤 사람들은 몰래 음식을 조금 더 챙기려다가 얻어맞았어요. 아주 호되게! 눈 뜨고 볼 수 없었지요.

기운이 넘치는 젊은 사람들 속에서 질서를 유지하기 위해 막사마다 일본인 장교가 배치되어 있었는데 모두 유도나 무술 유단자들이었지요. 경비병들은 우리들에게 칙칙한 갈색 작업복을 지급했어요. 수용소로 돌아오면 사복으로 바꿔 입었지만 어떤 사람들은 갈아입을 옷이 없었어요. 밤이고 낮이고 작업복을 입었지요. 그 작업복들은 까맣게 됐어요. 세탁을 하려면 근처에 있는 개천에 가서 손빨래를 해야 했어요. 아주 원시적이었죠.

하루 쉬는 날에는 근처 마을에 갈 수 있었지만 돈이 있다고 해도 물자가 너무 귀해서 살 만한 게 없었어요. 돈이 아무 소용없었지요.

고베 항을 중심으로 도시가 바닷가를 따라 길게 펼쳐져 있었어요. 미국군은 체계적으로, 구역별로 도시를 폭격했지요. 모든 게 시커먼 잿더미와 그을음이 돼버렸어요. 폭탄이 전부가 아니었어요. 때때로 우리를 향해 기관총을 마구 쏴댔지요.

B29가 보통 폭탄을 투하할 때는 피해가 그다지 크지 않았지만 소이탄이 떨어질 때는 그 피해가 어마어마했어요. 소이탄이 처음 떨어졌을 때, 경비병들은 우리에게 만약 폭탄이 배에 떨어지면 그것을 집어들어서 바다로 던져버려야 한다고 말했어요. 그렇지만 그들도 이내 알게 됐지요. 그 폭탄이 떨어지면 작은 조각으로 분해되어서 들불처럼 번져간다는 것을. 도망칠 수가 없어요. 불길이 뒤를 쫓아오거든요.

나는 실상 큰 위험은 못 느꼈어요. 폭탄은 시가지에 떨어지는데 내가 일하는 곳은 부두였으니까요. 그 소이탄들이 시가지에 떨어지는 걸 목격했어요. 밤 근무가 끝나고 아침에 도시에 어떤 일이 벌어졌는지 보았지요. 그 불길이 얼마나 뜨거운지 철봉이 구부러질 정도였어요. 집들이 온통 불타는 걸 보았어요. 방공호에 들어갔던 사람들 중에서조차 불에 타 죽는 사람이 있었어요. 너무 참혹하게 불타서 시신이 남자인지 여자인지 구별할 수 없을 정도였죠. 피해가 막심했어요.

배에서 일하다

우리는 미국군 비행기에 발각되지 않도록 위장한 거대한 군함에서 일했어요. 군함이 건선거乾船渠에서 나오면 우리가 윗부분과 내부를 마무리했지요. 배의 바닥 깊은 곳에서 해야 하는 일이었어요. 노동자들이 대갈못과 기계를 부딪쳐서 낸 큰 소음이 배 안에 울려 퍼졌지요. 그들은 아침에 내려가서 밤늦게야 다시 나왔어요. 햇빛을 보지 못했지요. 그 안에 떠다니는 까만 먼지가 그들을 검댕으로 뒤덮었어요. 그래서 노동자들은 모두 까맸어요. 몸 전체가 완전히 까맸지요.

배에 탄 장교가 나를 보좌병으로 뽑아 다른 장교와 경비병들에게 간식을 가져다주는 일을 시켰어요. 그 덕에 나는 아주 힘든 일은 하지 않았지요. 내가 하는 일 중 하나는 일본인 경비병들에게 점심을 배달하는 것이었어요. 그들의 도시락에는 흰 쌀밥과 맛있는 반찬이 들어 있었는데, 그럼에도 불구하고 이 양반네들은 어찌나 응석받이인지 식사 질이 나쁘다고 불평을 해댔어요. "이따위를 사람더러 먹으라는 거야? 돼지도 이런 건 안 먹겠다!"고 고함을 쳤어요. 실제로 도시락을 내게 집어던지며 "옜다, 너나 먹어라"고 소리쳤어요.

그런 일이 생기면 나는 친구들하고 도시락을 나눠 먹었어요. 그들은 정말로 배가 고팠거든요. 남은 것은 몰래 빼돌려서 말린 다음 감춰뒀어요. 탈출할 때 가지고 나가기 위해서였죠. 몇 달 동안을 이렇게 했어요.

전쟁 포로들도 우리와 섞여 그곳에서 일했어요. 이 사람들은 대부분 싱가포르에서 잡힌 영국인들이었어요. 굶주림에 시달려왔다는 것을 금방 알 수 있었죠. 뼈와 가죽만 남아 있었거든요. 그들이 너무 수척해 보였기 때문에 배가 주린 우리들 눈에도 그들의 굶주림이 보였던 거예요. 일본인들은 족쇄를 채운 채 포로들을 배에 끌고 와서는 그제야 족쇄를 풀어줬어요. 포로들은 음식찌꺼기를 찾아 쓰레기통을 뒤졌어요.

그들이 너무 불쌍해서 몰래 담배를 나눠주기도 했지요. 아무것도 아닌 일에 고맙다는 인사를 어찌나 여러 번 하던지 내가 다 미안할 지경이었어요. 물론 발각됐다면 목숨이 위태로워졌겠지요. 대화를 나눌 수는 없었지만, 그들은 나를 볼 때마다 미소 짓거나 웃고 나를 부르곤 했어요. 인간이 다른 인간에게 결코 해서는 안 되는 짓을 일본인들이 저질렀다는 것은 두말할 나위가 없어요.

생각해보세요. 비록 먹을 게 별로 없었지만 우리는 모두 열정과 활력이 넘치는 젊은 나이였어요. 따라서 조선인 동포가 어려움을 겪으면 우리는 모두 그 사람 곁에 모여 일본인에게 대항했어요. 그래서 일본인들은 우리를 두려워했지요.

나는 21살이었고 옳은 일에 대한 강한 확신과 이상에 대한 열정이 있었지요. 그 때문에 하루는 소란이 벌어졌어요. 장교가 일본어를 못하는 한 조선인 소년을 내게 맡겼어요. 그날은 그 아이와 내가 함장에게 도시락을 배달하느라 간수들 앞을 지나게 됐지요. 이 간수들은 대부분 야쿠자라는 음성조직 출신들이었어요. 깡패들은 정규군에서 받아들이지 않았기 때문이죠. 일본인들조차 더럽다며 그들을 피했어요. 그런데 경찰이 이들을 간수로 고용한 거예요. 이 녀석들은 싸움에 능했어요. 한 가지 아셔야 할 일은 간수 앞을 지나칠 때 우리는 일본어로 "실례합니다"라는 말을 먼저 해야 한다는 거예요. 머리도 약간 조아려야 했지요.

이 소년은 일본어를 할 줄 몰랐기 때문에 그렇게 하지 않았고 간수들은 그것을 극도로 불경하고 무례한 일로 여겼어요. 간수들이 소년을 두들겨 팼어요. 그놈들은 만사를 주먹질로 해결했지요. 그놈들은 또 말도 안 되는 짓을 했어요. 함장에게 배달할 도시락을 바다에 던져버린 거예요.

나는 뛰어들어 소리쳤어요. "얘는 아직 일본어를 못하오. 그래서 말을 하지 않은 거요. 무례를 범할 생각으로 그런 게 아니오. 애한테 한두 마디라도 가르쳐주시오. 무턱대고 때리지 말고."

그러자 물론 간수들은 내게 달려들었어요. 맞서 싸워서는 안 된다는 걸 알았지만 젊고 힘이 셌던지라 감정이 앞섰어요. 나는 간수들을 두들겨 팼어요. 어찌된 일인지는 모르지만 조선인이 얻어맞고 있다는 말이 퍼져나가서 수백 명의 동료 노동자들이 선저로부터 올라와 갑판에 모여들었어요. 생각해보세요. 집단 난투극이 벌어진 거예요. 포로들은 자신들을 자극할 뭔가가 필요했던 거예요. 울분을 터뜨릴 분출구 같은 게.

어떻게 된 건지 양편이 갈라서고 싸움은 끝났어요. 그리고 나자 야쿠자들은 커다란 나무 몽둥이를 들고 나를 쫓아왔어요. 온 배 안을 샅샅이 뒤지며 나를 찾았지요. 그들에게 대든 건 나였으니까요. 그렇지만 그놈들 눈에는 우리 조선인들이 모두 그 사람이 그 사람으로 보였기 때문에 구별할 수가 없었어요. 결국 날 찾아내지 못했지요.

우리 소대장과 중대장 둘 다 나를 좋아했어요. 그래서 우리 모두를 처벌하지 않고 그냥 없었던 일로 하겠다고 했어요. 도리어 그들은 내게 양해를 구했어요. 날더러 간수들을 주의하라고 했지요. 간수들은 천한 놈들이고 거친 데다 정규군이 죄다 전선에 나가 있기 때문에 어쩔 수 없이 고용했다는 사실을 우리 모두 알지 않느냐고요. 일본인 상관들이 외려 야쿠자가 아닌 우리 편을 든 거예요. 돌이켜보면 야쿠자들에게 맞서 싸움을 벌였던 나 자신의 용기가 놀라워요. 내가 뭔가에 홀린 건 아닌지, 이따금 궁금해요.

내 최악의 기억은 고베에서 겪은 비참한 일들이에요. 폭격기가 날아오거나 기총소사가 있을 때면 고베의 조선소에 있었던 3천 명의 사내들 중 어떤 조선인들은 밖으로 뛰쳐나가기도 했어요. 그들은 얼마나 무지했는지 폭격기는 일본인들만 폭격할 뿐 조선인들은 쏘지 않을 거라고 말했죠. 어떤 사람들은 쏟아지는 총알을 직접 올려다보기도 했어요. 나는 그 사람들에게 소리를 질렀어요. "안으로 들어가! 숨어!"

기관총은 정말 끔찍할 정도로 불을 뿜어댔지요. 총알이 사람 몸에 맞으면 살이 터져나가고 이렇게 터진 살 조각들이 벽에 흩뿌려졌어요. 무시무시했지요. 우리는 공포에 질려서 바라봤어요. 이런 일들을 볼 때면 탈출해야겠다는 결심이 더 강해졌어요.

탈출

조선인들 사이에 비밀조직이 있어서 특정 장소에 다다르면 배가 조선의 동해안으로 실어다준다는 얘기를 들었어요. 반면 발각되면 처형되는 거지요.

친구들에게 말했어요. 붙잡히면 죽을 거다, 그렇지만 이런 상황에서 여기 남아봐야 어차피 죽을 거다. 그러니 나는 운명에 맡기고 도망가겠다. 누구든 나와 함께 갈 사람은 지금 나서라. 나는 지금 떠난다. 그러자 두 친구가 따라나섰어요.

1945년 7월 24일, 나는 아프다는 핑계를 대고 하루 휴가를 얻었어요. 그리고 나서 식당에 가서 주방장에게 잠깐 외출을 하겠다고 말했죠. 주방장은 날 위해 도시락을 싸줬어요. 그리고 우리는 벌건 대낮에 도망친 거예요.

해변에 다다르자 작은 배 하나를 훔쳐서 노를 저어 바다로 나갔어요. 얼마 못 가 해안 경비대가 따라붙더니 검문을 했어요. 내가 만든 가짜 여행 허가증을 보여주고는 비포인트에 가야 하는데 거기 가는 걸 도와 줄 수 있겠느냐고 말했어요. 그들은 내 얘기에 속아 넘어가서 우리를 도와줬지요. 그리고 나서 우리는 밀수선을 기다리며 바다에서 닷새나 표류했어요. 우리가 있는 위치를 전혀 몰랐기 때문이죠.

우리는 하마마쓰濱松라는 작은 항구에 도착했어요. 기막힌 행운으로 한 조선인을 만났어요. 그 사람 말이 센자키仙崎에 가면 조선으로 가는 배를 찾을 수 있을 거라더군요.

그 말은 육로로 움직여야 한다는 뜻이었어요. 가는 도중 우리는 논에서 일하고 있던 노인들에게 배가 고프니 감자를 좀 달라고 했어요. 우리를 가엾게 여기고 음식을 주었지요. 자기 아들들도 징집당해 전선에 나갔는데 소식을 전혀 듣지 못했다고 하더군요. 우리가 그 아들들과 같은 나이라 남의 일 같지 않다는 거예요. 그분들은 우리에게 매우 잘해주었어요.

우리는 센자키에 도착해서 배를 기다리며 이틀을 외양간에 숨어 있었어요. 기다리는 동안 비밀경찰이 찾아왔어요. 조선인이었던 외양간 주인은 경찰이 뭔가 미심쩍은지 자꾸 찾아오니 다른 곳에 숨어야 한다고 말했어요.

우리는 그 집을 떠나 한 시간 정도 기차를 타고 쇼메이지라는 마을로 갔어요. 지저분한 여관에 묵었는데 경찰이 찾아와서 신분증을 요구했어요. 아까 말했지요. 우리는 가짜 여행 허가증이 있었어요. 거기에 따르면 우리는 식재료를 구해 고베로 가져가도록 되어 있었지요. 경찰이 우리 짐을 뒤지더니 묻더군요. "여기 뭐가 들었지?"

"우리가 며칠 동안 먹을 음식물과 갈아입을 옷가지만 들어 있습니다"라고 대답했어요.

"사실이야?" 경찰이 물었어요.

"물론입니다." 우리는 대답했지요.

"그럼, 좋다. 하지만 오늘 저녁 파출소로 나와라."

우리는 그러겠다고 대답했지만 경찰이 시야에서 벗어나자마자 도망쳤어요. 어렵게 아까 그 농가로 돌아가서 주인에게 우리를 다시 외양간에 숨겨달라고 간청했지요. 밖에 나와 있는 게 더 위험했으니까요. 주인은 반대했지만 결국 우리가 거기 숨어 있도록 허락했어요.

마침내 우리는 배를 찾았어요. 조선인 선장에게 한 사람당 70엔씩 지불했고 한밤중인 새벽 1시에 출발했지요.

그게 고기잡이 배였어요. 선장은 우리더러 생선을 저장하는 배 밑바닥에 내려가 있으라고 했어요. 악취가 지독해서 숨을 쉬기도 힘들 지경이었어요. 배 밑바닥에 내려가보니 30명이 넘는 사람들이 생선과 섞여 거기 웅크리고 있었어요.

조용히 하라고, 입도 뻥긋하지 말라고 하더군요. 최악의 상황이었어요. 악취에다가 엔진 소음까지. 이렇게 다섯 시간가량 지나 아침 6시쯤이 되자 갑판으로 올라오라고 하더군요. 휴, 세상에. 조선까지 얼마나 걸리는지 물었어요. 15시간쯤 걸린다고 하더군요.

그런데 15시간이 지나도 육지가 보이지 않았어요. 20시간이 지나도 여전히 육지가 안 보였어요. 알고 보니 그 배가 워낙 작아서 폭풍 속 나뭇잎처럼 흔들리고 높은 파도가 자꾸 밀어내는 것이었지요. 파도가 이쪽으로 치면 배도 그쪽으로 떠밀렸고 이따금 엔진이 멈추기도 했어요.

나는 엔진 수리 기술을 배웠기 때문에 엔진을 다시 가동하는 일을 도왔지요. 한두 번이 아니에요. 요동이 심해서 다른 사람들은 죄다 멀미를 했기 때문에 전혀 도움이 되지 않았어요.

거기서 얼마나 오랫동안 떠돌았는지 그때는 몰랐어요. 몇 시간이 흐르고 또 몇 시간이 지나고. 마침내 우리는 수평선 위에서 어떤 형태를 하나 발견했어요. 흰옷이 움직이는 거라고 생각해서, 흰옷이다, 조선인들은 흰옷을 입으니 우리가 조선 바다에 들어와 있는 게 틀림없다고 말했죠. 우리는 육지로 떠밀려가서 울산 근처의 조그만 바닷가 마을에 도착했어요. 바다 위에서 46시간이나 떠돌았다는 걸 알게 됐지요. 우리는 아무것도 먹지 못했어요. 멀미 때문에. 아주 무시무시한 바다였지요.

고비 때마다 행운이 찾아왔어요. 지금까지도 나는 내가 어떻게 탈출할 용기를 내고 조선으로 돌아오기까지 그 모든 일들을 할 수 있었는지 모르겠어요.

에필로그, 1945~95

일제가 조선에서 물러난 뒤, 정재수 씨는 부산에서 공장을 운영하며 군용 속옷을 만들어 육군과 해군에 공급했다. 한국전쟁 기간에는 한국에서 전사한 미국군을 위한 묘지를 설립했고, 전쟁이 끝나자 서울로 공장을 옮겨 한국군에 군복을 공급하는 일을 재개했다. 은퇴 뒤 자녀들의 권유로 미국으로 이주했다.

제13장
전쟁의 상흔

제2차 세계대전이 맹렬한 기세로 계속되자 일본은 도움이 필요했다. 이들은 먼저 조선인들을 징용했다. 남자, 여자, 어린이 할 것 없이 전쟁 헌금을 하고, 노동일에 '자원'하도록 해서 광산, 건축 현장, 공장 등에서 일을 시켰다. 전쟁 말기에 이르러 군대는 조선 남성을 징집하여 전투부대에 배치했다. 이에 대하여, 기회 있을 때마다 조선인들은 숨는다든지 징집 영장을 무시한다든지, 후방에서 필수적인 일거리를 찾아낸다든지 하는 방법으로 소극적인 저항을 펼쳤다. 그렇지만 대개는 빠져나갈 구멍이 없었고 탈출은 불가능했다.

징용

정금재(남)
1919년 충청북도 출생, 일용직 노동자

1944년과 1945년에 나는 징용 영장을 네 번 받았어요. 매번 숨었기 때문에 영장을 집행하지 못했지요. 적어도 우리 고장에서는 채워야 하는 할당 인원이 있었어요. 누군가가 숨으면 다른 사람을 붙잡아갔지요. 마침내 전쟁이 끝나자 징용 갈 일이 없어졌어요.

김 P.(익명, 남)
1924년생

징병 영장을 받았는데 군대에 가기가 정말 싫었어요. 결혼해서 아이도 하나 있었지만 일본 사람들은 대수롭지 않게 여겼어요. 되는 대로 최대한 짜내려 했지요.

누군가 그러더군요. 점쟁이한테 가서 조언을 구해보라고. 그래서 갔지요. 점쟁이는 날더러 도망치라고 했어요. 군인으로서는 내 운수가 아주 나쁠 거라고요. 그 조언을 받아들여 조금 떨어진 마을에 사는 고모 댁으로 갔어요. 여섯 달 스무 날을 거기 숨어 있었더니 전쟁이 끝나더군요.

내가 도망치는 바람에 부모님이 곤란을 겪었어요. 경찰이 매일같이 우리 집에 찾아와서 내가 어디로 갔느냐고 다그쳤어요. 어떤 때는 경찰이 오고, 어떤 때는 면사무소 직원이 와서 똑같은 질문을 하고 또 했지요.

다락방이나 숲 속에 숨은 건 아니에요. 그냥 집안에 있었지요. 일본놈들은 길에 젊은 남자가 돌아다니면 검문을 했거든요. 당시에는 젊은 남자들이 죄다 징병이나 징용에 끌려가 있어야 했지요. 나는 공무 출장 중임을 증명하는 가짜 문서가 있어서 검문소를 만나거나 신분증을 제시해야 할 때가 있으면 항상 그걸 써 먹었어요.

이승봉(남)
1912년 경기도 출생, 재단사

내가 일하던 하세가와 양복점은 서울에서 손꼽히는 큰 양복점 중 하나였어요. 총독부가 제복을 주문할 정도로 규모가 컸지요. 일본 사람이 주인이고 나는 그 밑에서 감독 일을 맡았는데 주인과의 대인관계는 그저 그랬어요. 주인은 매일 출근해서는 자리에 앉아 파리나 잡을 따름이었죠. 전쟁 말기에 많은 사람들이 군대나 광산에 끌려갔지만 우리 직원들은 남았어요. 주인이 어떤 수를 냈는지 우리 모두가 강제징병을 당하지 않도록 보호해준 거죠.

이옥분(여)
1914년 충청남도 출생, 주부

우리 남편은 나가사키長崎에 있는 석탄 광산에 끌려갔어요. 그 기간이 1년 정도 됐어요. 남편이 없는 동안 우리는 무척 어려웠어요. 아이고, 정말 힘들었죠. 내 고향 마을에 사시던 외할머니가 쌀이며 다른 농산물을 가지고 서울에 올라오시지 않았다면 우린 아마 정말로 굶었을 거예요. 당시에는 곳곳에 검문소가 있었고 아주 주의 깊게 모든 걸 검사했는데, 외할머니는 어떻게 하셨는지 검문소를 모두 통과해서 우리에게 식량을 갖다주셨지요.

신광성(남)
1915년 경상북도 출생, 농부

나는 1945년 봄에 징용당했어요. 일본놈들은 그저 "너, 그리고 너, 따라와"라고 했지요. 일본 규슈九州에 있는 광산에 보내졌는데 내가 병이 나자 고향에 돌려보냈어요.

건강을 되찾고 나니 다시 징용을 하더군요. 두 번째는 사이타마埼玉 현에 있는 파이프 공장으로 날 보냈어요. 사람들은 "세상에, 너무 위험해"라고 했지만 겪어보니 그다지 위험하지는 않았어요. 육체적으로는 말이에요. 급료는 정말 형편없이 적었죠. 그걸 전부 가족에게 부쳤어요. 처음 갔던 광산은 안전했지만 사이타마 공장에는 B29 폭격이 잦았어요. 공습이 있을 때면 작업을 중단하고 방공호에 들어가야 했지요.

일본놈들은 미국이 신무기를 발명했고 그들이 본토에 진입하면 우리는 모두 영광스럽게 죽게 될 거라고 말했어요. 미국군이 들어오면 찌를 수 있게 날카로운 죽창을 만들었죠.

김원극(남)
1918년 함경북도 출생, 전매청 직원

1943년 나는 청진으로 전근을 갔어요. 먼 북쪽 끝 동해안에 있는 마을이었지요. 감독관은 전형적인 일본인 같았지만 말이나 행동하는 것은 전형적이지 않았어요. 조선인에 대한 차별 행태를 싫어해서 모든 사람에게 똑같이 대했어요. 그는 우리 지역에서 그런 걸로 유명했어요. 동료 일본인들을 자주 비판하는 말이 "우리 일본인들은 좁은 섬나라 의식을 갖고 있는데 실은 작은 연못의 조그만 개구리에 불과해. 큰 그림을 볼 줄 모른다고"라는 것이었어요.

감독관이 내게 처음 그 말을 하는 것을 들었을 때 나는 진담으로 듣기가 두려웠어요. 내가 뭔가 반일적인 발언을 하도록 꾀는 게 아닌가 생각했죠. 그래서 조심하고 또 조심했지요. 차츰 나는 그 사람 말을 믿게 됐어요.

그해 여름 우리 사무실 사람으로 구성된 그룹이 전쟁 노력 동원에 끌려가 청진 외곽에 있는 비행장을 정비하느라 3주를 보냈어요. 우리는 돌을 골라내고 활주로 표면을 다듬었어요. 전부 육체 노동이었죠. 다른 그룹이 와서 3주씩 교대 근무를 했어요. 우리 그룹은 1년에 한 번 이 일을 해야 했어요. 집에서 살면서 낮에는 본래 자기 일터로 나가는 대신 그곳에 가는 것이었지요.

이 일을 하던 어느 날, 나는 일본인 감독관과 함께 저녁 식사를 하고 술을 마시게 됐어요. 술이 몇 잔 들어가자 감독관은 중얼거리기 시작했어요. "우리가 만들고 있는 이 비행장말이야. 우리가 패하고 나면 소련 비행장이 될 수도 있고 미국 비행장이 될 수도 있어. 그런데 왜 우리가 그걸 만드느라 힘들게 일을 해야 되느냐고?"

이런 말을 듣는 게 놀라웠지만 선뜻 동의하지 않았어요. 반일적인 발언을 하기에는 아직 믿음이 부족했거든요. 이런 화제는 가장 가까운 일본 사람 앞에서도 감히 언급할 수 없었던 거예요.

송석지(남)

1916년 경기도 출생, 피혁상

총독부는 폭격 수리대를 만들었는데 거기 들어가면 징병에서 면제됐어요. 그 임무는 애국반을 조직해서 미국 폭격기들이 왔을 때 뒤처리를 지휘하는 것이었어요.

나는 서울 우리 동네의 애국반 반장으로 임명됐어요. 미국 폭격기가 머리 위를 날 때면, 아니 그런 낌새라도 보이면, 낮이든 밤이든 언제나 미리 정해진 장소에 모여 해제 신호가 날 때까지 기다렸지요. 우리 애국반이 폭격을 당하면 뒤처리를 위해 할 수 있는 모든 일에 책임을 져야 했어요. 나는 반장이었지요. 내 밑으로 조선인들이 특정 직위를 얻을 수 있었어요. 내 위로는 감독관과 대장이 있었는데 둘 다 일본인이었지요.

강상욱(남)

1935년 평안북도 출생, 물리학자

제2차 세계대전이 계속되고 있었고, 북쪽 변경 지방에서는 미국이 우리를 폭격할 거라고 생각했어요. 실제로 비행기가 머리 위로 날아왔고, 내 기억에 하늘에 남겨진 기다란 은빛 자국이 꽤 예뻤어요.

그 비행기들이 날아올 때면 학교는 공습경보를 내리고 학생들을 집으로 보냈어요. 그래서 우리들은 "오늘 공습이 있을까?" 하고 묻곤 했지요. 애들 잘 아시잖아요. 공부하기 싫어하는 거. 어쨌든, 이 시기에는 공부를 별로 하지 못했어요. 어떤 때는 비행기가 오전 10시에 나타나서 우리는 집에 가야 했지요. 그래서 우리는 매일같이

학교로 걸어가면서 말했어요. "공습이 있었으면 좋겠네. 온종일 놀
텐데."

위안부

수천 명에 이르는 젊은 미혼 여성들이 정신대에 동원됐고 일제는
그들에게 간호사나 공장 노동자로서 전쟁을 돕게 될 것이라고 말했
다. 실제로 그들이 맞닥뜨린 현실은 전선에 설치된 '위안소'에 끌려
가 군인들에게 성性을 제공하는 일이었다. 그들이 거부하면 때리고
밥을 굶겼다. 전쟁이 끝난 뒤, '위안부'였다는 수치심 때문에 이 여성
들은 침묵했고 최근에 와서야 그들이 자기 이야기를 하기 시작했다.

우리와 인터뷰를 한 여성 대부분은 자신들이 젊었을 때 '위안부'
라는 말을 한번도 들어보지 못했다고 했다. 한 여성은 "아마도 내가
살았던 곳이 도회지라서 그랬던 게 아닌가 싶어요"라고 말했다. "큰
도시에서는 여자들을 모으지 않았거든." 다른 이들은 그런 이야기
를 듣기에는 너무 어렸거나 주류 사회에서 아주 동떨어져 있었기
때문이라고 말했다. 한 여성은 다른 가능성을 시사했다. 그 여성들
이 진실을 알게 된 때는 이미 너무 늦은 때였다는 것을.

김 P.(익명, 여)
1931년생, 주부
세상에는 나쁜 일들이 있고, 할 수만 있다면 피하는 걸 배워야 해

1930년대 학교(은진학교인 듯하다)에서 군사훈련을 받고 있는 학생들.(노먼 소프 소장)

요. 우리 고모는 겨우 열일곱이었지만 징용을 피하기 위해 서둘러 결혼하지 않으면 안 됐어요. '위안부'는 아니고 일종의 노력 동원이었어요. 결혼하면 가지 않아도 됐거든요.

김봉숙(여)
1924년 경기도 출생, 주부

내가 20살 때 동네 애국반―감시 집단, 스파이조직, 총독부 명령 전달 통로―이 찾아와서 내 나이와 혼인 여부를 확인했어요.

내가 젊고 미혼이며 부모님과 살고 있다는 사실을 인정하지 않을 수 없었지요. 그러고 나자 곧바로 경찰이 찾아와서 정해진 날에 소학교 운동장으로 출두하라고 하더군요.

나처럼 소환된 여자 아이들이 많았어요. 전부 같은 나이였죠. 일본 놈들은 우리가 간호사가 되어 일본 제국의 병사들을 돌봄으로써 천황과 일본 제국의 대의를 위해 봉사하게 될 거라고 말했어요. 어떤 아이들은 그런 일을 하게 된 데 정말로 들떠 있었어요.

우리는 전방으로 파견될 예정이었고 그러기 위해서는 훈련이 필요했어요. 목총을 하나씩 지급받고 훈련을 받아야 했어요. 나는 줄곧 생각했어요. 나는 여자다. 왜 총이 필요하지? 총에는 모조 대검이 장착되어 있었고 우리는 운동장에서 그것을 짚으로 만든 '사람'에게 찔러넣어야 했어요. 하고 또 했지요.

그 일이 정말 싫었어요. 하고 싶지 않았어요. 부모님은 나를 결혼시키기로 결정했어요. 그러면 갈 필요가 없을 테니까요. 그래서 부모님 말씀에 따라 결혼을 했는데 나중에 돌아보니 큰 행운이었어요. 아주 나중에 알게 됐죠. 외국에 나가 전선에 파견된 여자들이 강제로 위안부가 됐다는 것을. 일본놈들은 정신대라고 불렀죠. '지원대'라는 뜻이에요.

내가 또 그 사람들에 대해서 알게 된 건 남편이 일본 군대에 끌려가 전선에 보내졌을 때 만주에서 군인들을 상대하는 조선 여자들을 많이 만났기 때문이에요. 결혼이 내게는 도움이 됐지만 남편에게는 그렇지 않았죠. 결혼한 지 겨우 몇 달 만에 끌려갔어요.

남편은 결혼한 지 얼마 안 됐기 때문에 나를 보고 싶어 했어요. 또 나와 같은 나이의 조선 여자들이 위안부로 일하고 있는 것을 보았기 때문에 자기 차례가 됐을 때 육체적 욕망은 있었지만, 줄곧 나를 떠올리면서 그 짓을 하지 않았어요.

여자들이 있는 막사 문 밖에서는 사내들이 줄을 서서 차례를 기다렸어요. 여자는 안에서 그저 누워 있을 따름이었죠. 사내들에게는 한 명당 약 7분 정도의 시간이 허락됐어요. 제때 나오지 않으면 그 다음 사내가 곧장 들어가서 끌고 나왔지요. 문마다 순서를 기다리는 사내들이 길게 늘어서 있었어요. 그렇지만 남편은 자기 차례가 됐을 때 그저 안에 들어가기만 하고 그 짓을 할 수가 없었던 거예요.

이 모든 건 만주에 있었던 내 남편에게서 들은 거예요.

여성 노동과 아동 노동

애국반마다 부인회를 조직해서 전쟁을 지원했다. 한 달에 한 번 회합을 갖고, 단체로 들에 나가 일을 하고, 전쟁 노력을 위해 물자를 모았다. 수건을 만들거나 작은 수건에 검은 글씨로 응원 문구를 새겨넣기도 했다.

중학교나 고등학교에 다니는 학생들의 경우, 학과 시간의 일부가 강제노동 시간이 되어 교실 안에서 또는 공장이나 시골에서 일을 해야 했다. 이 작업은 학기 중뿐만 아니라 방학 때도 계속됐다.

김서분(여)
1914년 경상남도 출생, 주부

어떤 병사들이 우리가 만든 수건을 가슴에 두르고 있다가 그 수건이 총탄을 막아준 덕에 목숨을 구했다는 소문이 있었어요. 우리는 아주 신중하게 수건을 만들었지요.

그 단체 일로 많은 일본인 여성을 만났어요. 실제로 전쟁이 끝난 뒤 그들이 한국을 떠날 때 그 주부들 다수가 자신의 재산을 우리에게 남겨줬어요. 서로 친구가 됐기 때문이죠.

한 가지 늘 개운치 않은 일이 있었어요. 일본인 주부들은 자기들끼리 서로 이야기할 때는 오쿠상이라는 표현을 썼는데, 우리한테 말할 때는 언제나 오카미상이라고 했어요. 약간 낮춰 부르는 호칭이지요. 한번은 한 일본 여자에게 항의했어요. "왜 나를 그렇게 낮춤말로 부르는 거죠?" 대답을 하지 않더군요. 두 표현 모두 우리말로는 아주머니를 뜻하지만, 높임의 정도가 달랐어요.

그처럼 미묘한 일들이 아주 많았어요. 대체로는 그냥 무시하고 넘어가야 했지요.

▌박 C.(익명, 여)
1927년생, 주부

우리가 뭘 했느냐고? 군복을 깁고, 일본 병사들이 입을 각반을 만들고, 가죽 제품에 구멍을 뚫어 다른 사람들이 꿰맬 수 있게 해줬어요. 가죽에 구멍을 뚫는 일은 끔찍하게 어렵더군요. 기계가 없었어요. 날카로운 도구 하나를 주고 손으로 구멍을 뚫도록 하는 바람에 손가락이 피로 물들 때가 많았지요. 한번은 어찌나 심하게 손가락을 찔렀던지 지금도 그때의 통증이 떠올라요.

위기가 닥치면 우리는 부상자들을 돌보기 위해 전선으로 파견되거나 성전聖戰을 치르는 데 필요한 다른 임무를 맡게 될 거라고 하더군요. 거기에 대비하기 위해 우리를 평양에 있는 병원에 보내 응급 처치법, 붕대 사용법, 경상자 치료법 등을 배우게 했어요.

한번은 실제로 자궁암 수술하는 걸 견학했어요. 피범벅이라 욕지기가 나서 볼 수가 없었어요. 나는 사람들 뒤편에 쭈그리고 앉아 있었어요. 의사가 팔을 높이 들어, 잘라낸 커다란 종양을 우리에게 보여줬어요. 아주 지긋지긋했지요.

배영옥(여)
1929년 평안북도 출생, 주부

나는 평양에 있는 정의여학교를 다녔어요. 감리교 계열의 학교였지만 내가 입학했을 때는 선교사들이 다 쫓겨난 다음이었지요.

여학교 2학년 때(8학년)부터 교사들이 가르치는 것은 점차 줄어들고, 학생들은 점점 더 일을 많이 했어요. 조회가 끝난 뒤 두 시간 정도 수업을 받고 점심을 먹고 나면, 오후 내내 솜장갑이나 병사들에게 필요한 물품을 만드는 데 매달렸어요.

교사들이 재료를 가져왔어요. 우리들은 책상에 앉아 바느질을 해야 했어요. 재봉틀은 없었고 거친 소재에 바늘을 밀어넣는 일은 정말이지 너무 힘들었어요. 우리는 어린 소녀들이었거든요. 아팠어요.

얼마나 많이 만드느냐에 따라 점수를 받았어요. 그럼에도 불구하고 몇몇 아이들은 그 일을 잘하지 못했고 그 애들 손에는 으레 피가 흐르거나 물집이 잡혔어요.

진명희(여)
1932년 함경남도 출생, 주부

내가 5학년이 된 1942년까지는 괜찮은 편이었어요. 내가 살던 원산은 항구 도시라서, 아침에는 수업을 듣고 오후 두 시간 동안은 우리 학교 학생 전체가 공장으로 가서 바로 그곳 해안에서 잡은 생선으로 통조림 만드는 일을 했어요.

통조림 공장은 아주 컸어요. 건물들이 몇 줄이나 늘어서 있었지요. 생선을 말리는 일이었지만 그전에 먼저 생선을 두들겨야 했어요. 그렇게 매일 오후 두 시간씩 우리는 생선을 두들겼어요. 온갖 학교에서 학생들이 다 왔어요. 남학생, 여학생, 5학년부터 중학생들까지. 날씨는 덥고 팔은 아팠지만 멈출 수가 없었지요.

겨울에는 생선을 말릴 수 없었어요. 그래서 일주일에 세 번 산에 가서 소나무 수액을 채취했어요. 1943년, 1944년, 1945년, 해마다 이 일을 했지요.

비가 올 때면 응급 처치법과 붕대 사용법을 배웠고, 학교 뒷산에 있는 방공호까지 뛰어가는 훈련을 했어요. 산에 있는 호壕들도 학생들이 판 것이었어요. 나는 안 했지만.

1945년 3월, 6학년을 졸업하고 4월에 감리교 계열의 학교에 들어갔어요. 그때 이미 선교사들은 모두 수용소에 보내지고 없었지요. 여기서는 조회가 끝나면 아예 수업이 없었어요. 유럽의 전쟁은 끝났다는 걸 알고 있었어요. 일본만 전쟁 중이었던 거죠. 아무도 공부를 할 수 없었어요. 또다시 우리 모두는 대열을 지어 공장으로 가서 그 끔찍한 생선을 두들겼지요.

제14장

대한독립 만세

1945년 여름, 온갖 소문이 무성했다. 사람들은 듣고 보았지만 감히 말을 꺼내지는 못했다.

8월 7일(서반구 날짜로 8월 6일) 미국이 히로시마廣島를 폭격했다. 8월 9일(서반구 날짜로 8월 8일) 소련이 일본에 선전포고를 하고, 소련 비행기가 함경북도 청진을 공격했다. 8월 10일(서반구 날짜로 8월 9일) 미국이 나가사키를 폭격했다. 그리고 8월 15일(서반구 날짜로 8월 14일) 일본이 항복하고 조선은 일제통치로부터 해방됐다.

▌김원극(남)

1918년 함경북도 출생, 전매청 직원

그해 여름, 소문들이 나뭇잎처럼 무성했어요. 여기저기서 쏟아졌지요. 나는 동해안 북쪽 끝에 있는 청진에서 2년 정도 근무하고 있었는데, 1945년 7월 정확한 연유도 알지 못한 채 우리는 모두 불안에 빠져 있었어요.

8월 9일 아침, 소련이 일본에 선전포고를 하고 소련 비행기가 청진을 공격했어요. 모든 게 혼란에 빠졌지요. 11일에 서울과의 통신이 끊겼어요. 연락이 닿지 않았지요. 우리는 고립됐어요.

이제 정말로 걱정이 됐어요. 이 국경 도시에서 멀리 달아나지 않으면 안 될 것 같았어요. 일본인 상관 역시 도망가고 싶어 했고 직접 자신의 여행 허가서를 작성했어요. 본부와 논의를 하기 위한 출장이라고 썼지요. 자기가 자신의 이탈을 허가한 거예요.

그 사람은 북쪽 국경 도시에 근무한 지 겨우 몇 달밖에 안 돼서 이 지역에 대해 전혀 몰랐어요. 내게 조언과 도움을 구했고 그 보답으로 나를 도와줬지요. 바로 그 자리에서 내게 가짜 여행 허가증을 발급해주고 남쪽 해안에 있는 고향 마을 성진으로 가야 한다고 말했어요. 그렇게 우리 둘은 8월 13일에 출발하기로 계획을 세웠어요. 아내는 내가 기회 있을 때 도망가야 한다는 데 동의했어요. 자신도 가능한 한 빨리 두 아이를 데리고 따라오겠다고 했지요.

기차역에 근무하는 사람 하나를 알았는데 아침에 짐을 챙겨서 역으로 나오라고 하더군요. 나는 짐 꾸러미 여덟 개를 들고 역으로 나갔고 기차가 왔을 때 실을 수 있도록 짐을 그 사람에게 건넸어요. 뜻밖에도 마차에 짐을 싣고 오던 상관과 마주쳤어요. 서로 만나니 반가웠지요. 그는 역무원 친구에게 부탁해서 자기 짐도 기차에 실어달라고 호소했어요.

1946년 8월 15일 해방 1주년을 기념하여 정부에서 발행한 우편엽서. 발 아래 사슬과 일장기가 눈길을 끈다.(노먼 소프 소장)

나는 그 친구에게 보답하기 위해 담배 세 갑을 팔아주어야 한다고 말했지요. 배급보다 훨씬 많은 양이었어요. 만약 상관이 그렇게 할 수 있다면 역무원 친구도 분명 도와 줄 거라고요. 상관은 그러겠다고 했고, 나는 역무실로 달려가 담배를 가져왔지요. 역무원 친구는 무척 좋아했어요.

그러나 기차는 오전에 오지 않았어요. 종일 기다려도 오지 않았지요. 마침내 밤 11시가 돼서 도착했어요. 칠흑 같은 밤인데도 공습을 피하기 위해 불을 전부 끈 상태였어요. 놀랍게도 일본군 부상병들이 꽉 들어차서 발 디딜 틈도 없었어요. 그보다 더 많은 병사들이 우리가 있는 도시의 광장에서 기차를 기다리고 있었지요. 기다리는 사람이 정말 많았어요. 민간인이 올라탈 자리는 전혀 없었어요.

그 다음 일을 이해하려면 이 지역의 철로를 알아야 해요. 조선 북동 지역의 철로는 커다란 원을 그리며 세 개의 역을 연결하고 우리 도시로 돌아온 다음 비로소 남쪽으로 이어져요. 북쪽에 있는 그 역들을 지날 때마다 기차에는 더 많은 부상병들이 올라타는 거예요. 그래서 이튿날 아침, 다음 기차가 한 바퀴 돌고 왔을 때도 우리는 여전히 올라탈 수 없었어요. 욕심을 내선 안 된다는 걸 깨달았지만 이미 늦었지요. 짐을 여덟 개나 싣고 나니 내가 탈 자리가 없었던 거예요. 일본인 상관과 내가 가진 짐을 합하면 모두 19개였어요.

여느 때 같으면 역 일꾼들이 기차에 짐 싣는 것을 도와주었겠지만, 그 끔찍한 밤의 공황 상태에서 모두들 사라지고 없었기 때문에 우리는 그 일을 직접 해야 했어요. 물론 우글우글한 병사들 말고도 거기서 기다리던 많은 민간인들이 하소연하고 소리치고 밀고 밀치며 그 기차에 올라타려고 안간힘을 썼어요. 병사들은 민간인들이 기차에 오르지 못하도록 목총으로 때리고 밀어냈지요. 아수라장이 었어요.

우리 둘은 함께 서서 지켜보며 기다렸어요. 그 소동을 지켜보던 상관이 말했어요. "가네다 군(내 일본 이름이었죠), 포기하고 그냥 달아나자."

"짐은 어떡하고요?" 내가 물었어요. "누가 훔쳐가겠지."

그렇게 우리는 돌아섰어요. 뭘 해야 하는지도 모른 채.

10시에 다른 기차가 들어왔어요. 다시 한번 기차에 타려고 시도했지만, 역시 빈자리가 없었어요. 우리한테 오기 전에 세 개의 역을 거치면서 이미 꽉 차버린 거죠. 사람들이 들어오지 못하도록 창문까지 잠가버렸더군요.

화차 바로 뒤에 있는 객차의 문이 열려 있는 걸 봤어요. 우편물이 쌓여 있는 칸이었지요. 역무원 친구가 화차 앞쪽으로 돌아서 반대편으로 가면 그 객차에 탈 수 있을 거라고 말하더군요. 그래서 내 짐 일부를 끌고 갔는데 바늘구멍만한 틈도 없었어요. 화물이 이미 천장까지 꽉 들어차 있었지요.

내 몸과 가방 하나를 꼭대기에 욱여넣었어요. 기관사가 말했어요. "경고하는데 짐을 더 실으려고 기차에서 내리면 다시 올라탈 수 없을 줄 알아. 결정을 내려. 지금 앉아 있는 가방 하나를 지킬 건지 뒤에 남겨질 위험을 감수할 건지. 살고 싶다면 다른 녀석은 포기해."

바로 그때 기차가 움직이기 시작했어요. 바로 그렇게, 혼자가 됐어요. 아직 기차 반대편에서 짐을 몽땅 가지고 앉아 있는 상사에게 작별인사조차 하지 못한 채. 지금까지도 일이 어떻게 된 건지 그 상관에게 설명할 기회가 없었다는 게 마음이 아파요. 내가 자기를 배신했다고 믿고 있겠지요.

8월 15일에 동창을 만났더니 일본이 항복했다고 전해주더군요. 믿을 수가 없었어요.

강상욱(남)
1935년 평안북도 출생, 물리학자

1945년 8월, 누나와 나는 평안북도 덕달리에 있는 할머니 댁에서 국민학교 여름방학을 보내고 있었어요.

내가 어디에 있었는지 정확히 기억나요. 더운 날 오후, 할머니의 큰집(마을 원로가 살던 기와집) 문간에서 느긋하게 수채화를 그리며 우물가에서 들려오는 여자들의 수다를 듣는 둥 마는 둥 하고 있었지요. 오후 아지랑이 사이로 한 아주머니가 자신이 들었다는 소문을 전하는 게 들렸어요. 일본이 막 항복을 하고 제2차 세계대전은 끝났다는 것이었지요. 일본의 조선 지배도 끝난 건가? 나는 벌떡 일어나 그 말이 사실인지 물으러 할머니께 달려갔어요.

어른들은 울었어요. 다음 날 마을 사람 모두가 정주까지 걸어가서 감격스러운 축하 행사에 참여했어요.

방학이 끝나자 누나와 나는 할머니 댁을 떠나 압록강변의 국경 도시인 벽동에 사는 우리 가족에게 돌아갔어요. 이제 일본인 지배자가 없었기 때문에 아버지는 재빨리 고향 정주에 있는 은행으로 스스로 전근을 갔어요. 두 달이 안 되어 우리는 짐을 싸서 먼 국경 지대를 떠났지요.

우리는 다 부서져가는 트럭을 타고 나왔어요. 아이들 다섯과 가재도구 전부를 짐칸에 가득 싣고서. 그 트럭은 휘발유가 아니라 나무를 연료로 사용했던 게 기억나요. 그 거친 오지에서 어렵게 빠져나와 가파른 산길을 천천히 기다시피 해서 내려오느라 트럭이 좁고 구불구불한 산길에서 이리저리 흔들렸기 때문에 사람이나 물건을 잃어버리지 않도록 애썼지요.

일본인들의 삶은 하룻밤 새 확 바뀌었어요. 정주 지역에서는 사람들이 스스로 치안을 유지하며 일본인들을 잘 대해줬어요. 일본인들은 대피소나 학교에서 살면서 낮에는 일자리를 구하러 나갔어요. 우리 집도 일본 여자를 가정부로 고용했어요.

중학교 교장 선생님이었던 어떤 사람은 모든 걸 잃고 대피소에 살면서 낮에는 일거리를 찾아나오는 신세가 됐어요. 하루는 소년 두 명이 그 사람을 보고 낯이 익다고 생각했어요. 가까이 다가가 그 사람이 자신들의 교장 선생님임을 알아차리자 오랜 습관이 나타났지요. 아이들은 반사적으로 걸음을 멈추고 그 사람에게 경례를 했어요. 지금은 넝마주이 복장을 하고 있음에도 불구하고. 그는 학생들에게 답례를 하고 그 자리에서 눈물을 흘렸어요. 학생들이 자신을 지금의 변모된 모습으로서가 아니라 과거의 모습대로 여전히 존경하고 있다고 생각한 거죠.

내 얘기를 하자면, 어느 날 할머니를 찾아 덕달리로 향하는 길에 반대편에서 실의에 잠긴 채 정주 쪽으로 터덜터덜 걸어가는 일본인

가족을 봤어요. 그들이 우리가 전에 살았던 전천의 학교 교장 선생님과 그 가족임을 알아차리자 숨이 막혔어요. 우리 가족하고 친했거든요. 어떻게 해야 할지 몰랐어요. 고개를 숙이고 못 본 체했어요. 그때 그들에게 인사말조차 건네지 않은 일이 지금까지도 부끄러워요.

우리가 살던 북쪽에는 일본인들이 짐을 싸서 떠난 뒤 그들을 대신해서 어떻게 나라를 다스려야 하는지 아는 사람이 아무도 없었어요. 사람들은 스스로 치안을 유지했고 어떤 지역은 다른 곳보다 유지가 더 잘 됐어요. 우리가 살던 정주는 조용하고 질서가 잡혀 있었어요. 훨씬 나중에 알게 된 바로는, 몇몇 지역, 특히 소련 국경과 가까운 함경도에서는 끔찍한 일들이 벌어졌더군요. 반일 민족주의자들은 모든 분노를 쏟아냈고, 때를 기다리고 있던 공산주의자들은 호전적이 됐어요. 잔인한 게릴라 공격으로 모든 사람의 신경이 날카로워졌어요. 누가 책임자인지 아무도 몰랐지요.

우리 가족은 작은 사건을 통해 이런 공포를 겪은 바 있어요. 우리가 정주로 귀환한 뒤, 어느 날 덕달리에 계신 할머니 댁에 갔는데 전령 하나가 뛰어오며 유격대가 우리 쪽으로 다가오고 있다고 소리지르더군요. 어떤 성격의 부대인지 그도 확실히는 몰랐어요. 그래서 작은 마을에 사는 사람들 모두가 집에서 뛰어나와 산속으로 들어가 숨었어요. 우리는 겁에 질려 껴안고 있었어요. 산 아래 마을에 있는 집에까지 아이들 소리가 닿지 않도록 조용히 시키느라 애썼지요. 기다리고 또 기다렸어요. 돌아가도 안전한지 어떤지 전혀 알지 못했어요. 몇 시간이 지나자 너무 지친 나머지 한 사람을 내려보내

동정을 살피도록 했어요. 그 사람이 돌아와서는 잘못된 경고였던 것 같다고 하더군요. 우리는 모두 집으로 돌아갔고 그게 전부예요.

정태익(남)
1911년 강원도 출생, 농부·목재상

일제 말엽, 나는 강원도에서 벌목업을 하고 있었어요. 산에서 나무를 잘라 목재로 파는 일이었지요. 많은 목재를 일본으로 보내라는 주문을 막 받은 참이었어요. 일본행 선박에 실을 수 있도록 목재를 남쪽으로 운송하는 게 내 일이었지요.

7월 말까지는 원주에서 통나무 탑재를 모두 마치고 화물 열차가 남쪽으로 출발하는 걸 봤어요. 나는 여객 열차를 타고 부산으로 가서 통나무가 도착하는 걸 맞이할 계획이었어요. 모든 일을 통나무를 주문한 일본인 고객과 사전에 조정해놓았지요. 화물이 도착하면 내게 대금을 지불하게 되어 있었어요.

3주를 기다렸어요. 나는 매일 부산역에 나가 내 화물 열차가 도착했는지 살폈어요. 결국 오지 않았어요. 겨우 며칠이면 올 수 있었을 텐데.

당시에는 내 열차가 지체되는 이유를 전혀 몰랐어요. 일본인들은 자기네가 전쟁에 지고 있다는 사실을 알고서, 조선 땅 전역에 걸쳐 '불요불급'한 화물은 옆으로 미뤄두고 군용 열차를 먼저 운행시키고 있었던 거예요.

거기 눌러앉아 잃어버린 내 열차를 기다리는 동안 일본 천황이 항복을 선언하고 열차는 완전히 멈춰 섰어요. 나는 모든 걸 다 잃었어요. 어디 가면 내 목재를 찾을 수 있는지 전혀 몰랐어요. 그뿐만 아니라 민간인이 탈 수 있는 기차는 하나도 없어서 부산에서 강원도까지(약 420킬로미터) 걸어가야 했어요. 걸었다니까요!

진명희(여)
1932년 함경남도 출생, 주부

우리 아버지는 소련과 일본에서 살았던 적이 있어요. 조선에 돌아와서는 함경남도 원산에서 교사로 일했고, 나중에는 교장이 됐는데 조선 사람으로서는 드문 일이었어요. 거의 예외 없이 학교 교장은 일본인이었거든요.

아버지의 지위가 높은 덕에 우리는 일본인 구역에 살았고 내 친한 친구들은 일본 애들이었어요. 나는 조선말을 전혀 몰랐어요. 말하는 것, 읽는 것, 쓰는 것, 아무것도.

해방 뒤 조선 사람들은 아버지가 높은 자리에 올랐다는 이유로 아버지를 친일파, 주구라고 했어요. 아버지는 린치를 당할 뻔했지요. 그러고 나서 소련군이 들어왔고 그들은 러시아어를 할 줄 아는 사람의 도움이 필요했어요. 아버지는 거절했어요. 이 두 가지 일 때문에 아버지는 나머지 가족을 북에 남겨둔 채 남한으로 몸을 피했어요. 우리는 나중에 월남했지요.

김 P.(익명, 여)
1931년생, 주부

전쟁이 끝나자 모두가 일본어를 버리고 다시 조선말을 쓰기 시작했어요. 나는 어렸고 한번도 조선말로 말해본 적이 없었어요. 조선말을 한마디도 몰랐기 때문에 나는 순전히 내 모어를 배우려는 목적으로 6학년을 다시 다녔어요.

유덕희(여)
1931년 충청남도 출생, 주부

나는 제2차 세계대전이 우리 마을의 신분 질서를 통째로 뒤집어 놓았음을 알아차렸어요. 우리 삼촌네는 하인이 많았고 그들은 모두 제 직분을 알고 있었어요. 그런데 전쟁으로 인해 모든 젊은이들이, 하인이고 양반이고 가리지 않고 모두 일본군에 징병되자 위계가 불분명해졌어요. 누구나 같은 운명이었고 그러니 다들 평등해진 거지요. 이 때문에 전쟁이 끝난 뒤 많은 하인들이 삼촌네 집을 나와서 다른 도시로 이주했어요. 구질서가 붕괴된 거지요.

박성필(남)
1917년 경상남도 출생, 농부·어부

8월 15일, 나는 부산항에 있는 군 수송선에 의사들을 실어다주고 배를 정박시킨 뒤 사무실 건물 2층으로 올라갔어요. 무슨 일이 있었는지 전혀 몰랐지요. 사무실에서 일본인들이 울부짖으며 책상과 바닥을 손으로 내리치는 모습을 봤어요. 지금도 머릿속에 그 모습이 생생해요. 일본은 천하무적이라고 확신하던 바로 그 사람들이었어요. 그리고 나서는 바로 술에 취해 인사불성이 되더군요. 실성한 듯했어요. 그것이 패전국의 비애였지요.

김호준(남)
1918년 황해도 출생, 농부

내 장인은 부면장이었기 때문에 모든 종류의 금속─놋쇠 주발과 촛대, 접시, 냄비, 주전자, 반지 등─을 징발하는 일에 앞장서야 했어요. 명백히 친일파였지요.

일본인들이 떠나자 장인은 겨우 목숨만 건진 채 탈출했어요. 조선인들이 자신을 공격하리라는 걸 알았기 때문에 남쪽으로 도망친 거지요. 남한에서는 조선인들이 친일파를 처벌하지 않았어요. 남쪽에서는 다른 무엇보다도 법과 질서를 원했던 것 같아요. 거기서는 친일파가 권력 있는 자리를 유지했어요. 그리고 일본인들은 여전히 무기를 지니고 있었지요. 북쪽에서는 사정이 전혀 달랐어요. 그런 얘기를 듣자 많은 친일 동조자들이 남쪽으로 도망갔어요.

나도 내 안전을 걱정해야 할 정도였어요. 나는 마을에서 도망쳐 나와 삼촌 댁으로 갔어요.

그런데 농사를 망치지 않으려면 숙련된 사람들이 필요했고, 나는 농업 기술 분야에서 오래 일한 경험이 있었어요. 이를테면 관개를 어떻게 해야 하는지 아는 사람이 필요하자, 사람들은 "용서해주마. 돌아와라"라고 말했어요. 여러 차례 그런 얘기를 전해오자 마침내 나는 돌아갔어요.

이재임(여)
1919년 경기도 출생, 주부

해방 뒤 나는 누더기를 입고 등에 아이를 업은 한 일본인 어머니가 길을 따라 걷고 있는 걸 봤어요. 정말로 그녀가 불쌍했어요. 양주군의 국민학교 교장 선생님이었던 일본인도 기억나요. 전쟁 직후 조선 사람들 손에 죽었지요.

양성덕(남)
1919년 충청남도 출생, 전기 기사, 상하이 거주

그 당시 상하이에는 약 500명의 젊은 조선인 남자가 있었어요. 그들 중에서 나를 포함해 다섯 명만 기술자였지요. 우리는 극장에서 모임을 가졌어요. 애국가를 부를 때는 눈물이 쏟아져내렸지요. 눈에 띄는 아무 종이로 태극기를 만들어서 미친 듯이 흔들어댔지요.

한국인들은 갑작스러운 자유에 눈물과 웃음, 총과 깃발, 혼란과 희망으로 반응했다. 오랜 관습에 따라 조용하고 절제되어 있던 사람들은 갑자기 그들의 억압이 얼마나 깊었는지 드러냈다. 자신들이 자유롭다는 것을 깨닫자 한국인들의 감정은 치솟았고 오랫동안 소중히 감추어왔던 것들이 한꺼번에 폭발했다.

여자들은 대문 밖에 서서 손을 흔들고 모르는 사람들과 얼싸안았으며 저장고에 감추어두었던 잔치 음식을 내놓았다. 남자들은 교묘하게 숨겨두었던 태극기를 꺼내 흔들었다. 아이 하나가 지나가는데, 어떤 어른이 강둑에 홀로 서서 모르는 노래를 활기차게 부르고 있었다. 아이는 고모에게 물었다. "저게 무슨 노래예요?" 그러자 고모가 부드럽게 대답했다. "저분은 우리나라 애국가를 부르고 있는 거야."

그날을 기억하고 있는 또 다른 사람은 모든 한국인을 대변하는 것처럼 보인다. "이 얘기는 한번도 한 적이 없어요." 그 사람은 말했다. "말한다는 것은 기억하는 것이죠. 감히 기억할까요? 세월이 많이 지났지만, 나는 그 모든 것을 다시 보고 듣고 싶어요." 그의 눈은 초점을 잃었다. 그는 잠시 멈추었다가 이야기를 이어갔다. "놀라움, 기쁨, 기대, 공포, 연민, 분노! 그 모든 것이에요. 모든 것이 한꺼번에. 나는 기억해요……." 그의 눈에서 눈물이 흘러 뺨을 적시기 시작했다.

"모닥불이 기억나요." 그가 말했다. "많은 신사들이 우선 그 분노의 대상이 됐지요. 군중은 계단을 뛰어올라가 도리를 지나쳤어요. 도끼와 밧줄을 든 채. 나무로 된 사당을 쓰러뜨린 뒤 부수어서 조각냈어요. 그러고는 바로 그 넓은 앞마당에서 모두 불태웠지요."

모닥불! 일제통치라는 검은 우산이 35년간 드리운 암울함을 끝장내는 데 얼마나 안성맞춤인가.

| 부록 1 : 인터뷰 |

• 성별

남	36	여	15

• 태어난 해

1900~09	7	1910~19	25	1920~29	13	1930~39	6

• 교육 유형(한 곳 이상에서 수학한 경우 복수 표기)

무학(無學)	9	마을 서당	14	일본인 학교	25
조선인 학교 또는 기독교 계열 학교		10			

• 교육 정도

	무학(無學)	서당	초등 교육	중등 교육	대학
남	5	4	14	9	4
여	4	0	6	5	0

• 직업(남성에 한해)

비숙련공	13	상인 또는 숙련공	14	전문직	9

• 종교

불교	11	기독교	18	무교	22

• 도별 출생 지역(북한에서 남한의 순서)

만주	1	함경북도	2	함경남도	4
평안북도	3	평안남도	5	황해도	1
강원도	3	경기도	11	충청북도	3
충청남도	5	경상북도	5	경상남도	4
전라북도	3	전라남도	1		

처음 이 추억담을 수집할 때 우리는 이야기를 1945년에서 중단했다. 뒤에 우리는 다시 돌아가 현재까지 이루어진 그들의 삶에 대해 물었다. 아래 기술한 내용을 수집하기 이전에 이사를 가거나 사망한 분들의 항목이 빠진데 대해 유감을 표한다.

강병주 씨—제5장 에필로그, 1945~86 참조.

강상욱 씨는 1947년 북한에서 도망쳤고 1955년 대학생 신분으로 미국에 건너왔다. 서울대학교에서 캘리포니아 대학교 버클리 캠퍼스로 옮겼는데, 그곳에서 지금의 아내를 만났다. 뉴욕에서 과학자로서 연구직에 종사하다가 나중에 다시 캘리포니아의 로렌스 리버모어 국립연구소로 옮겼으며 현재 재직 중이다. 미국과 한국에 가족이 있어 두 나라를 자주 오가고 있다.

김봉숙 씨

김상순 씨는 타이어와 자동차 부품을 판매하는 사업을 시작했다. 1980년 자녀들과 함께 미국으로 이주했다.

김생광 씨

김서분 씨

김순옥 씨는 큰 시장에서 과일 노점을 하다가 1970년대에 미국으로 건너왔다.

김여성 씨는 여러 직업을 거쳤다. 몇 년 동안은 서울에서 학교 공식 사진사로 일했다. 또한 크레용 공장을 세웠고 창유리 사업도 했다. 사업은 꽤 번창했다. 은퇴 뒤 자녀들과 함께 살기 위해 미국으로 건너왔다.

김원극 씨는 한국전쟁 때 월남하여 다시 전매청에서 근무했지만 나중에 승진하여 모르핀 부서를 떠났다. 여섯 자녀를 둔 그는 자녀들과 함께 살기 위해 미국으로 건너왔고 샌프란시스코 한인노인센터 회장을 지냈다.

김찬도 씨—제7장 에필로그, 1945~95 참조.

김 T. 씨(익명, 남)는 아침 6시부터 밤 10시 또는 11시까지 종일 공장에서 일했다. 기독교 장로가 됐고, 나중에는 자녀들의 요청으로 미국에 건너왔다.

김 P. 씨(익명, 남)는 작은 면사무소에서 일했고 청년운동에 적극적이었다. 1986년 자녀들의 요청으로 미국에 건너왔다.

김 P. 씨(익명, 여)는 서울에 살았다. 한국전쟁이 발발하자 그녀는 모든 것을 잃고 혼자서 부산 근처의 고향으로 피란했다. 몇 개의 직물 공장을 소유한 사업가와 결혼했다. 사업이 아주 번창해서 그들은 기사가 딸린 자가용을 두 대나 소유할 정도였다. 그녀와 남편은 자녀들의 요청으로 미국에 건너왔다.

김호준 씨는 1948년에 월남하여 8년 동안 경찰로 근무했다. 경찰을 그만두고 사업을 시작했는데 그 뒤 20년간 사업이 잘됐다. 자녀는 한 명만 두었고 그 자녀의 요청으로 미국에 건너왔다.

박두양 씨는 주류 도매업을 시도했고 '그럭저럭' 꾸려나갔다. 은퇴 뒤 자녀들을 찾아 미국으로 건너왔다.

박성필 씨는 해방 뒤 자신의 배 세 척을 되찾았고 운송업을 계속했다. 또한 창고를 여러 개 소유하기도 했다. 3년 동안 주식 시장에 손을 댔고, 그러고 나서는 부산과 서울에서 택시 사업을 시작했다. 은퇴 뒤 미국에 사는 자녀들을 찾아 건너왔고 산타클라라 한인노인센터 회장을 지냈다.

박 C. 씨(익명, 여)는 1947년에 월남하여 1950년 한국전쟁 발발 직전에 결혼했다. 직물 상인이었던 남편은 1957년에 사망했다. 재혼하지 않고 자녀들을 혼자 키웠다. 1989년 딸과 함께 미국으로 건너왔다.

박준기 씨는 남편이 트럭 40대를 소유한 운송회사를 경영하는 동안 여덟 명의 자녀를 키웠다. 유복한 편이어서 서울에 집을 사기도 했지만 한국전쟁 때 모든 것을 잃었다. 뒤에 인쇄, 출판업에 뛰어들었고, 자녀들과 함께 살기 위해 1984년 미국으로 건너왔다.

배영옥 씨

송석지 씨는 이스트베이 한인노인센터 회장을 지냈다.

신광성 씨는 평생 농사를 지었다. 안동에 땅을 가지고 있었고, 나중에는 전라도로 이사가 과수원을 경영했다. "힘든 삶이었어요. 세금을 떼고 나면 남는 게 아무것도 없었어요"라고 말했다. 자녀들이 미국으로 건너와 함께 살기를 권했고 이에 따랐다.

양성덕 씨는 해방이 되자 즉시 상하이에서 서울로 돌아왔다. 유혜경 씨와 결혼했다. 한국전쟁 때는 모든 문서와 사진을 포함한 전 자산이 불에 타버렸다. 전쟁 뒤 15번이나 다른 사업을 벌였고, 국회의원 선거에 출마하여 정치에 입문하고자 시도하기도 했다. 조경을 배우기로 결심했다. 아들 한 명이 미국에 건너갔고, 62살 때 그도 미국에 왔다. 대규모 유치원을 설립할 계획이었지만 자금이 너무 많이 든다는 것을 알게 됐다. 은퇴했고 지금은 사위의 조경업을 돕고 있다. 1998년 이스트베이 한인노인센터의 회장이 됐다.

우찬구 씨는 줄곧 철도회사(철도청)에서 일하다가 은퇴 뒤 자녀들이 있는 미국으로 건너왔다.

유덕희 씨

유혜경 씨—제10장 에필로그, 1945~95 참조.

이상도 씨는 은퇴할 때까지 트럭 운전을 했다. 은퇴 뒤 자녀들의 요청으로 미국에 왔다.

이승봉 씨

이옥분 씨는 집에서 가사를 돌보고 아이들을 길렀다. "불만은 없어요"라고 말한다. 자녀들의 요청으로 미국에 왔다.

이옥현 씨—제7장 에필로그, 1945~95 참조.

이재임 씨는 조그만 잡화점을 운영했다. 딸이 미국에 있는 외환은행에서 근무했기 때문에 1970년대 미국으로 건너왔다.

이하전 씨—제8장 에필로그, 1945~95 참조.

정금재 씨

정재수 씨—제12장 에필로그, 1945~95 참조.

정태익 씨

주봉예 씨의 남편은 부산의 부유한 사업가였고 한국전쟁 때 미국군 통역을 했다. 남편은 한국전쟁 직후 사망했고(1955) 일곱 자녀를 혼자 키웠다. 그녀는 "힘들고 힘든 삶이었어요"라고 말했다. 자녀들 몇이 미국으로 이주하자, 그녀도 뒤를 따랐다.

진명희 씨는 어머니, 동생들과 함께 한국전쟁 때 북한을 떠났다. 남쪽으로 걸어내려가는 도중 어머니와 헤어졌고, 다시 만나지 못했다. 진명희 씨는 당시 18살에 불과했지만 동생들을 돌보았고, 나중에 결혼해서 아이들을 낳아 길렀다. 미국에 사는 자녀들을 따라 이주했다.

최길성 씨는 국민학교 교장 선생님이 됐지만, 한국전쟁 때 교직을 떠나 육군에 소금을 공급하는 사업을 시작했다. 그 다음에는 서울에 작은 가게를 열어서 은퇴할 때까지 운영했다. 은퇴 뒤 캘리포니아에 사는 자녀들을 따라 이주했다.

최판방 씨

홍을수 씨―제3장 에필로그, 1945~95 참조.

| 부록 3 : 역사적 개관 |

세력 다툼 : 1859~1910

1854	일본이 서양 국가들에게 항구를 개방.
1858	중국이 서양 국가들에게 항구를 개방.
1876	조선이 일본과 강화도조약을 맺음. 미국, 영국, 프랑스, 러시아, 독일과 전신선, 전화선, 전차 시스템 및 여타 근대 기구를 제공하는 조약을 맺음.
1884	미국과 캐나다에서 온 개신교 선교사들이 학교와 병원을 세움.
1886	감리교 선교사들이 서울에 이화학당을 설립함.
1894	일본이 중국에 선전포고.
1895	명성황후 시해.
1896	최초의 순한글 신문《독립신문》창간.
1904	**고문관 시대** : 일본이 조선에 조약('한일의정서' —옮긴이) 체결을 강요하고, 조선의 시정施政 개선에 충고를 할 수 있게 됨. 러일전쟁 발발.
1905	**을사조약** : 일본이 제3자의 '간섭'으로부터 대한제국 황제를 보호하겠다고 제안. 일본 정부의 중개를 거치지 않고 조선이 조약 체결에 나서는 것을 금함.
1907	고종 강제 퇴위. 일본이 왕궁에 유흥지 개장(창경궁을 창경

원으로ー옮긴이).

1907~10   저항의 시대. 군대 해산을 계기로 주로 농민과 군인들로 구
           성된 '의병'의 반일 무장 봉기.

정복과 억압 : 1910~19

1910. 8. 22   한일합방조약 조인 : 조선이 공식적으로 일본제국에 통합.
               518년에 이르는 조선왕조의 지배가 종결.

1910   경찰권을 일본에 이양. 조선의 모든 단체들이 감시 아래 놓
           임. 20만 명의 조선인들이 '반항적' 성향을 지닌 것으로 분
           류되거나 '수상한 행동'을 했다는 이유로 체포됨. 지명이
           일본식 발음으로 바뀜.
           예) 조선→조센, 경성→게이조, 평양→헤이조.
           모든 회사들이 일본인의 손에 넘어감. 총독이 헌병대와 경
           찰에 명령하여 서점과 가정집을 급습, 조선 역사와 관련된
           책을 찾아 없애도록 함. 토지조사령에 따라 조선의 모든 토
           지 소유자에게 자신의 토지를 등록하도록 함.

1911   조선교육령을 공포하여 모든 학교에서 일본어를 가르치고
           사용하도록 하는 한편, 모든 교과서를 통제. 교사를 포함한
           모든 관리들이 제복을 입고 칼을 차도록 함.

1917   모든 학교에 일본인 교장 임명. 1학년에서 4학년까지는 조
           선인 교사, 5학년에서 6학년까지는 일본인 교사 배정.

1919. 3. 1   독립운동 시작.

유화정책과 문화통치 : 1920~31

1920년대   '시정개선施政改善' : 무장경찰제도 포기. 회사 설립 규제 완

화(허가제에서 신고제로—옮긴이)에 따라 조선인이 보다 쉽게 사업가가 될 수 있는 길이 열림.

1921   약 330명의 조선인을 공직에 임명. 임금개정안에 따라 문서 상으로는 조선인과 일본인이 같은 임금을 받게 됨. 그러나 일본인에게는 매달 60퍼센트의 상여금이 더 지급됨. 일본 인이 운영하는 소학교에서 조선어 수업 한 시간 할당. 다른 과목은 모두 일본어로 가르침. 조선인의 출판과 결사가 허 용됐지만 엄격한 검열은 계속 유지.

1925   치안유지법 공포로 고등경찰이 권력을 쥐게 됨. 조선공산 당 창립.

1928   모든 수업을 일본어로 진행.

1929   광주학생운동.

1930   산미증식계획에 의해 생산된 쌀을 일본으로 수출.

동화정책 : 1931~45

1920년대 말   원료를 수출하고 공업 생산물을 수입하는 무역 사이클에 따라 일본에 묶이게 되면서 조선은 유순한 식민지로 바뀜.

1931   일본, 만주에 괴뢰정권 만주국 수립.

1937   전시기戰時期 : 총독부는 '여론계도輿論啓導'를 이유로 언론 탄압. 중일전쟁 발발. 일본 정부는 일본 정신 강화와 조선 인의 민족성 말살을 위한 캠페인 전개. 총독부는 〈황국신민 서사〉 암송 요구. 고등경찰의 역할 확대(사상통제 분야).

1938   모든 공립학교에서 조선어 사용 금지. 배급 증서와 공민증 확인을 포함하여 모든 공적 직무에서 일본어 사용 지시. 75 만 명의 젊은 '지원자'들이 광산과 공장 노동에 동원됨. 가

격 통제와 배급 강화.

1940	창씨개명 실시. 공식 훈령에 따라 전국적으로 10가구를 하나로 묶어 서로를 감시하게 하는 도나리구미隣組 조직. 기독교도들에게 일요일 노동 강요. 기독교 교회에 신사 설치.
1940~44	사상경찰, 5천 명의 '사상범' 검거.
1941	교실 수업 단축. 학생들이 노동력 동원에 자원하도록 독려.
1943	징병제 실시. 조선인의 모든 문화적 표현 금지.
1945	8월 중순 대규모 조선인 지도자 학살 계획 수립. "원자폭탄이 투하되고 몇 주가 지난 뒤, 우리는 일본 경찰의 블랙리스트에 올라 있던 조선 사회의 지도자 1만 명 이상이 체포됐을 것이라는 말을 들었다. 당국자들은 일본이 패배할 경우 이들이 지도자가 되어 그들에게 보복할 것이라고 생각했던 것이다. 그들은 8월 15일 무렵 지도자들을 학살한다는 계획을 세웠다. 그런데 그날은 바로 일본이 항복한 날이었다."[1]

해방 : 1945. 8. 15

1945년 8월 15일 일본 제국의 식민지 지배가 갑작스럽게 끝이 났다. 일본은 전쟁에서 패했고 이와 함께 조선에 대한 지배권도 상실했다.

몇 년 전부터 학생들과 함께 한국 현대문학의 현장을 찾아 그곳에서 격동의 역사를 살았던 사람들의 기억들을 듣고, 기록해왔다. 제주도, 여수 · 순천, 거창, 김해, 거제도, 광주……. 한국 현대사는 이들 '장소'에 쉽게 지워지지 않을 상처들을 새겨놓았고, 공적 역사 또는 국가적 기억에서 배제된 사연들은 때로는 소문으로, 때로는 탄식으로 그리고 때로는 하소연으로 되살아나곤 했다. 그곳에서 만난 사람들의 기억을 접하면서 나와 학생들은 역사책이나 소설에서 만날 수 없는 생생한 삶의 현장성을 실감하곤 했다.

공적 역사로 편입되지 못한 사적 기억을 토대로 하여 개인의 다양한 삶의 양상을 재구성하기 위해 노력을 기울이는 분야가 구술사다. 인간이 역사적 존재라는 것은 두말할 필요도 없지만, 그러나 역사를 전유專有하고자 하는 국가의 기획에 포섭되지 않은/못하는 사적 기억 또한 분명히 존재한다. 그런 의미에서 구술사는 공적 역사를 보완하고 또 비판하는 데 일정한 역할을 담당할 수 있을 것이다.

식민지 시대를 '지배'와 '저항' 또는 '식민지근대화론'과 '식민지 수탈론'이라는 이분법적 도식으로 볼 경우 많은 것을 놓치기 쉽다는 주장이 학계에 제출된 지도 적잖은 시간이 지났다. 일본 제국주의의 폭력적인 지배와 이에 따른 조선인의 고통을 새삼스럽게 부연할 필요는 없을 것이다. 그리고 일본 제국주의가 주도한 식민지의 근대화가 조선인의 희생 위에 진행됐고, 그것은 일본 자본주의의 패권화 전략의 일환이었다는 점 역시 길게 설명할 필요가 없을 것이다. 아울러 폭력적인 지배와 수탈에 저항하는 갖가지 형태의 운동이 끊이지 않았다는 것도 우리가 익히 아는 바와 같다.

하지만 지배와 저항, 근대화론과 수탈론의 관점으로는 포착할 수 없는, 이른바 '회색지대'도 엄연히 존재한다. 전쟁의 소용돌이 속에서도 사랑은 싹트고, 새로운 생명은 태어나며, 많은 사람들이 먹고 살기 위해 이웃과 다투듯이, 아무리 가혹한 환경에서도 일상적 삶은 이어지게 마련이다. 1910년에서 1945년까지 식민지 시기를 살았던 한국인들의 기억을 재구성한 이 책에서 저자가 주목한 것도 이 지점인 듯하다.

저자가 인터뷰한 사람은 모두 51명이며 대부분이 현재 미국에서 생활하고 있다. 이들의 기억이 식민지 조선의 상황을 온전하게 재현하기란 물론 어려운 일이겠지만, 그럼에도 출생지, 교육 수준, 직업, 종교 등이 서로 다른 사람들의 기억을 최대한 다시 보여주고자 했다는 점에서 일정한 의의를 지닌다고 할 수 있다.

그들 중 어떤 사람은 무시무시했던 사상경찰의 감시에 치를 떨었고, 어떤 사람은 만세운동에 참가했던 기억을 자랑스럽게 말하기도 한다. 또 어떤 사람은 근대화의 물결 속에서 자신이 성취한 '성공'을 보란 듯이 이야기하기도 하고, 어떤 사람은 다정다감했던 일본인을 추억하기도 한다. 누구의 기억이 옳거나 그르다고 평가할 수 없을 만큼 다양한 이야기들이 공존한다. 식민지 시대를 떠올릴 경우 우리는 일본의 지배에 대한 반감이 대세를 이루었다고 '상상'하기 쉽지만, 이들의 이야기를 듣다보면 꼭 그렇지만은 않았다는 것을 인정하지 않을 수 없다.

그렇다고 이 책의 저자(엄밀하게 말하면 편집자)가 일본의 식민지 지배를 옹호하는 입장에 서 있다고 말하기는 어렵다. 저자는 공식적으로 기록되지 않은 보통 사람들의 삶에 초점을 맞추어 그들의 개성과 감정을 찾고 싶었다고 말한다. 역사에 대해 저자와 다른 관점을 지니고 있는 사람들은 이러한 접근 방법을 두고 '역사의 파편'을 과대평가하는 것이라고 비판할 수도 있다.

하지만 이와 함께 "일제 식민 시대를 살았던 한국인들로부터 구술사를 수집하여 일제 치하 삶의 다양성과 복잡성을 발견해내고 싶었다"는 저자의 생각도 존중해야 할 것이다. 거칠게나마 공적으로 기록된 역사를 '거시사macrohistory', 기록되지 못한 개인의 다양한 기억들의 모음을 '미시사microhistory'라 하고, 역사를 보다 입체적으로 바라보기 위해서는 거시사와 미시사가 상호보완적이어야 한다는 주장에 동의한다면, 이 책은 식민지 시대의 삶을 다양한 시점에서 조명할 수 있는 하나의 실마리가 될 수 있을 것이다.

잘 알려져 있다시피 의식적이든 무의식적이든 개인의 기억이나 집단의 기억은 선택적일 수밖에 없다. 검열장치 때문이든 방어기제 때문이든 아니면 기억력 때문이든 개인이나 집단의 기억이 실제 경험을 고스란히 재현한다는 것은 거의 불가능하다. 기억의 변형, 굴절, 과장, 축소가 불가피하다. 그렇다고 기억을 전적으로 도외시하거나 불신할 수만도 없는 노릇이다. 어떤 형태로든 기억은 현재와 미래의 삶에 영향을 미친다. 기억의 진정성을 의심할 수는 있겠지만 기억의 무용성을 주장할 수 없는 것도 이 때문이다. 결국 중요한 것은 이 책에 수록된 '기억들'을 대하는 독자들의 관점 또는 태도다.

이와 관련하여 나의 흥미를 끈 대목 하나를 소개하면 다음과 같다. 어느 '국민학교'에서 있었던 일화다. 교장 선생님이 학생들 앞에서 '천황의 성스러운 말'을 엄숙하게 낭독한다. "친 오모니 와가 코소 코소(짐이 생각하매 우리 황조황종)……" 운운하는 〈교육칙어〉의 시작 부분이다. 그런데 이 엄숙한 '천황의 말'을 어린 아이들은 놀이로 바꾸어버린다. 조선인 아이들을 '제국의 신민'으로 길들이기 위한 '천황의 언어'를 비틀어 웃음거리로 삼았던 것이다. 이처럼 쉽게 넘어갈 수 없는 '의미 있는' 일화들이 적지 않다. 예컨대 문학 텍스트를 비롯한 다른 기록 문헌과 대비하여 이런 일화들을 다시 읽을 때 단편적인 기억들은 그 나름의 생명력을 얻을 수 있을 것이다.

* * *

이 책을 번역하기로 한 것은 지난 해 봄이다. 그런데 옮긴이의 이런저런 사정 때문에 작업은 지지부진하기만 했다. 그러던 중 김진옥이 후반부 번역을 맡기로 하면서 겨우 일을 마무리할 수 있었다. 제1장에서 제5장까지는 정선태가, 제6장에서 제14장까지는 김진옥이 맡았고, 교정을 보는 과정에서 전체적으로 어조를 조율했다. 번역을 마칠 때까지 기다려준 산처럼의 윤양미 대표와 책을 다듬느라 애쓴 편집자 송은정 씨에게 미안함과 고마움을 함께 전한다.

2011년 6월 22일
정선태 적음

| 지은이 주 |

시작하며

1. Andrew C. Nahm, *Korea : Tradition and Transformation : A History of the Korean People*(Elizabeth, N. J. : Hollym, 1988), 142~143.
2. Ki-baik Lee, *A New History of Korea*, trans. Edward W. Wagner, with the assistance of Edward J. Shultz(Cambridge : Harvard University Press, 1984), 348. 〔한국어판〕《한국사신론》, 이기백 지음, 일조각, 2002.
3. Nahm, *Korea*, 238.
4. Nahm, *Korea*, 226.
5. Carter J. Eckert, *Offspring of Empire : The Koch'ang Kims and the Colonial Origins of Korean Capitalism, 1876-1945*(Seattle : University of Washington Press, 1991), xii. 〔한국어판〕《제국의 후예 : 고창 김씨가와 한국 자본주의 식민지 기원 1876-1945》, 카터 에커트 지음, 주익종 옮김, 푸른역사, 2008.
6. Bruce Cumings, *Korea's Place in the Sun : A Modern History*(New York : Norton, 1997), 148. 〔한국어판〕《브루스 커밍스의 한국현대사》, 브루스 커밍스 지음, 김동노 · 이교선 옮김, 창비, 2001.
7. Nahm, *Korea*, 229.

제1장 첫 만남

1. 오랜 세월 동안 지배층의 사상에 저촉되는 '자유로운 사상'을 품은 사람들은 가능한 한 궁궐에서 멀리 떨어진 남쪽 제주도나 북쪽 여러 지역에서 귀양살이를 해야 했다. 그들의 후손들은 이를 불명예스럽게 여긴 것이 아니라 오히려 조상이 강한 독립 정신을 지녔다는 증거로 간주했다.

2. 갑오개혁에 관한 설명은 〈시작하며〉 참조.

3. 애국적인 조선의 지도자들은 더 많은 청년 교육의 필요성을 느끼고 있었다. 놋그 릇 공장을 운영하던 사업가 이승훈은 1907년 평안북도 정주에 사는 남자 아이들 을 위해 오산학교라는 중등사립학교를 세웠다. 이어서 그는 자기회사(磁器會社) 를 설립했고, 그 이윤은 학교를 후원하는 데 사용했다. Andrew C. Nahm, *Korea : Tradition and Transformation : A History of the Korean People*(Elizabeth, N. J. : Hollym, 1988), 213.

4. Nahm, *Korea*, 227.

5. 수백 년 동안 조선인들은 양안(量案)이라는 토지대장을 사용해왔다. 이 문서에는 토지의 크기와 수확량만이 기록되어 있었다. 토지의 경계를 둘러싸고 벌어지는 분쟁 때문에 골치를 앓고 있던 조선왕조는 사유지의 경계와 위치를 명확하게 하 기 위해 제도를 정비하려고 했다. Edwin H. Gragert, *Landownership under Colonial Rule : Korea's Japanese Experience, 1900-1935*(Honolulu : University of Hawaii Press, 1994), 21.

6. 많은 조선인이 일본의 토지조사에 대해 이런 견해를 갖고 있었지만, 최근의 연구 에 따르면 '토지 수탈'이라는 말은 소문을 통해 널리 퍼진 일반적인 생각이었다. 신기욱은 그의 저서에서, 적어도 몇몇 사례를 통해 보면 일본은 근본적으로 조선 인의 토지 소유권을 바꾸지는 못했다고 한다(Gi-Wook Shin, *Peasant Protest and Social Change in Colonial Korea*(Seattle : University of Washington Press, 1996)). 그가 조사한 9천 필지가 넘는 토지 중 12필지만이 등록되지 않았 으며, 토지조사사업이 진행되던 기간과 그 뒤에 분쟁에 휩쓸린 땅은 1퍼센트도 되지 않았다. 왕실이나 정부 기관이 소유한 땅을 제외하면, 토지조사사업이 초래 한 소유권의 변화는 극히 미미했다. 그래거트(*Landownership*, 137, 159)는 이에 동의하면서 다음과 같이 덧붙인다. "대규모 토지 이동은 1930~35년 사이의 전 세계 경제공황이 야기한 대대적인 경제적 변화와 함께 시작됐다."

7. 이동휘는 1915년 만주에서 처음으로 조선혁명단(朝鮮革命團)이라는 반일조직의 설립을 지원했다. 1918년 그는 조선망명정부(1917년 5월 러시아의 한인들이 블 라디보스토크 신한촌(新韓村)에서 결성한 전로한족회중앙총회(全露韓族會中央總 會)의 후신인 대한국민의회를 가리키는 듯하다―옮긴이)의 총리를 지냈고, 그

뒤 상하이로 가 임시정부의 국무총리가 됐다. 그리고 1920년 5월에는 상하이에서 고려공산당을 조직했다(Nahm, *Korea*, 318).

제1부 선택에 의한 변화

1. Ki-baik Lee, *A New History of Korea*, trans. Edward W. Wagner, with the assistance of Edward J. Shultz(Cambridge : Harvard University Press, 1984), 346.
2. Michael Edson Robinson, *Cultural Nationalism in Colonial Korea, 1920-1925*(Seattle : University of Washington Press, 1988), 4. 〔한국어판〕《일제하 문화적 민족주의》, M. 로빈슨 지음, 김모한 옮김, 나남, 1990 ; Peter Duus, ed., *Cambridge History of Japan*, vol. 6, *The Twentieth Century*(Cambridge : Cambridge University Press, 1988), 236.

제2장 독립의 함성

1. Ki-baik Lee, *A New History of Korea*, trans. Edward W. Wagner, with the assistance of Edward J. Shultz(Cambridge : Harvard University Press, 1984), 344.

제4장 교육을 선택하다

1. Andrew C. Nahm, *Korea : Tradition and Transformation : A History of the Korean People*(Elizabeth, N.J. : Hollym, 1988), 280 ; Stewart Lone and Gavan McCormack, *Korea since 1850*(New York : St. Martin's Press, 1993), 69.
2. Ramon H. Myers and Mark R. Peattie, eds., *The Japanese Colonial Empire, 1895-1945*(Princeton : Princeton University Press, 1984), 296.
3. 조만식은 비폭력 저항운동을 표방한 기독교 민족주의자였다. 정주에 있던 오산학교의 교장을 역임했으며, 1945년에는 북한에서 인민정치위원회 위원장이 됐다. 1946년 소련군은 그를 가택연금에 처했다(Nahm, *Korea*, 334).

제6장 사업과 모험

1. Bruce Cumings, *Korea's Place in the Sun : A Modern History*(New York : Norton, 1997), 172.

제2부 강압에 의한 변화

제8장 내 호적엔 빨간 줄이 그어져 있다

1. 함석헌은 북한의 기독교 · 퀘이커교 교육가 및 문필가로서 오산학교에서 10년간 (1930~40?) 가르쳤고, 1945년 임시지방정부의 교육 담당을 지냈다. 남한에서는 반독재운동으로 인해 빈번히 체포 · 고문당했고, 1979년과 1985년에 노벨 평화상 후보로 지명됐다. 1989년 사망했다.
2. 안창호는 1908년 평양에 대성학교를 설립했다. 교육과 청년운동을 통해 조선의 민족 정신을 고양했고 중국, 만주, 시베리아, 미국 등지에서 항일운동을 조직 · 지도했다. 1937년 한국의 감옥에서 사망했다.

제9장 수동적 저항

1. Gi-Wook Shin, *Peasant Protest and Social Change in Colonial Korea*(Seattle : University of Washington Press, 1996), 133.
2. Barrington Moore, *Injustice : The Social Bases of Obedience and Revolt*(New York : Sharpe, 1978), 156.

제11장 일본인 되기

1. Michael Robinson, "Forced Assimilation, Mobilization, and War," in *Korea : Old and New*, ed. Carter Eckert et al.(Seoul : Ilchokak, 1990), 315.
2. Andrew C. Nahm, *Korea : Tradition and Transformation : A History of the Korean People*(Elizabeth, N. J. : Hollym, 1988), 233, 255.
3. Wi Jo Kang, *Religion and Politics in Korea under the Japanese Rule*(Lewiston, N.Y. : Mellen Press, 1987), 39.

4. 1993년 3월 뉴욕의 콜롬비아 대학교에서 가리 레드야드와 나눈 개인적인 대화.

부록 3 : 역사적 개관

1. Wi Jo Kang, *Religion and Politics in Korea under Japanese Rule*(Lewiston,
   N.Y. : Mellen Press, 1987), 43.

| 참고문헌 |

Beasley, W. G. *Japanese Imperialism 1894-1945*. Oxford : Clarendon Press, 1987.

Bishop, Isabella. *Korea and Her Neighbors : A Narrative of Travel*. New York : Revell, 1897.

Cumings, Bruce. *Korea's Place in the Sun : A Modern History*. New York : Norton, 1997.

Deuchler, Martina. *Confucian Gentlemen and Barbarian Envoys : The Opening of Korea, 1875-1885*. Seattle : University of Washington Press, 1983.

Duus, Peter, ed. *Cambridge History of Japan*, vol. 6, *The Twentieth Century*. Cambridge : Cambridge University Press, 1988.

Eckert, Carter J. *Offspring of Empire : The Koch'ang Kims and the Colonial Origins of Korean Capitalism, 1876-1945*. Seattle : University of Washington Press, 1991.

Gragert, Edwin H. *Landownership under Colonial Rule : Korea's Japanese Experience, 1900-1935*. Honolulu : University of Hawaii Press, 1994.

Griffis, William Elliot. *Corea, The Hermit Nation*. New York : Charles Scribner's Sons, 1897.

Henderson, Gregory. *Korea : The Politics of the Vortex*. Cambridge : Harvard University Press, 1968.

Kang, Wi Jo. *Religion and Politics in Korea under the Japanese Rule*. Lewiston, N.Y. : Mellen Press, 1987.

Lee, Ki-baik. *A New History of Korea*. Translated by Edward W. Wagner, with the assistance of Edward J. Shultz. Cambridge : Harvard University Press, 1984.

Lone, Stewart, and Gavan McCormack. *Korea since 1850.* New York : St. Martin's Press, 1993.

McNamara, Dennis L. *The Colonial Origins of Korean Enterprise, 1910–1945.* Cambridge : Cambridge University Press, 1990.

Moore, Barrington. *Injustice : The Social Bases of Obedience and Revolt.* New York : Sharpe, 1978.

Myers, Ramon H., and Mark R. Peattie, eds. *The Japanese Colonial Empire, 1895–1945.* Princeton : Princeton University Press, 1984.

Nahm, Andrew C. *Korea : Tradition and Transformation : A History of the Korean People.* Elizabeth, N. J. : Hollym, 1988.

Robinson, Michael Edson. *Cultural Nationalism in Colonial Korea, 1920–1925.* Seattle : University of Washington Press, 1988.

Sands, William Franklin. *At the Court of Korea : Undiplomatic Memories.* 1892(?). Reprint, London : Century, 1987.

Shin, Gi-Wook. *Peasant Protest and Social Change in Colonial Korea.* Seattle : University of Washington Press, 1996.

Shin, Gi-Wook, and Michael Robinson, eds. *Colonial Modernity in Korea.* Cambridge : Harvard University Press, 2000.

| 찾아보기 |